智能网联汽车关键技术及应用丛书

INTELLIGENT
CONNECTED VEHICLE

智能网联汽车
高级别自动驾驶技术应用

余贵珍　周　彬　王章宇　丁能根　廖亚萍　著

人民交通出版社股份有限公司

北　京

内 容 提 要

本书是"智能网联汽车关键技术及应用丛书"之一。本书根据自动驾驶技术发展现状,总结了自动驾驶技术的产生与发展历程、基本技术组成、发展趋势及应用前景,同时从车辆融合感知及信息交互、车辆智能控制、端-边-云架构云智能管理等多个方面较系统地阐述了核心技术的相关解决方案、技术路线和测试结果,以及当前城市道路、矿区作业、港口运输等场景中的高级别自动驾驶技术解决方案及应用案例,并根据当前现状对自动驾驶技术的商业化未来发展趋势进行了总结。

本书适合致力于自动驾驶车辆领域的科研单位或企业的人员,以及高等院校相关专业的教师、高年级本科生、研究生参考使用,也希望能够对广大自动驾驶技术研发学者有所帮助。

图书在版编目(CIP)数据

智能网联汽车高级别自动驾驶技术应用/余贵珍等著. —北京:人民交通出版社股份有限公司,2023.3(2024.9重印)
ISBN 978-7-114-18482-6

Ⅰ.①智… Ⅱ.①余… Ⅲ.①汽车—智能通信网—自动驾驶系统 Ⅳ.①U463.67

中国版本图书馆 CIP 数据核字(2022)第 256686 号

Zhineng Wanglian Qiche Gaojibie Zidong Jiashi Jishu Yingyong

书　　名:	智能网联汽车高级别自动驾驶技术应用
著 作 者:	余贵珍　周彬　王章宇　丁能根　廖亚萍
责任编辑:	钟伟　张越垚
责任校对:	孙国靖　刘璇
责任印制:	刘高彤
出版发行:	人民交通出版社股份有限公司
地　　址:	(100011)北京市朝阳区安定门外外馆斜街3号
网　　址:	http://www.ccpcl.com.cn
销售电话:	(010)59757973
总 经 销:	人民交通出版社股份有限公司发行部
经　　销:	各地新华书店
印　　刷:	北京虎彩文化传播有限公司
开　　本:	787×1092　1/16
印　　张:	11.625
字　　数:	296千
版　　次:	2023年3月　第1版
印　　次:	2024年9月　第2次印刷
书　　号:	ISBN 978-7-114-18482-6
定　　价:	83.00元

(有印刷、装订质量问题的图书,由本公司负责调换)

智能网联汽车关键技术及应用丛书

编审委员会

（按姓氏拼音排序）

丁能根（北京航空航天大学）

龚建伟（北京理工大学）

谷远利（北京交通大学）

胡旭东（合肥工业大学）

柯南极（国家新能源汽车技术创新中心）

李志恒（清华大学深圳国际研究生院）

廖亚萍（北京航空航天大学）

马育林（安徽工程大学）

潘定海（国家新能源汽车技术创新中心）

谈东奎（合肥工业大学）

王朋成（北京航空航天大学）

王章宇（北京航空航天大学）

吴新开（北京航空航天大学）

余冰雁（中国信息通信研究院）

余贵珍（北京航空航天大学）

张　凯（清华大学深圳国际研究生院）

张启超（中国科学院自动化研究所）

赵冬斌（中国科学院自动化研究所）

周　彬（北京航空航天大学）

朱　波（合肥工业大学）

朱海龙（北京邮电大学）

朱圆恒（中国科学院自动化研究所）

丛书前言

当今,在以智能化、网联化为重要特征的全球新一轮科技革命和产业变革的推动下,汽车产业已迈入工业4.0时代。智能网联汽车已成为全球汽车产业发展的战略方向。近年来,我国各部委及地方政府通过法规出台和标准制修订、开放道路测试、打造创新平台、鼓励示范应用等方式不断推动智能网联汽车行业创新发展。《交通强国建设纲要》《新能源汽车产业发展规划(2021—2035)》(国办发〔2020〕39号)、《智能汽车创新发展战略》(发改产业〔2020〕202号)、《车联网(智能网联汽车)产业发展行动计划》(工信部科〔2018〕283号)以及《节能与新能源汽车技术路线图2.0》等一系列顶层规划文件的发布,明确了我国智能网联汽车的发展方向和路径。智能网联汽车与交通系统、能源体系、城市运行和社会生活紧密结合,是一项集智慧城市、智慧交通和智能服务于一体的国家级重大系统工程,承载了我国经济战略转型、重点突破和构建未来创新型社会的重要使命。

为及时向科研界、产业界及社会公众传播最新的科研成果,进一步促进智能网联汽车行业创新发展,对智能网联汽车领域的前沿与关键技术进行系统性、高质量总结尤为必要。人民交通出版社股份有限公司作为以交通为特色的国家级科技图书出版机构,立足于"服务交通、服务社会"的宗旨,长期与两院院士以及交通和汽车行业知名学者、专家、教授在内的高素质作者队伍开展图书出版与知识服务合作,聚合了行业优质的作者资源,瞄准新一代信息通信技术、人工智能、智能制造等世界科技前沿,与国家新能源汽车技术创新中心合作,策划了本套"智能网联汽车关键技术及应用丛书",目前包括以下9个分册:

(1)《智能网联汽车环境感知技术》;
(2)《智能网联汽车车载网络技术》;
(3)《智能网联汽车无线通信技术》;
(4)《智能网联汽车高精度定位技术》;

(5)《智能网联汽车交通大数据处理与分析技术》;

(6)《智能网联汽车决策控制技术》;

(7)《智能网联汽车信息安全技术》;

(8)《智能网联汽车测试与评价技术》;

(9)《智能网联汽车高级别自动驾驶技术应用》。

本丛书依据智能网联汽车"三横两纵"技术架构[①]进行体系设计,涵盖了智能网联汽车领域一系列关键技术与应用,作为高端学术著作,将充分反映智能网联汽车领域的前沿技术和最新成果。另外,本丛书编审成员均为国内知名科研单位和高等院校的专家学者和一线科研人员,均具有较强的学术造诣和丰富的科研经验,并掌握大量的最新技术资料,将确保本丛书的高学术价值。

希望本丛书的出版能够助推新一代移动通信技术、互联网、大数据、云平台、人工智能等先进技术与汽车产业和交通行业深度融合,为我国相关企业、科研单位和高等院校智能网联汽车相关科研人员、工程技术人员提供强有力的智力支持,进而有效推动我国智能网联汽车产业的高质量发展,助力交通强国和汽车强国建设。

诚望广大读者对本丛书提出宝贵的改进意见和建议,随后我们将持续关注智能网联汽车相关技术的发展,不断修订和完善本丛书。

智能网联汽车关键技术及应用丛书编审委员会
2022 年 7 月

---

① 在智能网联汽车"三横两纵"技术架构中:"三横"是指智能网联汽车主要涉及的车辆关键技术、信息交互关键技术和基础支撑关键技术;"两纵"是指支撑智能网联汽车发展的车载平台和基础设施。

PREFACE 前 言

随着5G通信、人工智能和大数据等高新技术的快速发展，自动驾驶技术成为我国智能交通领域的重要战略发展方向，其能够通过车端多传感器感知、决策规划和执行控制进行自主运行，为运输生产应用提供了变革性手段。为此，在《交通强国建设纲要》《智能汽车创新发展战略》等国家战略中明确提出了推动自动驾驶发展和应用的战略目标。但在自动驾驶落地应用的发展历程中，仅靠车端智能发展模式的自主式自动驾驶已经遇到重大瓶颈，美国、日本及欧洲的一些发达国家纷纷推出了车路协同式的自动驾驶发展路线，通过车端使能、路侧赋能和云端管理计算搭建端-边-云架构无人运输系统，能够有效提高车端感知范围以及车辆控制协同规模，实现自动驾驶技术在城市、矿区和港口等多种典型场景下的落地应用。本书系统地对自动驾驶技术应用落地所涉及的技术进行了介绍。

本书适合致力于自动驾驶车辆领域的科研单位或企业的人员，以及高等院校相关专业的教师、高年级本科生、研究生参考使用。全书分为8章，绪论主要介绍自动驾驶技术的产生与发展历程、基本技术组成、发展趋势及应用前景；第1章介绍了自动驾驶车辆融合环境感知及信息交互技术，包括车载多传感器主动融合感知技术、路侧多传感器局部区域感知技术、路车主动融合超视距环境感知技术、路车多模式信息交互及安全保障技术；第2章介绍了自动驾驶车辆智能控制技术，包括自动驾驶车辆智能控制技术概论、车辆纵向控制技术、决策规划技术以及多车队列协同控制模型；第3章介绍了端边云架构云智能技术，包括云智能平台架构及数据管理、基于大数据分析的群体行车安全辨识、基于端云融合的智能调度管理以及基于大数据的交通流预测；第4章介绍了城市道路无人驾驶乘用车应用，包括城市道路无人驾驶乘用车发展背景、无人驾驶乘用车系统方案、典型应用场景以及落地应用案例；第5章介绍了矿区无人驾驶运输系统应用，包括矿区无人驾驶技术发展背景概述、矿区无人驾驶单车系统方案、露天矿区无人驾驶运输系统技术方案以及示范应用案例；第6章介绍了港口物流无人驾驶货车应用，包括无人驾驶货车发展背景、港口物流无人驾驶货车系统方案、港口物流无人驾驶运输技术解决方案以及典型应用场景；第7章介绍了自动驾驶技术商业化未来发展趋势，主要包括自动驾驶技术的发展设想与目标、自动驾驶技术面临的挑战。

本书作者长期从事自动驾驶技术应用的教学与科研工作,在编写本书过程中,借鉴了同类著作优点的同时,把自动驾驶技术的最新研究成果和落地应用案例引入本书中,因此本书具有较强的综合性和前沿性,有利于读者充分理解和掌握自动驾驶技术应用落地所需的最新核心技术。

本书由北京航空航天大学组织编写,在编写过程中得到了多位专家、老师、同学的参与和支持,包括北京航空航天大学的刘蓬菲、李涵、孙韧韬、杨松岳、倪浩原、刘文韬、龚子任、孙成明、谢添、辛海强等。谨在此向他们致以深切的谢意。

由于编者水平有限、经验不足,难免有疏漏和不足之处,恳请各位同行和读者批评指正。

作 者
2022 年 5 月

CONTENTS 目 录

绪论 ·· 001
  0.1　自动驾驶技术的产生与发展历程 ·· 001
  0.2　自动驾驶系统的基本技术组成 ·· 004
  0.3　自动驾驶技术的趋势及应用前景 ·· 012

第 1 章　高级别自动驾驶车辆融合环境感知及信息交互技术 ·········· 017
  1.1　车载多传感器主动融合技术 ·· 017
  1.2　路侧多传感器局部区域感知技术 ·· 033
  1.3　路车主动融合超视距环境感知技术 ······································ 045
  1.4　路车多模式信息交互及安全保障技术 ·································· 047

第 2 章　高级别自动驾驶车辆智能控制技术 ······································ 062
  2.1　高级别自动驾驶车辆智能控制技术概述 ······························ 062
  2.2　高级别自动驾驶车辆纵向控制技术 ······································ 062
  2.3　高级别自动驾驶车辆决策规划技术 ······································ 077
  2.4　多车队列协同控制模型 ·· 093

第 3 章　高级别自动驾驶车辆智能云平台技术 ·································· 106
  3.1　云平台架构及大数据管理 ·· 106
  3.2　基于云平台的群体行车安全辨识 ·· 110
  3.3　基于云平台的智能调度管理 ·· 114
  3.4　基于云平台的交通流量预测 ·· 117

第4章　城市道路无人驾驶乘用车应用 ... 121

4.1　城市道路无人驾驶乘用车发展背景 ... 121

4.2　城市道路无人驾驶乘用车系统方案 ... 126

4.3　城市道路无人驾驶乘用车技术典型应用场景 ... 128

4.4　无人驾驶出租汽车落地应用案例 ... 130

第5章　矿区无人驾驶运输系统应用 ... 137

5.1　矿区无人驾驶技术概述 ... 137

5.2　矿区无人驾驶单车系统方案 ... 141

5.3　露天矿区无人驾驶运输系统技术方案 ... 145

5.4　露天矿区无人驾驶运输系统示范应用案例 ... 153

第6章　港口物流无人驾驶货车应用 ... 156

6.1　无人驾驶货车发展背景 ... 156

6.2　港口物流无人驾驶货车系统方案 ... 159

6.3　港口物流无人运输系统的技术解决方案 ... 164

6.4　港口物流无人运输系统的典型应用场景 ... 168

第7章　自动驾驶技术商业化未来发展趋势 ... 172

7.1　自动驾驶技术的发展设想与目标 ... 172

7.2　自动驾驶技术面临的挑战 ... 174

参考文献 ... 176

绪　　论

0.1　自动驾驶技术的产生与发展历程

0.1.1　自动驾驶技术的产生

随着科技文明的持续进步与物质生活的不断丰富，汽车作为日常生活中最便捷的交通工具已经走进平常大众家。与此同时，伴随着汽车保有量的持续上涨，交通事故也逐年攀升。国家统计局发布的《中华人民共和国2021年国民经济和社会发展统计公报》数据表明，2021年我国汽车总量达30151万辆，道路交通事故万车死亡人数为1.66人。与此同时，梅赛德斯—奔驰公司的一项研究指出：如果车辆驾驶人能在交通事故发生前1s意识到即将发生的交通事故并立即采取相应措施，则可大幅度减轻甚至避免大部分交通事故。因此，在车辆行驶的过程中，若存在较为成熟的道路可行驶区域识别和预警技术实时向驾驶员发出预警，则大部分交通事故均可避免。

近年来，随着智能化技术的发展，辅助驾驶及自动驾驶技术逐渐成为预防和避免交通事故的重要手段。事实上，辅助驾驶及自动驾驶是通过采取人工智能、网络通信、数据融合等先进技术实现的，可以预防交通事故发生、减少致残或致死的事故发生率，并降低因交通事故而产生的人力或物力经济成本。同时，通过辅助驾驶及自动驾驶合理规划行车路线和车辆工况，还可以帮助缓解城市的道路交通压力、减少燃料消耗。

0.1.2　自动驾驶技术的发展历程

早在1983年，美国国防部高级研究计划局（Defense Advanced Research Projects Agency，DARPA）就启动一项战略计划，支持拥有自主驾驶能力的智能车项目研发。该计划推动了一大批大学与科研机构在该领域中竞相发展。为了促进自动驾驶车辆的发展并取得更大成果，DARPA相继在2004年和2005年举办了无人车越野挑战赛，其中2004年的第1届无人车越野挑战赛中，冠军的奖金为100万美元，比赛全程总长142mile（约合227km），路程崎岖，最快地跑完全程的车辆获胜，截止时间为10h。此次大赛共有105支车队报名，15支车队参赛，但没有一辆车跑完7mile，所有车队行驶里程不超过整个赛程的5%，最终冠军由卡内基梅隆大学的Sandstorm获得。

2005年9月，第2届无人车越野挑战赛开赛，冠军奖金提高到了200万美元。斯坦福大学名为"Stanley"的车队获得了第1名，比赛用时为6h53min58s，最高时速达到19.1mile。其次是卡内基梅隆大学的 Standstorm 以及 Highlander。2007 年 11 月,DARPA 举办了无人车城市挑战赛。此次比赛首次使用城市道路,美国各地共计 11 支车队参加了比赛。比赛规定自动驾驶车辆要在 6h 内行驶 60mile 的城市道路。比赛要求车辆在行驶过程中不仅需要遵守城市交通规则,还要能够避开赛道上的其他车辆。最终 6 支队伍完成比赛任务,卡内基梅隆大学的 Boss 车队与斯坦福大学的 Junior 车队分获冠、亚军。此后,DARPA 又在 2015 年、2016 年与 2020 年多次举办相关比赛。

卡内基梅隆大学作为美国自动驾驶的先驱,已经完成多辆自动驾驶车辆的研发,如图 0-1 所示,其中包括 NavLab 实验室改装的雪佛兰运动型多用途汽车(Sport Utility Vehicle,SUV),车身安装的环境感知系统是由摄像、激光扫描雷达、高精度全球定位系统(Global Positioning System,GPS)和远距离毫米波雷达等大量传感器组成。车辆利用车载摄像头进行道路信息采集,并基于机器视觉技术完成轨迹拟合、基于神经网络转向控制技术模拟优秀驾驶员实现自主转向操作。此外,通过利用高精度 GPS 和激光扫描雷达,使得车辆控制误差缩小至厘米级,该精度能够很好地实现自动驾驶车辆路径跟踪。但是,该试验车辆也存在一些缺陷,如在进入新的环境(未曾行驶过的路线)时,车辆无法保障高精度控制。除此之外,该大学研发的各类自动驾驶车多次在美国各项智能车赛事中获得优异的成绩。

谷歌作为互联网公司,也涉足了自动驾驶汽车行业,2016 年专门成立了自动驾驶公司 Waymo,进行自动驾驶各项技术的研发及测试实验。其研发的自动驾驶车辆环境感知系统以 Velodyne 公司的激光雷达为主,结合车载摄像头、高精度 GPS 和毫米波雷达等各种车用传感器,为自动驾驶车辆提供行驶环境信息,同时该车辆依靠谷歌高清地图信息实现各类城市道路的路径规划,如图 0-2 所示。值得一提的是,该高清地图是由人工车辆在各道路上提前进行信息采集而得,不同于普通消费者运用的导航类地图,该高清地图可以为自动驾驶车辆提供厘米级定位信息,甚至还包括绿化带、标识牌及红绿灯位置信息。在车辆行驶中,通过车载摄像头、GPS 等传感器采集到的信息与高精度地图信息进行对比,能够确定车辆本身的精确位置,使自动驾驶车辆对行驶轨迹进行精确控制。

图 0-1　卡内基梅隆大学自动驾驶汽车　　　　图 0-2　谷歌自动驾驶汽车

美国的特斯拉作为新兴的电动汽车制造商,在 2015 年生产的 Model S,已实现在特定路况下的自动驾驶。2016 年,其发布了"具有全自动驾驶功能"的 Auto pilot 2.0 系统,该系统可使特斯拉所有车型实现"无人驾驶",主要采用摄像头和毫米波雷达作为车辆环境感知系统。

德国的 Ibeo 公司也进行了自动驾驶技术的研究,其自主研发的自动驾驶车辆如图 0-3

所示。该车辆以大众帕萨特车型为基础进行改装,其环境感知系统主要由高精度 GPS、360° 激光扫描雷达和摄像头组成,高精度 GPS 用于判断车辆位置信息,激光雷达实时获取车辆周围的三维环境模型,实现对周围车辆、行人、道路行驶区域的识别,摄像头主要用于采集车辆前方车道线信息、道路结构和停车位的信息。通过高性能处理器,对各数据进行分析处理,实现对车辆的自主控制,保障车辆在复杂的交通环境下自动避障并完成相应的驾驶任务。但是,当时的自动驾驶汽车采用的是单一传感器融合方案,在信息冗余和互补上无法实现感知信息的最大化。

另外,以美国的福特汽车、德尔福、Apple、Uber 等企业为主的信息技术(Information Technology,IT)公司、零部件厂商、整车厂均在进行各项自动驾驶车辆的道路测试与实验。

相对于欧美国家,我国在自动驾驶方面的研究起步较晚,虽然与国外顶尖水平相比还有一定距离,但最近几年各大高校与研究机构也取得了一些阶段性的成果。其中,图 0-4 所示是国防科技大学与一汽共同研发的具备自主知识产权的红旗 HQ3 自动驾驶汽车,并于 2011 年在长沙进行了约 300km 的高速公路行驶,该次测试进行了多次换道超车、加减速及避障等复杂动作。国防科技大学的自动驾驶车辆主要使用高精度 GPS、摄像头和毫米波雷达等传感器进行环境感知,其利用机器视觉实现对道路标线的识别,使用高精度 GPS 实现对车辆位置的定位与导航,同时借助计算机设备,完成了换道轨迹的规划与控制。

图 0-3　德国 Ibeo 公司自主研发的自动驾驶车辆

图 0-4　国防科技大学红旗 HQ3 自动驾驶汽车

中国人民解放军陆军交通学院在自动驾驶车辆研究领域同样具有丰富的经验,在徐友春教授的带领下,进行了高速公路自动驾驶实验。该自动驾驶车辆环境感知系统主要包括 360°激光扫描雷达、毫米波雷达、相机及高精度 GPS,其中,激光雷达用于构建车辆周围三维环境,相机提供道路信息和障碍物信息,利用毫米波雷达用于实现紧急避障功能,高精度卫星定位系统和视觉起换道轨迹规划作用。此时的自动驾驶车辆对环境信息的感知识别,主要以单一传感为主,传感器融合为辅的方案。图 0-5 所示是陆军交通学院的自动驾驶汽车,该车在国内多项自动驾驶汽车竞赛中获得冠军。

百度自动驾驶在国内发展较为迅速,通过雄厚的资金、先进的 IT 技术和高清地图技术,率先实现了实车道路(北京五环主路)测试。百度自动驾驶团队从 2013 年成立至今,以其"百度汽车大脑"为核心搭建了自动驾驶平台"Apollo",并向相关合作单位开放资源。百度自动驾驶感知系统主要使用了 64 线激光扫描雷达、摄像头、毫米波雷达和其他车辆传感器。另外,其自主研发的三维道路信息地图(高精度数字地图),能帮助自动驾驶车辆实现厘米级定位。同时,百度自动驾驶汽车(图 0-6)具有较好的检测识别能力,能够实现车道线检测、路面分割以及前方障碍物信息的精准识别,因此可以为车辆智能决策与控制提供可靠信息来源。

图 0-5　陆军交通学院自动驾驶汽车

图 0-6　百度自动驾驶汽车

在 2016 年的北京车展上,中国长安汽车集团股份有限公司和北京汽车股份有限公司分别展示出了各自的自动驾驶车辆。其中,北京汽车股份有限公司向参观者提供了自动驾驶车辆试乘机会,该自动驾驶车辆主要通过高精度地图和差分 GPS 实现路径规划,在封闭场地内,其可自主完成起步、转弯、制动等功能。

自 2009 年起,国家自然科学基金委员会每年举办"中国智能车未来挑战赛",如图 0-7 所示。比赛要求自动驾驶车辆能够按照预定任务完成规定线路的自主导航和相关动作。智能车未来挑战赛的举办,汇聚了一大批高校与研究机构,促进了我国自动驾驶技术的交流与发展。

图 0-7　智能车未来挑战赛现场

在 2016 年度"中国智能汽车大赛"中,北京航空航天大学组建的"北航踏歌队"以总分第一的成绩揽获"最佳智能奖""最佳车道保持奖""最佳掉头奖"三项大奖,是国内首个将驾驶机器人成功应用于自动驾驶车辆的车队。本次比赛中,"北航踏歌队"应用驾驶机器人实现自动驾驶,顺利完成车道保持、前车避障、行人检测与让行、交叉路口通行、隧道通行、进出加油站等多个复杂测试环节,全程无人工干预。

0.2　自动驾驶系统的基本技术组成

自动驾驶车辆利用不同传感器实现对行驶环境和自身状态的检测,包括道路信息、周围车辆及行人和路障等障碍物信息、导航定位信息以及车辆自身姿态信息,经决策规划算法后,精准控制车辆的速度和转向,整个过程不需要驾驶员参与和监控即可安全高效地到达目的地。

图 0-8 为自动驾驶系统的典型架构图,自动驾驶系统的体系结构一般分为感知系统、决策系统和控制系统。

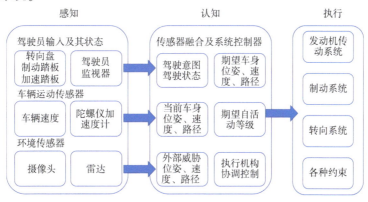

图 0-8 自动驾驶系统的典型架构概述

感知系统负责使用车载传感器捕获的数据,进行车辆定位、静态障碍物测绘、移动障碍物检测与跟踪、道路测绘、交通信号检测与识别等任务。

决策系统负责将车辆从初始位置导航至用户定义的最终目标,同时需考虑车辆状态和环境的内部表现,以及交通规则和乘客的舒适度。

控制系统接收最终由决策系统输出的运动轨迹,计算控制指令并发送至转向盘、加速踏板和制动器等执行器进行操作执行,以使车辆在现实世界中自主安全运行。

0.2.1 环境感知模块

0.2.1.1 车辆定位

车辆定位负责估计自动驾驶车辆相对于地图或道路的姿态(位置和方向)。大多数通用定位系统都是基于 GPS 开发的。然而,它们不完全适用于在特定区域行驶的自动驾驶车辆,因为 GPS 信号不能保证在封闭区域,如树下、城市峡谷(被大型建筑物包围的道路)或隧道中的定位效果。很多学者提出了各种不依赖 GPS 的定位方法。它们主要分为 3 类:基于激光雷达、基于相机、基于激光雷达和相机融合的定位方法。基于激光雷达的定位方法完全依赖于激光雷达传感器,具有测量精度高、处理方便等优点。然而,尽管激光雷达行业努力降低生产成本,但与相机相比,其价格仍然过高。在典型的基于激光雷达和相机的融合定位方法中,激光雷达数据用于建立地图,相机数据用于估计自动驾驶车辆相对于地图的位置,从而降低了成本。基于相机的定位方法是廉价和方便的,尽管通常不太精确和可靠。

(1)激光雷达定位。

激光雷达定位的主流方式是结合三维点配准算法的多层自适应蒙特卡罗定位(Adaptive Monte Carlo Localization,AMCL)方法。为了估计汽车姿态,从三维激光雷达测量中提取水平层,并使用单独的自适应蒙特卡罗定位实例,将水平层与三维点云地图的二维投影对齐。对于每个姿态估计,需要对一系列里程测量进行一致性检查,并将一致的姿态估计融合到最终的姿态估计中。该方法在实际数据上进行了测试评估,得出相对于 GPS 参考的位置估计误差为0.25m。

图0-9为Veronese等人提出的定位方法。图0-9a)表示离线占用网格图,红色矩形是车辆的定位,黑色单元格包含障碍物,白色单元格为无障碍物,蓝色单元格是地图绘制过程中传感器未探测到的区域。图0-9b)表示在线占用网格图,在线地图与离线地图进行匹配,以计算自动驾驶汽车的精确定位。

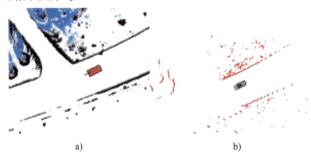

图0-9　激光雷达定位

(2)激光雷达和相机融合定位。

一些方法利用激光雷达数据建立地图,通过相机数据估计自动驾驶车辆相对于地图的位置。Xu等人提出了一种立体图像与三维点云地图匹配的定位方法。地图由几何数据(纬度、经度和海拔)和从里程表、RTK(Real-time Kinematic,载波相位差分)-GPS和平面激光雷达扫描仪获取的离线数据组成。他们将地图的三维点从真实坐标系转换到相机坐标系,并从中提取深度和强度图像。同时,采用蒙特卡洛算法,通过将车辆相机拍摄的立体深度和强度图像与从3D点云地图中提取的深度和强度图像进行匹配来估计车辆位置。在实际数据上对该方法进行了评估,并得出了0.08~0.25m的位置估计误差。

(3)相机定位。

一些方法主要依靠相机数据来定位自动驾驶车辆。Brubaker等人提出了一种基于视觉里程和道路地图的定位方法,使用OpenStreetMap(公开道路SLAM数据集)提取出感兴趣区域内所有十字路口和所有可行驶道路(以分段线性段表示),然后建立基于图的路线图表示法和车辆如何通过该图的概率模型。利用这个概率模型和视觉里程测量,估计车辆相对于路线图的位移,同时使用递归贝叶斯滤波算法,利用图形结构和车辆移动模型(通过视觉里程计测量)在图形中执行推断。该算法能够通过降低不相关点的概率来精确定位车辆在图形中的位置。该定位方法在卡尔斯鲁厄大学(Karlsruher Institut für Technologie, KIT)发布的视觉里程数据集上进行了评估,并在包含2150km可行驶道路的18km^{2}地图上定位精度达4m。

0.2.1.2　离线障碍物地图

离线障碍物地图系统负责对自动驾驶车辆行驶环境中障碍物地图的计算。该系统对于自动驾驶车辆在公共道路上安全行驶尤为重要。障碍物地图包含车辆可导航或无法导航的位置相关信息,分为可通过空间和占用空间,而车辆必须总是行驶在可以通过的地方。障碍物地图由预先采集到的传感器数据构建,并存储在计算机中供后期维护使用。障碍物地图的状态空间表示方法分为拓扑表示和度量表示。拓扑表示将状态空间建模为一个图,其中节点表示重要位置(或特征),边表示它们之间的拓扑关系(如位置、方向、邻近性和连接性),这些节点和边的分辨率取决于环境区域的地理结构。度量表示将状态空间分解为规则间隔的单元,这种分解不依赖于特征的位置和形状,度量表示的空间分辨率往往高于拓扑表示的空间分辨率,丰富的信息和高效性使得它们成为最常见的障碍物地图空间表现形式。

0.2.1.3 道路建模

道路地图系统负责收集自动驾驶车辆周围道路信息,并将其表示在具有几何和拓扑特性的地图中,包括道路之间的连接关系和道路限制。道路地图系统的主要内容是地图表示和地图创建。

与障碍地图一样,道路图通常区分为度量地图和拓扑地图。

度量表示的路线图是一个网格图,它将环境离散为一个固定大小的单元矩阵,该矩阵包含有关是否属于某条道路的信息以及移动到相邻单元的成本,道路网格地图简单易懂。然而,如果移动成本在路线图的大范围内是一致的,那么使用网格表示可能需要浪费内存空间和处理时间。路线点序列是压缩大型道路网格地图中路径描述的一种替代方法。路线点指沿路线栅格地图中的路径的点,路线点序列既可以手动定义,也可以自动从道路网格地图中提取。2005 年的 DARPA 大挑战提出了路线数据定义文件(Road Data Definition File,RDDF),它是一个格式化文件,包含指定自主车辆运行路径的航路点坐标和其他相关信息(纬度、经度、横向边界偏移和航速)。Carneiro 等人为自动驾驶车辆提出了一个路线图,以推断城市道路中车道位置和相关特性,该路线图同时使用了道路网格图和 RDDF 路径。Carneiro 等人提出的 RDDF 路径包含间距为 0.5m 的航路点,并通过奖励靠近车道中心的单元格的算法自动从道路网格地图进行路径提取。道路网格图和 RDDF 路径在联邦圣埃斯皮里托大学(Universidade Federal do Espirito Santo,UFES)主校区的环形道路上进行了 3.7km 的自动测试。

图 0-10 为标准的路线图。图 0-10a)为裁剪后的网格地图。图 0-10b)与图 0-10a)相同,是修饰过的网格地图。道路网格图中每个单元格的值代表不同类别的特征。红色单元格表示靠近车道边界的实线,蓝色单元格表示靠近车道边界的虚线,不同深浅的绿色表示从地图单元格到车道中心的不同距离。

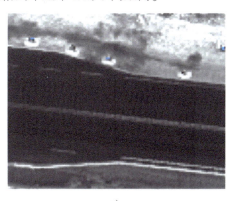 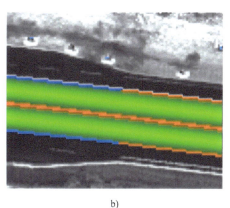

a) b)

图 0-10 标准路线图

拓扑表示路线图是一种更精细化的地图表示方法,此方法将环境描述为一个图形模型,其中顶点表示位置,边表示位置之间的拓扑关系。拓扑表示路线图可以包含更精细化的环境信息,包括双向车道、车道交叉口和匝道。在 2007 年 DARPA 城市挑战赛中,有车队基于拓扑地图提出新的地图文件格式(Road Network Definition File,RNDF)。根据该文件格式,交通道路包括一个或多个路段,每个路段包括一个或多个车道。路段的特征是车道数、街道名称和限速,车道的特征是车道宽度和车道标线。车道之间的连接以出口和入口顶点为特征。厄姆森等人使用 RNDF 的图表模型,成为 2007 年 DARPA 城市挑战赛的第一名。

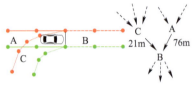

图 0-11 拓扑路线图

图 0-11 所示为 Bertha 提出的高清地图的图形模型,这也是一种拓扑地图。红点和绿点分别表示道路左右边界,此图表示 A 和 C 道路合并为 B 道路。

拓扑图中的每个节点表示一个航路点,方向边缘表示将该节点连接到它可以到达的所有其他航路点的车道。基于多个因素的组合,将成本分配给边缘,这些因素包括跑完车道的预期时间、车道长度和环境的复杂性。Ramm 等人提出了开放式街道地图(Open Street Map,OSM),它使用节点、方式和关系这三个基本体用拓扑图来建模环境。Bender 等人提出一个高度详细的拓扑路线图,称为 lanelet 地图,用于自动驾驶车辆泊位。lanelet 地图包括道路几何和拓扑特征,如道路、车道和交叉口,其几何图形由左边界和右边界定义,每个边界对应一个点列表(多段线),此表示方法隐式地定义了每个车道的宽度、形状及其驾驶方向。lanelet 地图在历史悠久的 Bertha-Benz 纪念路线上进行了 103km 的自动测试。高清地图(High Definition maps,HD-maps)是为自动驾驶车辆提供动力的新一代拓扑地图,具有厘米级的高精度,包含丰富的道路信息,如车道位置、道路边界和道路曲率。

0.2.1.4 移动物体跟踪

运动目标跟踪(Mutil Objects Tracking,MOT)系统[也称为多目标检测与跟踪(Detection and Tracking of Moving Objects,DATMO)系统],负责检测和跟踪自动驾驶车辆周围环境中运动障碍物的姿态,该系统对自动驾驶车辆决策和避障至关重要。随着时间的推移,移动障碍物的位置通常是根据测距传感器(如激光雷达和雷达)或立体相机捕获的数据来估计的。针对传感器测量的不确定性,可以采用贝叶斯(Bayes)滤波器(如 Kalman 和粒子滤波器)进行目标状态预测。MOT 方法主要分为五类:传统的、基于模型的、基于立体视觉的、基于栅格地图的和基于传感器融合的。

(1)传统的跟踪方法。传统的 MOT 方法主要包括三个步骤:数据分割、数据关联和过滤。在数据分割阶段,利用聚类或模式识别技术对传感器数据进行分割。在数据关联步骤中,使用数据关联技术将数据段与目标(移动障碍物)关联。在滤波阶段,对于每个目标,通过取目标数据的几何平均值来估计位置。位置估计通常由卡尔曼滤波或粒子滤波方法进行更新。

(2)基于模型的跟踪方法。基于模型的跟踪方法是直接从传感器数据中推断,基于传感器的物理模型和对象的几何模型,并使用非参数滤波器(如粒子滤波器)进行目标预测跟踪。不需要目标关联步骤,转而通过几何对象模型将检测结果与跟踪目标关联。

(3)基于立体视觉的跟踪方法。基于立体视觉的跟踪方法依靠立体图像的颜色和深度信息来检测、跟踪环境中的运动障碍物。Ess 等人提出了一种基于视觉的障碍物检测和识别方法,该方法仅使用来自前视立体相机的同步视频,采用一种带有方向梯度直方图(Histogram of Oriented Gradient,HOG)特征的支持向量机(Support Vector Machine,SVM)分类器,将每个图像区域分类为障碍物或非障碍物。对于障碍物跟踪,他们应用一种假设和验证策略,将一组候选轨迹集拟合到可能检测到的障碍物上,使得这些轨迹具有很高的后验概率,其中候选轨迹集由扩展卡尔曼滤波器(Extended Kalman Filter,EKFs)生成。最后,使用模型选择技术,仅保留一组最能解释过去和现在观测结果的无冲突轨迹。对于 MOT,该方法采用半全局匹配(Semi-global Matching,SGM)方法,从立体图像对中重构出稠密视差图像,其中三维环境中的所有障碍物都由一组被称为超级像素或柱状像素(stixels)的垂直方向的薄矩形来近似。最后,使用空间、形状和运动约束将柱状像素分割为静态背景和移动障碍物。

(4)基于栅格地图的跟踪方法。基于栅格地图的跟踪方法首先构建动态环境的占用栅格地图,具体步骤为:地图构建、数据分割、数据关联和过滤。Nguyen 等人提出了一种基于网格的立体相机运动目标检测与跟踪方法,他们根据立体图像重建三维点,利用逆传感器模型,基于相关的三维点估计网格地图中每个单元的占用概率;然后,采用分层分割的方法,根据网格单元之间的区域距离,将网格单元划分成若干段;最后,采用交互式多模型(Interacting Multiple Model,IMM)方法对移动障碍物进行跟踪。Azim 和 Aycard 使用基于八叉树的3D 局部占用栅格地图,该地图将环境划分为占用、自由和未知体素。在构建局部网格地图后,基于局部网格地图中自由空间和占用空间的不一致性,检测出移动障碍物。

(5)基于传感器融合的跟踪方法。基于传感器融合的跟踪方法通过结合各传感器的特点,融合它们的数据以提高环境感知能力。Darms 等人介绍了自动驾驶车辆"Boss"所采用的基于传感器融合的运动车辆检测与跟踪方法,其 MOT 系统分为两层,即传感器层和融合层。其中,传感器层从传感器数据中提取特征,并利用点模型或盒模型描述移动障碍物;融合层根据传感器层的观测结果,选择最佳跟踪模型,并使用卡尔曼滤波器进行障碍物状态更新。Byun 等人合并由多个传感器(如毫米波雷达、二维激光雷达和三维激光雷达)生成的移动障碍物轨迹,将二维激光雷达数据投影到二维平面上,利用联合概率数据关联滤波器(Joint Probabilistic Data Association Filter,JPDAF)跟踪运动障碍物,将三维激光雷达数据投影到一幅图像上,并使用区域增长算法分割出运动障碍物,最后利用迭代最近点(Iterative Closest Point,ICP)匹配或基于图像的数据关联来估计或更新轨迹的姿态。

0.2.1.5　交通信号检测与识别

交通信号检测与识别系统负责对交通规则中的标识信息进行检测和识别,使车辆能够根据交通规律作出正确的决策。考虑现实中存在很多交通标识,本书重点探讨三个主题的检测识别:信号灯、交通标志和路面标线。

(1)信号灯检测与识别。信号灯检测与识别指检测车辆行驶环境中一个或多个红绿灯的位置(如在图像中的表示)并识别其状态(红色、绿色和黄色)。交通信号灯在颜色和形状信息方面有一个明确的结构,一个普通的信号灯有三个灯泡和一个清晰的形状。因此,早期的交通信号灯检测和识别方法依赖于手工制作的特征工程,它试图利用人类掌握的物体颜色和形状信息来建立一个能够检测和识别物体的模型。为了增强模型鲁棒性,一些方法还基于信号灯不同特征(如颜色、形状和结构)的组合进行检测和识别。

(2)交通标志检测与识别。交通标志检测与识别指检测环境中交通标志的位置并识别其类别(如限速、停车和让行标志),使用的方法主要包括基于模型的方法和基于学习的方法。与基于模型的方法相比,基于学习的方法取得了更好的结果。随着深度学习在一般计算机视觉任务中的兴起,卷积神经网络已成为交通标志检测和识别领域的研究热点,目前其在交通牌标志数据集(Germany Transportation Sign Recognition Benchmarks,GTSRB)和公交汽车站台数据集(Bus Travelling Station,BTS)的识别任务中分别达到了99.71%和98.86%的检测精度。

(3)路面标线检测与识别。路面标线检测与识别指检测路面标线的位置并识别其类型(如车道标线、道路标线、信息和人行横道)。早期通常采用图像提取感兴趣区域后二值化筛选的方式得到地面标线轮廓,但这种方案得到的轮廓不稳定,容易受光线、遮挡等影响,导致标线方向识别错误等问题。因此,目前路面标线均基于深度学习的分割算法实现,通过图像分割算法分割出标线范围以及表现方向,再使用图像分类网络最终得到标线所表示的方向。

0.2.2 决策规划模块

在本小节中,我们将介绍自动驾驶车辆决策系统的相关技术,包括行为决策和运动规划。

0.2.2.1 行为决策

在自动驾驶系统中,行为决策是车辆实现自动驾驶的必要保障,相当于人类驾驶员的"大脑",其根据环境感知系统信息,评估车辆自身状态与外部风险,从当前交通场景允许的驾驶行为集合中挑选最适合当前运行状态的驾驶行为,并将该驾驶行为传输至运动规划系统中,进行下层运行规划和车辆控制。由此可见,合理的驾驶行为决策是自动驾驶车辆在完成环境感知后保证安全行驶的核心环节。

车辆行为决策技术不仅关系着自动驾驶车辆自身安全性与舒适性,也关系着交通环境中其他车辆通行的安全性与局部交通流的通行效率。保证车辆在道路上的驾驶行为安全合理是车辆决策的主要目标,主要体现在安全性与舒适性两方面。为了与人类的驾驶行为类似,在实际的道路场景中,需要自动驾驶车辆也具备自由行驶、跟车、车道变换、超车、停止线停车等基本行为;能够像专业的驾驶员一样进行安全驾驶;能够根据实际的道路环境和场景采取不同的决策方法,从而保证无人驾驶车辆的安全平稳运行。

但是大多数实际道路场景中存在着交通环境复杂的情况,例如在城市交叉路口、高速公路、城区多车道路段等位置,车辆行为决策需要充分考虑复杂道路环境、动态交通状态、交通规则、人类驾驶规则、乘车人安全等因素,这对于车辆行为决策更是一个难点与挑战。目前,国内外的很多学者对于车辆行为决策技术进行了研究并已取得了一些成果,依据其实现方法可以被分为基于规则和基于学习两大类。

(1)基于规则的行为决策。

基于规则的行为决策算法,其主要原理是根据安全规则、控制规则、人类驾驶规则、法律法规以及先验驾驶知识等建立规则库,通过分析大量的驾驶数据和与规则约束结合,对不同的驾驶情况制定车辆相应的决策动作,从而在自动驾驶过程中,使用这些策略进行车辆行为决策控制。Gipps提出了最早的基于规则的模型,模型中必要性、期望性和安全性是其决策的主要特征。其他基于规则的行为决策方法还包括有限状态机算法、马尔可夫算法、部分马尔可夫算法等。

(2)基于学习的行为决策。

行为决策实际上也是与环境交互的一个过程,它需要根据全局信息、环境信息等做出当前状态下相关的动作行为,这能与深度学习过程进行很好地契合。基于深度学习的行为决策算法是通过深度神经网络,对环境样本进行自主学习训练。多数情况下,该算法属于一种端到端的行为控制方法。大多是由摄像头获得的各帧环境图像作为输入,直接匹配对应的行为输出。NVIDIA研发的自动驾驶车辆系统架构是一种典型的学习架构,其采用端到端卷积神经网络进行决策处理,使决策系统大幅简化。系统直接输入由相机获得的各帧图像,经由神经网络决策后直接输出车辆目标转向盘转角。

另外一种学习方法是基于强化学习的行为决策,该方法是把行为决策看作与环境交互的一个过程,系统如何在当前环境下作出行为决策以获得最大收益回报,可以看作是与环境博弈的过程。算法优化的是长期总收益,而不是眼前收益。相比其他行为决策方法,利用深度强化学习进行车辆决策不需要前期大量的经验知识,摆脱了对于数据集强烈依赖的局面,并且能够不断地与环境交互进行学习,提升环境的适应性,适用于高动态与突发情况并存的交通环境中,提高了车辆决策的及时性与正确性。

0.2.2.2 运动规划

运动规划系统负责计算自动驾驶车辆从当前状态到达下一个局部目标状态的轨迹,该轨迹是一条指定车辆状态随时间演化的路径。该运动规划方案执行局部驾驶行为,满足车辆运动学和动力学约束,为乘客提供舒适性,避免与环境中的静态和移动障碍物发生碰撞。目前,常用的轨迹规划方法主要分为四类:基于图搜索的、基于采样的、基于曲线插值的和基于数值优化的方法。

(1)基于图搜索的轨迹规划。基于图搜索的技术在以拓扑表示的状态空间中搜索车辆当前状态和目标状态之间的最佳路径。目标状态是在当前路线上的路线点集合。这些技术将搜索空间离散化,将图放在占用栅格图上。最常见的基于图搜索的轨迹规划方法是Dijkstra、A*及其改进方法、D*等。

(2)基于采样的轨迹规划。基于采样的路径规划算法主要有RRT(Rapidly Exploring Random Tree)算法和PRM(Probabilistic Road Maps)算法。PRM算法首先需要在随机姿态随机取点,此时需要均匀随机采样,随后判断采样点是否处于障碍物区域内,若是,则抛弃;若不是,则与相邻点组成路径。PRM在连接图之前首先对整个配置空间进行采样,RRT则是使用增量式算法,以起点和终点为根来生成随机树,从单个点向外生长搜索。

(3)基于曲线插值的轨迹规划。基于曲线的插值技术采用已知的一组点(如路线的航路点),生成一组新的点来描绘平滑的路径。路径规划中最常用的是样条曲线。样条曲线是分段多项式参数曲线,可以定义为多项式曲线。每个子线段之间的连接称为节点(或控制点),通常具有高度的平滑度约束。这种曲线具有较低的计算成本,因为其行为由节点定义。然而,其结果可能不是最优的,因为它更注重实现各部分之间的连续性,而不是满足道路的约束条件。

(4)基于数值优化的轨迹规划。基于数值优化的轨迹规划算法也是一种动态路径规划算法,但需要基于具体情况建立目标函数和安全约束条件,并基于优化求解器进行最优动态路径求解,其一般流程为:建立数值优化模型目标函数,主要包括横向位移、横向位移变化量等,保证规划结果的运动可行性;建立数值优化模型的安全约束,主要包括障碍物边界约束、道路边界约束,保证规划结果在可行驶区域范围内;数值模型一般会采用二次规划或非线性规划,通过模型求解器完成数值优化求解,从而获得安全行驶路径。

0.2.3 控制模块

控制系统接收运动规划系统生成的轨迹,发出控制命令至转向盘、加速踏板和制动系统,以使车辆在物理世界允许的情况下高效及时地执行规划的轨迹。如前文运动规划的描述,轨迹有两种基本形式:①作为命令序列,即在每个点应该转向的角度,采取的速度等信息;②作为一系列状态点,即在某个点需要保持的速度,需要保持车身偏转的角度。接收命令序列的轨迹称为直接硬件驱动控制方法,而那些接收状态序列的轨迹可称为路径跟踪方法。

0.2.3.1 直接硬件驱动控制方法

直接硬件驱动控制方法直接从运动规划系统(根据轨迹计算车辆转向、加速踏板和制动器执行器的作用力输入,并尝试减少由车辆机械系统模型引起的控制不准确度,包括节气门开度误差和转向盘角度误差。

图 0-12 反馈控制示意图

自动驾驶车辆最常见的直接硬件驱动控制方法之一是反馈控制。它运用增益参数、观察值以及调整反馈增益来纠正错误。图 0-12 为反馈控制的示意图,其中控制器可以由各种控制器组成,系统由要控制的系统设备组成。

0.2.3.2 路径跟踪方法

路径跟踪方法可以平滑由运动规划系统计算出的运动轨迹,以减少由车辆运动模型引起的误差。纯追踪法因其实现简单,被广泛用于自动驾驶车辆的路径跟踪,它通过在运动轨迹上找到一个前向预瞄点来计算前轮转角,以实现对运动轨迹的跟踪。图 0-13 为纯追踪法几何示意图。

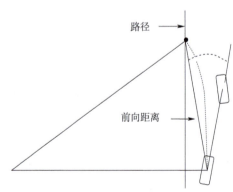

图 0-13 纯追踪法几何示意图

0.3 自动驾驶技术的趋势及应用前景

目前,根据自动驾驶的智能化程度,自动驾驶被分类为多种等级,其中,美国国家公路交通安全管理局(National Highway Traffic Safety Administration, NHTSA)和美国汽车工程师学会(Society of Automotive Engineers, SAE)将自动驾驶划分为从无自动驾驶到完全自动驾驶六个等级,即包括L0(Level-0,0级)无自动驾驶、L1(Level-1,1级)辅助驾驶、L2(Level-2,2级)部分自动驾驶、L3(Level-3,3级)有条件自动驾驶、L4(Level-4,4级)高度自动驾驶和L5(Level-5,5级)完全自动驾驶。同时,德国联邦公路研究所(Bundesanstaltfur Straen wesen, BASt)也对自动驾驶进行了等级划分,其中BASt分级省略了SAE术语中的"L5级自动驾驶"。

高级别自动驾驶属于智能网联汽车发展的最高阶段,它集成了复杂环境感知、智能决策控制、信息互联共享等功能,将车辆由单纯交通运输工具向智能共享移动空间转变。高级别自动驾驶对应车辆自动化等级的L4至L5阶段,所有驾驶操作由无人驾驶系统完成,特定环境下系统会向驾驶员提出响应请求,驾驶员可以对系统请求不进行响应。

虽然高级别自动驾驶能够实现车辆的完全无人驾驶,但在应用落地过程中,当前仅依靠单车感知与控制的自主式无人驾驶发展遇到了重大瓶颈,单车孤立感知与控制使得车辆无法适应高度交互式的复杂运输环境。随着人工智能、云计算、5G通信等新一代信息技术的快速发展,以车端使能和路侧赋能的路车融合智能技术为核心的车路协同技术成为无人驾驶应用落地的有效途径。

0.3.1 车路协同技术简介

在传统车辆安全控制技术基础上,新兴技术的广泛应用给交通系统带来了崭新的产业变革,其最为突出的是以"车车/车路"无线通信技术为基础,带动了智能车路协同系统(Cooperative Vehicle-Infrastructure System, CVIS)体系结构的发展。车路协同系统将具有共同行驶目的的车辆进行统一化管理,从而促进了车队协同技术的应用。日本汽车行驶电子技术协会最早提出的车队协同控制技术,目的在于充分利用道路条件,保证在道路交通安全与高效行驶的条件下,将一系列车辆进行统一车辆队列管理,使具有相同行驶路径的车辆能够根据交通状况,以协同合作的方式完成车辆队列巡航、跟随、组合与拆分、换道等相关控制策略,如图0-14所示。

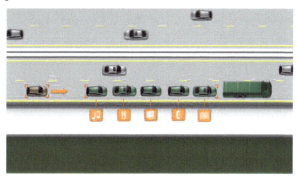

图0-14 车路协同控制系统中车辆编队行驶

车路协同控制系统对具有共同行驶目的的所有车辆进行统一控制和车队化管理,使得复杂的交通控制得以简化,同时也增强交通可组织性,起到了缓解交通拥堵,提高道路通行能力的作用。并且,车辆队列依靠协同控制机制进行调整,使所有车辆单体性能保持一致,将交通流调整到最佳状态,有效地减少了由个别人为驾驶行为因素造成的交通事故,保证了车辆行驶安全性。基于以上优点，车队协同控制成为解决交通安全和避免碰撞事故问题的新手段。

0.3.2 车路协同发展趋势

近年来，车路协同已经成为全球关注的焦点。各个国家通过战略、规划、标准等多个层面进行布局，积极抢占本轮产业发展的制高点。美国、欧盟、日本等国家和地区都制定了相应的规划，并提出了有针对性的发展路径。2018 年 10 月，美国交通部在《准备迎接未来交通：自动驾驶汽车 3.0》中认可了交通基础设施对人类驾驶和自动驾驶的安全和高效作用，提出将车路协同发展作为智能网联汽车产业发展的方向。其于 2020 年 1 月发布的《自动驾驶汽车 4.0》则将"优先考虑安全和保障、推动创新以及一致的监管体系"作为三大核心发展领域。此外，欧盟重视顶层设计和新技术研发，在关键领域通过大量资金引导产业发展。2006 年提出了车路协同技术（Cooperation Vehicle Infrastructure Systems，CVIS），2018 年公布了自动驾驶推进时间表。日本政府大力推动新技术应用，重点聚焦在智能交通与自动驾驶领域，于 2017 年 6 月发布《远程自动驾驶系统道路测试许可处理基准》和 Smartway 计划，同样指出要实现道路和车辆的融合交互，提升车辆驾驶的高效性和安全性。

"十二五"期间，我国启动了"智能车路协同关键技术研究"，有效地推动了智能车路协同技术的迅速发展。之后，相继出台了《交通强国建设纲要》和《智能汽车创新发展战略》等多项政策，明确指出将实现高度自动驾驶的智能汽车在特定环境下市场化应用作为战略目标。

随着 5G 的逐渐商用化，5G 赋能智慧交通，将车、路、人、云连接起来，形成一张可随时通信、实时监控、及时决策的智能网络。5G 网络能力为各交通要素互联互通提供了必不可少的技术保障，已经成为当前车路协同的前沿领域。我国在 5G 技术领域具有国际领先地位，加快加大基于 5G 的车路协同建设对我国占领未来汽车领域制高点具有重大意义。

在 5G 应用的产业背景下，如何突破 5G 车联网资源优化和车辆移动优化的理论方法，以及如何突破车路协同高可靠、高效率的安全交互技术，尚待深入研究。而且，由于车路协同系统具有动态性、泛在性和异构性，大规模车辆群体的移动特征与系统全局网络资源的分配调度紧密耦合，给面向 5G 应用的车联网资源优化与车辆移动优化带来巨大挑战。

0.3.3 车路协同应用场景

目前，车路协同应用场景具有全面性、广泛性的特点，在各个行业加紧落地，下面是几个典型的车路协同应用场景。

0.3.3.1 车路协同测试示范区

我国积极推进智能网联汽车测试示范区建设工作，初步形成了"5 + 2"的建设格局。各地区结合智能网联汽车发展状况，依托地区优势、特色资源，积极探索和建设示范区。多个省市已建设智能网联汽车测试示范区，积极推动半封闭、开放道路的测试验证。

无锡车联网城市级应用示范项目基于工业和信息化部、公安部和江苏省在无锡共同建设的国家智能交通综合测试基地，开展了由公安部交通管理科学研究所、无锡市公安局交通警察支队、中国信息通信研究院、中国移动、华为、江苏天安智联共 6 家核心单位实施，一汽、奥迪、上汽、福特等车企以及中国交通频道、高德、江苏航天大为等23家单位共同参与标准制定、研发推进、开放道路实测、演示的系列活动。

截至目前，无锡已建成了现阶段全球最大规模的城市级车联网（LTE-V2X）网络，覆盖无锡市主城区、新城主要道路240个信号灯控路口，共170km²规模。项目以"人-车-路-云"系统协同为基础，开放40余项交通管控信息，实现V2I/V2V/V2P信息服务，覆盖车速引导、救护车优先通行提醒、道路事件情况提醒、潮汐车道、电单车出没预警等27个典型应用场景。未来，LTE-V2X技术将能支持实现高级别自动驾驶、人车路协同感知和控制，让道路更智慧，让驾驶更简单。

0.3.3.2 车路协同交通走廊

北汽集团于2018年发布了智能网联汽车五年行动计划"海豚＋"战略。北汽集团与博世、松下、百度、科大讯飞、京东方等企业合作，结合2022年北京冬奥会、京雄高速、雄安新区和北京智慧城市需求，开展了自动驾驶和车路协同良好的示范应用。此外，《智能网联汽车专业建设白皮书（2021年）》提出了加快建设智能路网设施的行动计划，加快开展智能路网改造，同时提出"部署智能路网试点改造工程，规划建设卫星地面增强站、LTE-V、5G-V2X路侧单元，实现交通道路通信设施、视频监控设施、交通信号、交通标识标线智能互联，具备路网全域感知能力，满足复杂的车路协同需要"。国内目前有多家业内企业已经发布了车路协同高速公路应用。

0.3.3.3 车路协同交叉口应用

交叉口控制的本质是依据实时交通状况对交叉口中冲突点的通行时空资源进行合理分配，最终实现减少车辆在交叉口的等待时间，提高交叉口的通行效率的目的，如图0-15所示。

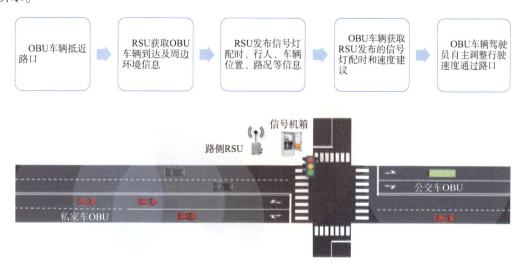

图0-15 车路协同交叉口应用

OBU-On Board Unit，车载单元；RSU-Road Side Unit，路侧单元

在路口布设路侧单元，路侧单元接收附近智能联网汽车的信息和从云端接收数据中心的数据，并不断向附近的所有联网车辆广播其间发生的事情信息，从而提前警告车辆潜在的安全问题，同时在驾驶员本身对道路观察的基础上提供进一步的信息。

智能联网汽车接收到路侧单元发出的信息后对驾驶进行调整,同时将自己的数据发送给路侧单元。

0.3.3.4　智慧公交应用

利用车路协同技术提升智能公交管理水平,沿公交专用道部署 RSU,可以实现公交专用道沿线的网络覆盖,形成智能公交车联网。在公交车辆安装 OBU 后,交通信号控制系统可监测公交车辆到达,为公交车辆提供信号优先服务。

在都市区的公交专用车道上,公交车辆较多,公交车辆行驶安全性和效率问题都十分突出,车路协同系统可为公交车辆提供车队行驶服务,减小车辆间隔,提高公交车辆的通行能力,并为公交车辆提供主动安全服务。

0.3.3.5　货运车队应用

自动驾驶技术在固定线路上可以实现以车队运行的最有效率的驾驶方式,极大减少对货车驾驶员的需求,并极大地降低交通事故的发生概率,从而进一步降低运输成本。当前自动驾驶技术比较适用于干线运输这一细分场景,主要原因在于干线运输行驶场景主要为高速公路,相比城市主干道,高速公路行人、自行车数量较少,复杂的道路路口、交通指示灯等设施相对较少,系统对道路上车辆行驶轨迹能更好地进行预测。

对于高速公路或国道交通流量较少的情况,可采用车队行驶的方式,7~10 辆货车组成车队,头车和尾车采用人员驾驶,中间车辆采用自动跟车的方式进行长途运输。

0.3.3.6　园区、机场、港口应用

场景相对封闭、运行区域规范整洁的机场、码头、货运场站、矿区等封闭区域已成为自动驾驶应用的主要领域。

应用车路协同服务系统,对区域进行信息化改造,通过装载 RSU 和 OBU,实现车辆与车辆、车辆与基础设施、车辆与云端的互联互通,并进一步实现对单个车辆的运行控制及区域车辆的协调控制和管理,优化运行路线,能够有效避免车辆碰撞、降低物流成本、提高货物运输的效率及货运服务质量。

第1章
高级别自动驾驶车辆融合环境感知及信息交互技术

1.1 车载多传感器主动融合技术

高级别自动驾驶系统主要由环境感知、智能决策、控制执行3个技术模块组成,其中环境感知是最基础且最关键的技术,通过车身搭载的传感器对周围物体进行检测和识别以获取物体的相关信息。其中,车辆前向障碍物识别是其最主要的组成部分。

目前在高级别自动驾驶系统车辆前向障碍物识别中,常用的传感器包括相机、毫米波雷达、激光雷达等。相机成本低廉,信息量丰富,但极易受到天气和光照状况的影响且普遍缺乏深度信息,难以实现对目标的准确定位。毫米波雷达鲁棒性强,数据处理计算量小,可以准确获取前方目标的纵向距离、速度等信息,但缺乏对物体细节的刻画能力,无法对物体进行分类,在复杂场景下应用受限。激光雷达探测精度高,可以实时建立周边环境的三维模型,但受天气影响大且成本过高,很难进行大规模使用。由于单一传感器难以满足智能车辆高精度和全天候感知的需求,且难以全面反映被测物体信息,越来越多的学者将研究聚焦到多传感器融合感知领域。在实际工程应用中,综合考虑适应性、效率、成本等因素,通常将能够全天候工作的毫米波雷达、激光雷达和成本低廉、具有丰富信息量的相机进行融合,它们数据间的互补特性更能形成对周围环境特征的综合描述。本章将从最常见的相机和毫米波雷达的融合感知技术出发进行介绍。

1.1.1 多传感器时空联合

由于相机、毫米波雷达、激光雷达属于异质传感器,三者采集的目标信息分别位于不同坐标系下,且具有不同的采样频率,为了在融合阶段对它们的信息进行融合,需完成多传感器信息的时空统一。

空间统一的目的在于将不同坐标系中的信息统一到相同的坐标系下。本书以毫米波雷达与相机的空间联合标定为例进行分析,首先假设毫米波雷达坐标系和世界坐标系重合,则整个空间统一过程由图像像素坐标系、图像物理坐标系、相机坐标系、世界坐标系四者之间的相互转换组成。

世界坐标系与相机坐标系间的相对位置关系如图 1-1 所示,通过旋转和平移即可实现两种坐标系之间的转换。

假设世界坐标系中某点的坐标为 $P(X_w, Y_w, Z_w)$,相机坐标系中某点的坐标为 (X_c, Y_c, Z_c),则对应的转换公式如式(1-1)所示:

$$\begin{bmatrix} X_c \\ Y_c \\ Z_c \\ 1 \end{bmatrix} = \begin{bmatrix} \boldsymbol{R} & \boldsymbol{T} \\ 0^T & 1 \end{bmatrix} \begin{bmatrix} X_w \\ Y_w \\ Z_w \\ 1 \end{bmatrix} \qquad (1\text{-}1)$$

其中，$\boldsymbol{R}$ 表示旋转矩阵，$\boldsymbol{T}$ 表示平移矩阵。

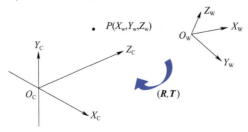

图 1-1　世界坐标系到相机坐标系的转换

相机坐标系与图像物理坐标系之间的相对位置关系如图 1-2 所示，属于从 3D 到 2D 的转换，是透视投影的一种。

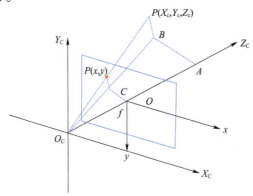

图 1-2　相机坐标系与图像物理坐标系的相对位置关系图

假设相机坐标系中某点的坐标为 (X_c, Y_c, Z_c)，图像物理坐标系中某点的坐标为 (x, y)，则根据三角形相似原理有：

$$\begin{cases} \dfrac{x}{X_c} = \dfrac{f}{Z_c} \\ \dfrac{y}{Y_c} = \dfrac{f}{Z_c} \end{cases} \qquad (1\text{-}2)$$

其中，f 代表相机焦距。

将上述表达式转换为矩阵形式：

$$Z_c \begin{bmatrix} x \\ y \\ 1 \end{bmatrix} = \begin{bmatrix} f & 0 & 0 & 0 \\ 0 & f & 0 & 0 \\ 0 & 0 & 1 & 0 \end{bmatrix} \begin{bmatrix} X_c \\ Y_c \\ Z_c \\ 1 \end{bmatrix} \qquad (1\text{-}3)$$

图像物理坐标系与图像像素坐标系之间的相对位置关系如图 1-3 所示，由于两者原点及度量单位不同,因此涉及平移变换与比例变换。

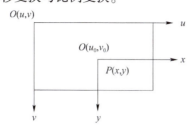

图1-3　图像物理坐标系与图像像素坐标系的相对位置关系图

假设图像物理坐标系中某点的坐标为(x,y),图像像素坐标系中某点的坐标为(u,v),则对应的转换公式如式(1-4)所示：

$$\begin{cases} u = \dfrac{x}{\mathrm{d}x} + u_0 \\ v = \dfrac{y}{\mathrm{d}y} + v_0 \end{cases} \tag{1-4}$$

其中,$\mathrm{d}x$ 和 $\mathrm{d}y$ 表示图像物理坐标系的 x 方向和 y 方向的一个像素所占的长度单位,$O(u_0,v_0)$ 表示图像物理坐标系原点在图像像素坐标系中的位置。

将上述表达式表示为矩阵形式可得：

$$\begin{bmatrix} u \\ v \\ 1 \end{bmatrix} = \begin{bmatrix} 1/\mathrm{d}x & 0 & u_0 \\ 0 & 1/\mathrm{d}y & v_0 \\ 0 & 0 & 1 \end{bmatrix} \begin{bmatrix} x \\ y \\ 1 \end{bmatrix} \tag{1-5}$$

综上,某点从世界坐标系到图像像素坐标系的转换可通过式(1-6)实现：

$$Z_\mathrm{C} \begin{bmatrix} u \\ v \\ 1 \end{bmatrix} = \begin{bmatrix} 1/\mathrm{d}x & 0 & u_0 \\ 0 & 1/\mathrm{d}y & v_0 \\ 0 & 0 & 1 \end{bmatrix} \begin{bmatrix} f & 0 & 0 & 0 \\ 0 & f & 0 & 0 \\ 0 & 0 & 1 & 0 \end{bmatrix} \begin{bmatrix} \boldsymbol{R} & \boldsymbol{T} \\ 0^T & 1 \end{bmatrix} \begin{bmatrix} X_\mathrm{W} \\ Y_\mathrm{W} \\ Z_\mathrm{W} \\ 1 \end{bmatrix} \tag{1-6}$$

通过相机获取一张与地面垂直且与雷达安装平面平行的棋盘格图片,如图1-4所示。其向下为 Y 轴,向右为 X 轴,向前为 Z 轴,可通过对应点关系计算出其位置与相机坐标系的旋转矩阵。

图1-4　用于确定外参的棋盘格图片

完成雷达偏航角的校正,即此时雷达坐标系与该图片坐标系间只存在平移关系,不存在旋转关系。因此雷达坐标系与相机坐标系之间的旋转矩阵 $\boldsymbol{R}$ 即为该旋转矩阵的逆。可将 $\boldsymbol{R}$

视为三个坐标轴旋转矩阵相乘的结果,对其进行分解,如式(1-7)所示:

$$R = \begin{bmatrix} 1 & 0 & 0 \\ 0 & \cos(a) & -\sin(a) \\ 0 & \sin(a) & \cos(a) \end{bmatrix} \begin{bmatrix} \cos(b) & 0 & \sin(b) \\ 0 & 1 & 0 \\ -\sin(b) & 0 & \cos(b) \end{bmatrix} \begin{bmatrix} \cos(c) & -\sin(c) & 0 \\ \sin(c) & \cos(c) & 0 \\ 0 & 0 & 1 \end{bmatrix} \quad (1-7)$$

其中,a 代表俯仰角,b 代表偏航角,c 代表横滚角,单位均为弧度。

借助计算得到的旋转矩阵,可初步确定 a、b、c 的值。同时测量相机与雷达间的相对位置关系,确定平移矩阵的参数。在进行实际测试时,带入参数值进行实验验证,发现目标投影点位置与预设的投影点位置存在较大偏移,分析原因可能如下:

(1)雷达内部结构误差,导致内外部的横滚角、俯仰角不一致。

(2)无法准确确定相机成像平面所在位置,即无法准确获取毫米波雷达与相机之间的纵向距离。

(3)进行雷达偏航角校正时存在一定的测量误差。

基于以上问题,设计 GUI 界面,对上述几个参数进行微调,观察投影效果,确定最终参数,具体操作步骤如下:

(1)在车辆前方不同位置放置角反射体,确保角反射体高度与雷达高度基本一致,所有角反射体均位于相机和毫米波雷达的共同探测区域内,记录此时雷达信息和图片信息,如图 1-5 所示。

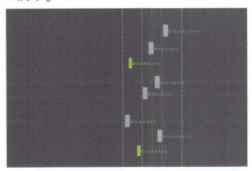 

图 1-5　联合标定雷达界面与相机图像对应图

(2)按照初步计算出的 a,b,c 值进行投影,观察投影点情况,通过调节 a 值来执行投影点的上下移动,调节 b 值来实现其左右移动,调节 c 值来实现其对角移动。

(3)当投影点基本都落于角反射体上时,停止调整,记录下此时的参数。

(4)重复 3~4 组实验,防止出现偶然情况。

在仿真环境下和实车环境下,运用上述方法所最终确定的参数所得到的投影效果图如图 1-6 所示,其中彩色的点代表雷达信息投影点。

时间统一的目的在于确保融合时所处理的各传感器的信息是同一时刻的。目前部分厂家已开发雷达相机一体化的产品,直接在硬件采集层面实现统一。但本书中假设两种传感器是分开的,且具有不同的采样频率,因此在处理时采用多线程处理的方式,一条线程负责获取和处理图像数据,一条线程负责获取和处理毫米波雷达数据。当获取一帧数据后,分别存储;当触发融合时,提取最近的雷达数据和视频数据,在最大程度上保证时间统一,如图 1-7 所示。融合第一次触发时,取雷达数据①和相机数据①,第三次触发时,取雷达数据④和相机数据③。

a)仿真环境　　　　　　　　　　　　　　b)实车环境

图 1-6　投影变换效果图

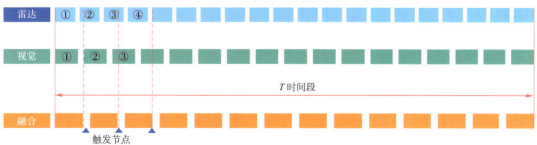

图 1-7　传感器时间统一示意图

1.1.2　多传感器检测区域分段

相机和毫米波雷达具有不同的检测距离，见表1-1。

传感器对不同距离目标的测量情况（单位：m）　　　　表 1-1

真实测量值		相机测量值		毫米波雷达测量值	
y	x	y	x	y	x
2.5	0	8.5	0.2	2.4	0
7.82	0	9.2	0.125	8	0.2
16.6	0.14	17.5	0.1875	16.6	0.4
25.7	1.9	28.875	1.49	25.8	1.4
29.56	0.15	30.8125	0.2	29.4	0.4
43.46	0.21	41.875	0.25	43.6	0.6
54.7	1.57	52.5	1.8	54.8	2
55.85	0.1	50.5	0.15	55.8	0.4
79	-1.9	—	—	79	-2.7
80.4	-0.22	—	—	80.2	-1.8
92.66	-0.22	—	—	92.6	-2
100.81	-0.13	—	—	101	-2.2

以折线绘出表1-1,如图1-8所示,对其分析可以得出以下结论:

(1)从直观上分析,近处目标框所占面积较大,可能出现目标不完整情况;远处目标框所占面积较小,一般的视觉目标检测算法很难将其检测出来。

(2)从数据层面分析,相机对8m以内及60m以外物体的纵向测距误差较大,而毫米波雷达能较准确地完成100m以内物体的纵向测量;对于物体的横向距离,相机的测距精度要高于毫米波雷达。

基于上述特性,为了在融合阶段得到更准确的障碍物测量值,将车辆前方的障碍物检测区域划分为近、中、远3个部分,如图1-9所示。

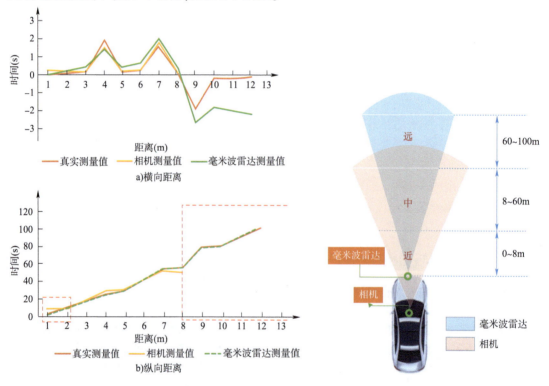

图1-8　不同传感器对不同距离目标的测量值对比(单位:m)　　图1-9　传感器检测区域分段

传感器融合的目的在于对不同传感器输出的信息进行整合,以形成对周围环境更加全面准确的描述。考虑到在不同检测区域内,传感器的性能和目标的危险性不同,因此有必要对近、中、远距离目标特性及传感器采集的数据特点进行单独分析,并针对性地提出融合策略,完成最终的障碍物信息输出。

1.1.3　基于多传感器融合的近距离感知算法

(1)近距离目标特性分析。

考虑到相机安装位姿及车头长度的限制,车辆前方存在部分盲区。当障碍物位于该区域时,相机获取的障碍物图像是不完整的,如图1-10所示。在视觉测距中,利用的是障碍物框底端中心的像素坐标与视觉坐标之间的对应关系,由于此时该像素坐标并不是目标与地面接触点的坐标,通过前述方法进行测距就会获取到错误的目标距离信息。

图 1-10 近距离区域物体

通过实验确定该区域的边界,即捕捉目标图像不完整的边界,并进行一定的放缩,定义为近距离区域,该值与相机安装高度、车头长度及相机焦距有关。

对近距离物体进行分析,发现它们通常具有以下特征:①特征明显,可以通过一般的目标检测算法被检测出来,极少存在漏检状况;②横向像素或纵向像素所占整张图片的长、宽比例超过一定阈值;③目标框底端纵向像素值接近图像高度像素值;④反射强度足够强,若其位于毫米波雷达探测区域内,则可以被毫米波雷达探测到,但投影点往往在图像区域之外。

同时由于距离和水平视角的限制,该区域内毫米波雷达所能探测的物体有限,如图 1-11 中 A 区域。只有位于当前车道的前方障碍物才能被探测到,而相邻车道的障碍物难以被探测,但在真实行驶条件下,此区域易出现邻车道超车和加塞车的现象,因此该区域亦是重点关注区域。

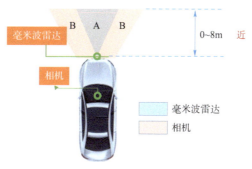

图 1-11 相机和毫米波雷达的水平视角

基于以上特性,本章介绍一种视觉和毫米波雷达融合的方法实现近距离目标的检测。在确定目标框位置信息后,计算其底边像素坐标及其高度、宽度所占整张图片的比例,若任一项大于给定阈值,则认为是近距离目标。在近距离区域内进行雷达信息点的搜索,若找到匹配目标,则依据毫米波雷达测量值给出具体数值;若未找到匹配目标,则给出相应预警信息,具体流程如图 1-12 所示。

(2)限定区域异常目标框判别。

设定道路坐标,以车辆头部为坐标原点,车辆纵向为 Y 轴,车辆横向为 X 轴,则 A 区域,即传感器共同识别区可表示为:

$$\begin{cases} |k_c x| \leq y \leq |k_r x| \\ y \leq d \end{cases} \tag{1-8}$$

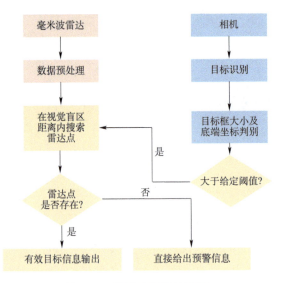

图 1-12 近距离融合算法流程图

B 区域，即相机单独识别区域，可表示为：

$$|k_r x| \leqslant y \leqslant d \qquad (1\text{-}9)$$

其中，k_r 代表雷达横向识别边界在坐标轴上的斜率；k_c 代表相机横向识别边界在坐标轴上的斜率；d 代表近距离区域边界。

在对得到的图片序列进行预处理后，可以获取检测出的目标的相关信息，包括包围框的大小、横纵向距离及相应的类别信息。由于在近距离处，目标识别是不完整的，其得到的横纵向距离也是不准确的，因此，须先对这部分物体进行判断。通过实验观察，这部分目标通常满足下述条件：

$$\begin{cases} \dfrac{b_w}{p_w} > t_1 \\ \dfrac{b_h}{p_h} > t_2 \\ v > t_3 \end{cases} \qquad (1\text{-}10)$$

其中，b_w、b_h 分别代表目标包围框在图像中所占的横向像素和纵向像素的大小；p_w、p_h 分别代表图片总的横向像素和纵向像素的大小；v 指边框底端纵向像素坐标；t_1、t_2、t_3 分别代表相应的阈值，与图片大小和物体的纵向距离有关，通过统计数据得到。

(3) 最近邻目标关联。

当满足上述阈值的目标处于 A 区域时，即雷达和摄像头均可以对目标进行探测。对于这部分目标，利用相机确定物体类别后，在 A 区域内进行雷达点搜索，若目标框的中心坐标的横向像素值小于图片宽度的 1/2，则运用最近邻法选取距离纵向距离最近且横向距离为负值或最接近负值的雷达点作为初始目标点，否则选取横向距离为正值或最接近正值的雷达点作为初始目标点，从而完成传感器间的目标匹配并输出相应的距离和类别信息。当目标处于 B 区域时，仅有相机可以获取目标信息，因此无法使用雷达返回目标信息，则直接给出预警信息，即向控制端发送警告信号。

在后续更新阶段,观察视觉目标框的变化趋势和雷达点的信息变化趋势是否一致,若连续多帧不一致,则更换目标点。

1.1.4 基于多传感器融合的中距离感知算法

(1)中距离目标特性分析。

对于中距离物体而言,由于本书考虑危险目标时,仅考虑当前车道和相邻车道内的物体,即车辆左方 6m 到车辆右方 6m 内的物体,而这些物体大多数位于相机和毫米波雷达的共同识别区域内,因此两个传感器均会给出相应的测量值。中距离物体如图 1-13 所示。

图 1-13　中距离物体

对于相机而言,其采用的测距方法受到目标框的影响,若目标框偏移或抖动过大,则视觉测距的精度会大受影响。而对于毫米波雷达而言,虽已进行过偏航角的校正,但也只能保证角度接近于 0°,随着纵向距离的增加,所得的横向测距结果偏移也越来越大。对于该区域的目标,毫米波雷达纵向测距较准,相机横向测距较准。本章针对该情况,将对两种传感器所获取的数据进行融合,以获取更精准的目标信息,具体的流程图如图 1-14 所示。

如前述所言,已获取相机和毫米波雷达各自初选出的目标有效信息,该阶段需对来自两种传感器的测量值进行匹配,将匹配上的传感器信息进行融合,初始化为一个新的融合目标,在后续阶段,对该目标进行跟踪,在新的一帧数据到来时,结合新的测量值进行数据更新。

图 1-14　中距离融合算法流程图

(2)基于几何关系的目标关联。

可以对毫米波雷达获取的有效目标的距离信息进行投影变换至图像中,实现传感器的空间统一,因此可通过投影点和目标框的相对位置关系进行目标关联,若投影点落在目标框内,可初步确定关联关系,如图 1-15a)所示。然而也可能存在同一个目标框对应多个雷达点的情况,如图 1-15b)所示,因此除了根据框点的包含关系进行判断之外,仍需结合实际的位置关系进行判断,如式(1-11):

$$D(R_i, C_j) = \sqrt{(R_i - C_j)^T (R_i - C_j)} \qquad (1-11)$$

其中,R_i 代表毫米波雷达探测到的第 i 个目标的相关信息;C_j 代表相机探测到的第 j 个目标的相关信息。

本书包含横向距离和纵向距离信息,若他们的欧式距离,即 $D(R_i,C_j)$ 在一定阈值之内,则可确定为候选点对,针对所有的目标框,取与其 $D(R_i,C_j)$ 最小的雷达点为最终的匹配点。

除了上述情况之外,还存在单独雷达点及目标框的情况,如图1-15c)、d)所示,这类目标可能位于某个传感器的测量盲区内,或由于测量误差,点框的位置有所偏移,针对这些目标,对它们的欧式距离进行判断,若在阈值之内,则合并成同一个目标,对于未匹配上的点框,直接初始化为新目标。

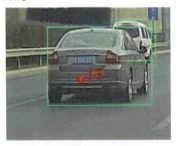
a)目标框雷达点对应

b)一个目标框含有多个雷达点

c)只有雷达点

d)只有目标框

图1-15　目标关联的四种情况

对于匹配上的点对,合并为一个新目标时,采用加权平均的方法,如式(1-12):

$$\hat{x}_{ij} = \alpha x_i + (1-\alpha)x_j \qquad (1-12)$$

其中,α 代表权重;x_i 代表相机测量值;x_j 代表毫米波雷达测量值。

考虑到在不同位置,相机和毫米波雷达所存在的测量误差不尽相同,因此需要对地面区域进行划分,对不同位置处相机及毫米波雷达的横纵向测量误差进行统计,以此为基础,作为数据融合时的权重。中距离地面区域划分如图1-16所示。

(3)基于卡尔曼滤波的目标估计。

对于目标估计及状态更新部分,本书仅考虑直道以及曲率较大的弯道,因此采用卡尔曼滤波的方法。为简化研究,选用常加速度模型进行分析。

考虑相机和毫米波雷达所能获取的目标数据,在本书所研究的问题中,将目标的状态向量选取为:

$$\boldsymbol{x} = [l^x\ l^y\ v^x\ v^y\ a^x\ a^y] \qquad (1-13)$$

6个元素分别表示目标的横向位置、横向速度、纵向位置、纵向速度、横向加速度和纵向加速度,由于相机仅能获取目标的距离信息,因此观测向量选取为:

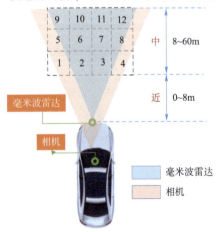

图1-16　中距离地面区域划分示意图

$$z = [l^x \ l^y] \tag{1-14}$$

而毫米波雷达上述信息均能获取,因此将其观测变量选取为:

$$z = [l^x \ l^y \ v^x \ v^y \ a^x \ a^y] \tag{1-15}$$

定义状态转移方程为:

$$x_{k+1} = \begin{bmatrix} 1 & 0 & \Delta t & 0 & 0.5\Delta t^2 & 0 \\ 0 & 1 & 0 & \Delta t & 0 & 0.5\Delta t^2 \\ 0 & 0 & 1 & 0 & \Delta t & 0 \\ 0 & 0 & 0 & 1 & 0 & \Delta t \\ 0 & 0 & 0 & 0 & 1 & 0 \\ 0 & 0 & 0 & 0 & 0 & 1 \end{bmatrix} \begin{bmatrix} l^x \\ l^y \\ v^x \\ v^y \\ a^x \\ a^y \end{bmatrix}_k + v_k \tag{1-16}$$

其中,v_k 表示系统误差,一般定义为均值为 0 的高斯白噪声。它的协方差矩阵满足:

$$\boldsymbol{E}(v_k, v_k^T) = Q_k \tag{1-17}$$

其中,Q_k 表示系统噪声协方差。

定义相机的测量方程为:

$$z_{k+1} = \begin{bmatrix} 1 & 0 & 0 & 0 & 0 & 0 \\ 0 & 1 & 0 & 0 & 0 & 0 \end{bmatrix} \begin{bmatrix} l^x \\ l^y \\ v^x \\ v^y \\ a^x \\ a^y \end{bmatrix}_k + w_{k\_c} \tag{1-18}$$

定义毫米波雷达的测量方程为:

$$z_{k+1} = \begin{bmatrix} 1 & 0 & 0 & 0 & 0 & 0 \\ 0 & 1 & 0 & 0 & 0 & 0 \\ 0 & 0 & 1 & 0 & 0 & 0 \\ 0 & 0 & 0 & 1 & 0 & 0 \\ 0 & 0 & 0 & 0 & 1 & 0 \\ 0 & 0 & 0 & 0 & 0 & 1 \end{bmatrix} \begin{bmatrix} l^x \\ l^y \\ v^x \\ v^y \\ a^x \\ a^y \end{bmatrix}_k + w_{k\_r} \tag{1-19}$$

其中,w_{k_c} 和 w_{k_r} 分别代表相机和毫米波雷达的测量噪声,可通过传感器手册或实验测试获得,一般定义为均值为 0 的高斯白噪声,它的协方差矩阵满足:

$$\boldsymbol{E}(w_k, w_k^T) = R \tag{1-20}$$

其中,R 表示观测噪声协方差。

在初始完成匹配的情况下,可分别确定该融合目标对应的视觉目标的 ID(Identification)及雷达目标的 ID,后续过程中,只要获取到相应 ID 的数据,可直接用其进行更新。具体流程如图 1-17 所示。

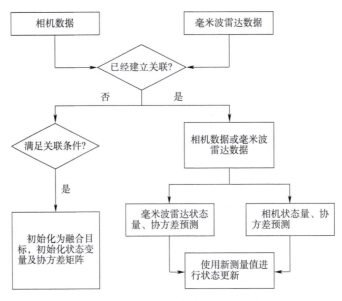

图 1-17 中距离区域状态估计及更新流程图

1.1.5 基于多传感器融合的远距离感知算法

(1) 远距离目标特性分析。

在车辆遇到紧急情况时,通常会采取制动的举动,而车辆的制动距离与本车速度、车辆响应时间、有人驾驶状态下驾驶员的反应时间等因素有关,具体计算公式如式(1-21)所示:

$$s = \frac{v^2}{2g\mu} + (t_1 + t_2)v \tag{1-21}$$

其中,v 表示当前车速;t_1 和 t_2 分别代表车辆响应时间和人反应时间,一般总时间在 1s 左右;μ 代表摩擦系数,一般取 0.8;g 表示重力加速度。依据式(1-21),得到车辆速度与制动距离之间的关系见表 1-2。

表 1-2 不同车辆速度对应的制动距离

车辆速度(km/h)	60	70	80	90	100	110	120
制动距离(m)	34.4	43.5	53.7	64.9	77	90.1	104.2

当车辆在高速公路行驶时,一般速度在 80km/h 以上,也就意味着所需的制动距离大于 53.7m。若车辆对该距离外的物体不能进行有效识别,可能会造成重大事故,因此有必要开展远距离目标检测研究。

对于远距离目标,通常具有如下特点:①受相机本身性能和物体的成像特性影响,在图片中所占像素面积较小,如图 1-18 所示,一般的图像检测算法(如本书所使用的算法)难以实现正确检测;②这些目标可以被毫米波雷达探测到,如图 1-19 所示,但雷达无法完成目标类型判断。

本章从目标特点出发,结合传感器特性,设计一种针对远距离目标的检测算法,具体流程如图 1-20 所示。利用毫米波雷达获取有效目标位置信息,通过计算得到的外参矩阵完成投影变换,以投影点作为中心点,结合先验知识确定感兴趣区域,并运用基于卷积神经网络的分类算法对目标进行分类,最终输出有效目标信息。

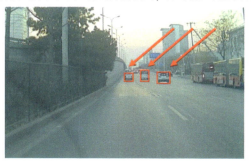 

图1-18 远距离目标原始图片　　　　　图1-19 毫米波雷达探测图

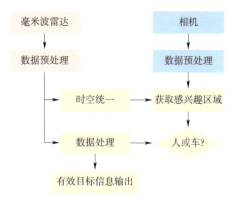

图1-20 基于远距离视觉小目标识别融合算法

(2)基于投影变换的感兴趣区域确定。

关于感兴趣区域的选取,若选取过大,则可能导致包含多个目标,从而导致误检现象;若选取过小,则可能导致包含不完整目标,对分类造成较大困难。因此合适大小的感兴趣区域是后续分类准确的基础。对于每个相机来说,由于其焦距、分辨率不同,感兴趣区域的大小也是不一样的,实际情况下,这个值通常根据实验统计来确定。

采用本书所使用的相机对不同距离处行人和车辆的数据进行采集,如图1-21所示。

a)55.2m　　　　　　　　b)70.8m　　　　　　　　c)96.4m

d)49m　　　　　　　　e)67.4m　　　　　　　　f)87.2m

图1-21 不同距离处的车辆和行人图像

对障碍物在图像中所占的横向像素数和纵向像素数进行统计,其中的 10 组数据见表 1-3。

不同距离处车辆及行人在图像中所占横向像素和纵向像素值　　　表 1-3

纵向距离(m)	车辆(像素)		纵向距离(m)	行人(像素)	
	横向像素	纵向像素		横向像素	纵向像素
77.8	71	61	55.8	35	98
81.4	68	59	59.2	31	87
83	65	56	61.2	33	92
84.8	63	54	67.4	29	81
88.6	61	53	69.4	28	78
90.4	59	51	73.4	25	70
94.8	58	50	78	26	73
96.4	57	49	83.2	24	67
99.6	57	49	87.2	22	62
103.4	57	49	92.4	21	59

由于不可能对所有距离处的数据遍历统计,因此根据所得的部分数据进行曲线拟合,其他数据根据插值进行运算。其中,车辆的横向像素值与距离之间的拟合曲线如图 1-22a)所示,所得拟合公式为:

$$y = 0.01571x^2 - 3.356x + 235.3 \tag{1-22}$$

其中,x 指距离;y 指车辆横向像素。

车辆的纵向像素值与距离之间的拟合曲线如图 1-22b)所示,所得拟合公式为:

$$y = 0.01348x^2 - 2.886x + 202.8 \tag{1-23}$$

其中,x 指距离;y 指车辆纵向像素。

行人的横向像素值与距离之间的拟合曲线如图 1-22c)所示,所得拟合公式为:

$$y = -0.02669x^2 - 4.895x + 287.3 \tag{1-24}$$

其中,x 指距离;y 指行人横向像素。

行人的纵向像素值与距离之间的拟合曲线如图 1-22d)所示,所得拟合公式为:

$$y = 0.009425x^2 - 1.736x + 102.3 \tag{1-25}$$

其中,x 指距离;y 指行人纵向像素。

在实际实验中,为了使整个目标都能包含在感兴趣区域内,对所得的统计值进行一定的放缩,经测试,使用横纵向像素值的 2 倍可以很好地覆盖目标,且不会过多引入干扰信息。由于远距离融合策略大多应用在高速公路场景,即在车速较大的情况下,而高速公路场景所遇到的障碍物基本为车辆,因此以车辆目标框的大小来确定感兴趣区域大小。

(3)基于深度学习的分类算法。

由于所需要分类的目标框在整个图片中所占像素较小,即使放大之后也较模糊,同时测试会涉及白天、雨天等各种场景,手工选取特征较困难,因此本书采用一种基于卷积神经网络的方法进行分类。由于分类目标较简单,只需要分成车辆和背景两类,且考虑到算法需在嵌入式端使用,设计一个浅层网络完成快速分类。由表可知,远距离目标的感兴趣区域的大小在 100~150 像素之间,因此将网络的输入设置为 128×128 像素大小,整个网络的结构图如图 1-23 所示,具体参数见表 1-4。

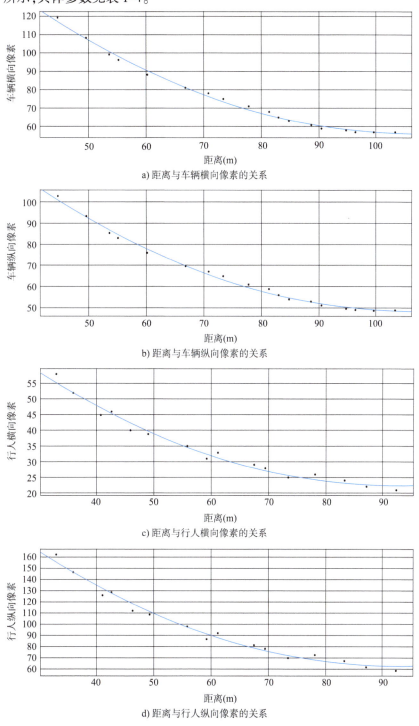

图 1-22　目标在图像中所占横向像素及纵向像素值随距离变化图

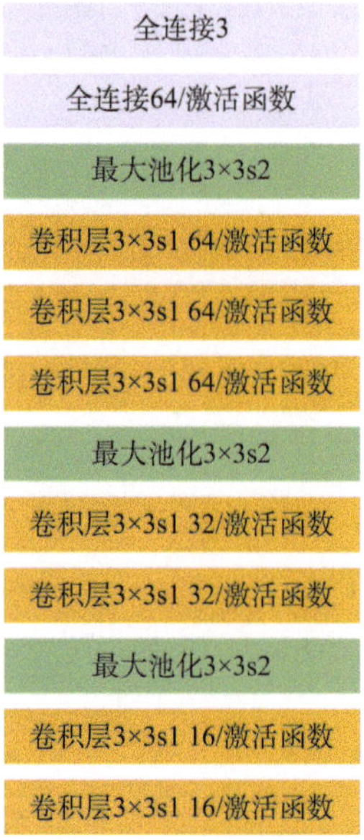

```
            全连接3
      全连接64/激活函数
        最大池化3×3s2
    卷积层3×3s1 64/激活函数
    卷积层3×3s1 64/激活函数
    卷积层3×3s1 64/激活函数
        最大池化3×3s2
    卷积层3×3s1 32/激活函数
    卷积层3×3s1 32/激活函数
        最大池化3×3s2
    卷积层3×3s1 16/激活函数
    卷积层3×3s1 16/激活函数
```

图 1-23 分类网络图

分类网络参数图　　　　　　　　　　　　　　　　　　　　　　表 1-4

名　称	卷积核参数	步　长	输入尺寸及通道数	输出尺寸及通道数
卷积层 1-1	3×3×16	1	128×128×3	128×128×16
卷积层 1-2	3×3×16	1	128×128×16	128×128×16
最大池化	—	1	128×128×16	64×64×16
卷积层 2-1	3×3×32	1	64×64×16	64×64×32
卷积层 2-2	3×3×32	1	64×64×32	64×64×32
最大池化	—	1	64×64×32	32×32×32
卷积层 3-1	3×3×64	1	32×32×32	32×32×64
卷积层 3-2	3×3×64	1	32×32×64	32×32×64
卷积层 3-3	3×3×64	1	32×32×64	32×32×64
最大池化	—	1	32×32×64	16×16×64
全连接	—	—	16×16×64	1×1×64
全连接	—	—	1×1×64	1×3

　　针对该分类问题，由于网络上没有现成的数据集用于训练，所有数据需在实验中进行采集，而通常越多的训练样本将带来更高的准确率。因此对所获取的样本进行数据增强，通过旋转、平移、镜像、裁切等操作获取更多样本，使神经网络具有更好的泛化效果，同时在训练时引入 dropout 机制，使其随机忽略一部分神经元，来避免模型过拟合。

　　本书使用的基于卷积神经网络的分类方法和检测方法类似，主要分成特征提取和特征分类两步。利用卷积、池化等操作完成特征自提取并运用 softmax 函数进行分类，该函数将输入值映射到 0~1 之间，并保证归一化和为 1，其形式如式（1-26）所示：

$$p_k = \text{softmax}(w_k) = \frac{\exp(w_k)}{\sum_{k=1}^{k}\exp(w_k)} \tag{1-26}$$

其中，w_k 代表第 k 个类别的分数值；p_k 代表目标属于第 k 类的概率。

最终选择 p_k 值最大的值所代表的类别为目标类别。由于远距离目标对横向距离精度不高，本书直接结合目标类别及用于确定感兴趣区域的雷达点信息完成最后的融合输出。

1.2 路侧多传感器局部区域感知技术

1.2.1 基于路侧多传感器融合的多目标高精度检测算法研究

（1）多传感器融合的难点。

①传感器视角问题。如图 1-24 所示，融合工作首先面临的问题是在视角上的问题，相机获取到的信息是"小孔成像"原理，是从一个视锥出发获取到的信息，而激光雷达是在真实的 3D 世界获取到的信息，这使得二者在对同一个 object 的表征上存在很大的不同。

a) 相机视角　　　　　　　　　　b) 激光雷达视角

图 1-24　相机和激光雷达视角

②数据表征不一样。图像信息是稠密而规则的，但是点云信息是稀疏的、无序的。所以在特征层或者输入层作特征融合时，由于表征的不同而导致融合定位困难。

③数据信息不同。图像的信息是稠密而规则的，包含了丰富的色彩信息和纹理信息，但是数据是二维的，存在因为远近而导致的尺寸不同问题。而点云数据稀疏且不规则，这意味着应用在图像上的传统卷积神经网络（Convolutional Neural Network，CNN）感知在点云上直接处理是不可行的。因此，如何选择一个合适的网络来处理融合数据是需要研究的问题。

（2）多传感器融合的多目标检测发展现状。

关于多目标检测，国内外学者和研究人员针对不同的传感器提出了很多方法，主要的传感器包括相机、毫米波雷达和激光雷达。为了让这些传感器优势互补，在应用场景中更加具备鲁棒性，学者们开展了关于多传感器融合的多目标检测研究。

从抽象层次上来看，现有的传感器融合方法主要分为像素级、特征级和决策级 3 种。像素级融合是指整合所有传感器采集的原始数据进行后再进行特征提取的方法，要求传感器、采集数据的类型均相同，该方法在最大程度上保留了原始数据，但也带来了计算量大、输出不稳定等缺点。特征级融合是在各传感器单独对采集的数据进行特征提取后，再进行目标状态或目标特性融合的一种方法。决策级融合是指单传感器根据现有数据完成特征提取、分类判别，做出初步判断后再根据具体需求进行高级决策判别的一种方法。尽管后两种方法会带来一定信息的丢失，但考虑到智能车车载传感器的异构性，实际应用更加广泛。

目前，国内外关于多传感器融合的研究主要聚焦于视觉和毫米波雷达的融合、毫米波雷达与激光雷达的融合以及视觉与激光雷达的融合3个方面。卡内基梅隆大学、斯坦福大学、帕尔马大学所研制的高级别自动驾驶车辆均采用了视觉和激光雷达融合的方案，借助激光雷达完成车辆周围环境重建，并在其判定的感兴趣区域内利用相机完成目标物的分类判别，虽准确率较高，但过于依赖激光雷达的性能。毫米波雷达和激光雷达融合多用于自适应巡航控制(Adaptive Cruise Control, ACC)等系统上，多为单目标的跟踪，利用EKF等方法旨在提升跟踪的准确性。考虑到激光雷达价格高昂，很难在现有的车辆上大规模应用，而量产的相机和毫米波雷达价格都比较低廉，且性能上可以很好地互补，因此成为智能车辆领域的研究重点。

2015年，王宝锋等人对毫米波雷达和相机进行联合标定，以确定两种传感器间的投影变换关系。借助雷达信息及空间变换矩阵，在图像中确定感兴趣区域，采用滑动窗口的方法在感兴趣区域内进行采样，运用对称性分析确定目标所在位置，并根据阴影特征剔除标志牌等无关障碍物，最后根据逆透视变换所得到的阴影宽度对识别结果进行进一步验证。该算法对不同车型有较强的适应性及准确性，但当车辆斜向行驶或雷达点有所偏移时，提取的采样窗口将不具有良好的对称性，此时无法正确识别。Alencar等人所提出的融合方法分成3步：①获取雷达信息并将其投影到图像中，使得系统能够将雷达识别出的障碍物与图像关联；②在雷达投影点周围建立感兴趣区域；③运用随机森林算法进行分类。该方法可提升车辆检测的精度，但仅适用于良好天气下近距离目标的识别。

2016年，金立生等人提出了一种基于毫米波雷达和机器视觉的夜间前方车辆检测方法。通过雷达点投影变换确定感兴趣后，选取车辆尾灯为研究对象，运用Dempster-Shafer(D-S)证据理论融合面积比、垂直方向重叠率、宽高比3个结构特征得到总信任度值，输出最终结果。该方法对不同形状的车辆尾灯均具有较好的识别效果，但仅能识别当前车道距离最近的一辆汽车，且当尾灯发生重叠或遮挡时，会发生验证失误。Chunmei等人提出使用有效概率与欧几里得距离相结合的方法对雷达获取的数据进行初筛，剔除无关点信息，将保留点信息投影变换所获取的感兴趣区域的图像转换为DT(Distance Transform)图像，并计算其与模板之间的chamfer距离，通过距离大小判断相似度大小，进而完成障碍物检测，由于预先对雷达信息进行处理，大大提高了检测速度。

2017年，翟光耀等人对毫米波雷达信息和视觉信息分别处理，雷达部分借助标定所得到的外参矩阵进行投影，以生成雷达目标感兴趣区域。图像部分运用帧差法对运动的物体进行检测，并得到相应的检测区域。最后将雷达检测区域与机器视觉检测区域进行对比来计算重合度，并根据重合度初步区分目标为行人或车辆。该方法对运动目标检测效果较好，但无法实现静止目标的检测。

2018年，曾杰等人提出使用Harr-like分类器与车辆底部阴影特征矩形结合的方法来进行检测，利用底部阴影特征矩形检测算法来补充Harr-like特征分类器在中长距离检测的不足，提高在可视距离内的车辆视觉检测能力，同时利用毫米波雷达检测前方运动目标信息，在图像中分割出动态感兴趣区域，最后通过对雷达和视觉检测的同一目标的感兴趣区域的重合度进行判别，实现对轿车和货车的检测。

2019年，王鹏宇等人提出一种基于改进的联合概率数据关联的多传感器融合算法，结合历史数据及不同传感器估计误差间的相关性,利用相关序贯关联法完成多传感器之间的数据关联,并利用凸组合融合算法对不同传感器关于同一目标的信息进行融合,实验验证该算法具有较高的融合精度。

综上所述,由于传感器成本和性能互补的优势,多传感器融合的算法成为目前感知领域研究的重点。

(3)基于路侧多传感器的多目标检测算法。

本书将主要介绍采用多源信息分层融合算法对路侧多传感器信息进行融合,包含传感器信息特征提取,单点路侧多传感器融合和多点路侧信息空间融合。

将视觉传感器、毫米波雷达和激光雷达进行空间联合标定,本书采用的是柏铭成电子公司生产的网络相机模组,如图 1-25 所示,型号为 OV10635,采样频率为 30 帧/s,100 万像素,分辨率最高可达 1280×720,可通过通用串行总线(Universal Serial Bus,USB)接口连接到嵌入式或主机设备。

对相机进行标定,目的主要有两个:①通过标定获取畸变系数对镜头的畸变进行矫正,以生成校正后的图像;②通过相机内外参数求解图像对应点与空间物体表面某点的对应关系,完成三维重构。经测试,本研究所用的相机模组基本不存在畸变,故无需进行畸变校正。

图 1-25 网络相机模组

相机的内参包括相机焦距 f_x、f_y 以及主点坐标 u_0、v_0,现有的方法中最成熟的是 1998 年张正友提出的棋盘格标定法,主要利用标定物上坐标已知的点与图像上的点间的对应关系计算单应性矩阵,利用内参约束条件获取初始内参,并通过最大似然估计进行进一步优化。目前,Matlab 已将该功能封装到 Camera Calibrator 工具箱中,通过调用应用程序编程接口(Application Programming Interface,API)完成标定并获取相应参数,主要步骤如下:

①将棋盘格标定板放置于车辆前方,保证其所占图片大小超过 1/5,通过已安装好的相机分别获取标定板垂直水平面及其他各倾斜角度的照片,如图 1-26 所示。

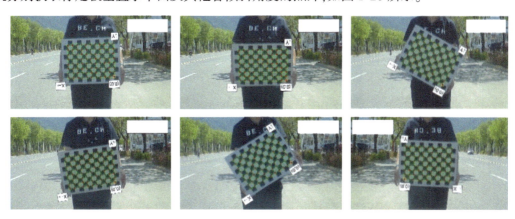

图 1-26 棋盘格标定板摆放情况

②通过步骤①获得标定需要的样本图片,将图片导入 Matlab 的 Camera Calibrator 工具箱中,并输入测量的棋盘格的尺寸,执行标定,获取重投影误差直方图,如图 1-27 所示。

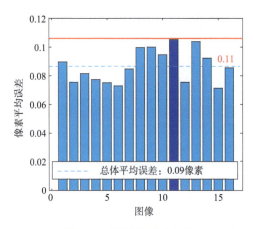

图 1-27 重投影误差直方图

③若重投影误差的平均值大于规定的阈值,说明标定过程误差较大,一般由采集图片偏转角度过大或者图片不清晰导致,需滤除不合理图片后重新进行上述步骤;若满足阈值条件,则直接输出内参矩阵。

本部分主要介绍相机与激光雷达的联合标定,同相机与毫米波雷达的标定一样,需要对激光雷达坐标系进行旋转和平移,最终将点云投影到相机捕捉的图像上。首先需要获得相机内参,上述标定步骤已获得相机内参;然后对相机的外参进行测量,相机的外参共 6 个,分别是包括航向角、俯仰角、侧倾角在内的旋转参数以及雷达和相机的水平间距、垂直间距和前后间距。雷达和相机的水平间距、垂直间距和前后间距可以通过人工测量的方式获得,如图 1-28 所示,而航向角、俯仰角、侧倾角的测量必须借助标定软件。标定软件通过将点云投影到相应帧图像上,手动调整 3 个旋转参数(航向角、俯仰角、侧倾角),使目标点云与图像中的目标重合,从而得到较准确的航向角、俯仰角、侧倾角,如图 1-29 所示。

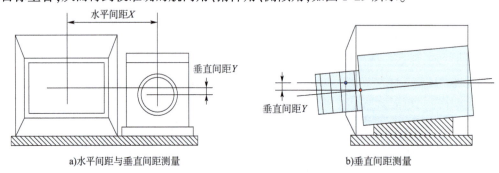

a)水平间距与垂直间距测量　　　　　b)垂直间距测量

图 1-28 相机与激光雷达相对位置测量

图 1-29 左侧工具栏中,相机内参下的 f_x、f_y 分别是相机 x、y 方向的焦距,x_0、y_0 分别是光轴对于投影平面坐标中心的 x、y 方向偏移量;Lidar 外参下的 Lidar 是激光雷达,Yaw 是偏航角,Pitch 是俯仰角,Roll 是翻滚角;平移下的 X、Y、Z 分别是相机到雷达的 x、y、z 方向距离。

在完成传感器联合标定后,选择合适的目标检测网络分别处理相机和激光雷达数据。本书选择单阶段检测算法作为相机的目标检测算法,在保证算法实时性的基础上,综合考虑准确性;选择 Pointpillars 用作激光雷达的目标检测算法,同样是出于对实时性的考虑。相较于其他 3D 目标检测算法,Pointpillars 有着实时性强的天然优势,非常适用于部署应用。

图1-29 航向角、俯仰角、侧倾角标定

单阶段检测以 VGG-16 为基础网络架构,去除其全连接层,并在后面添加若干卷积层以获得更丰富的特征图,其网络结构图如图 1-30 所示。

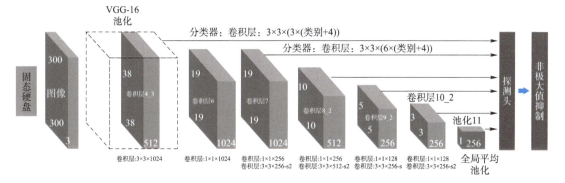

图1-30 SSD 网络结构图

为弥补低层语义信息丰富但特征提取不充分,高层特征提取充分但缺乏语义信息的缺陷,从卷积层 4_3、卷积层 7、卷积层 8_2、卷积层 9_2、卷积层 10_2、卷积层 11_2 等多层提取大小不同特征图进行边框回归和类别预测。特征图的大小、每个单元的先验框个数、先验框总数见表 1-5。

特征图详细信息表　　表1-5

层 名	特征图大小	每个单元先验框数	先验框总数	先验框最小尺寸	先验框最大尺寸
卷积层 4_3	38×38	4	5776	21	45
卷积层 7	19×19	6	2166	45	99
卷积层 8_2	10×10	6	600	99	153
卷积层 9_2	5×5	6	150	153	207
卷积层 10_2	3×3	4	36	207	261
卷积层 11_2	1×1	4	4	261	315

完成先验框提取后,为了进行边框回归和分类任务,需要进行先验框和真值框的匹配。本文选用逐预测匹配的方法,以交并比,即真值框与先验框交集所占并集的比例,作为衡量指标,主要流程见表 1-6。

逐预测匹配算法流程   表 1-6

序号	流程
1	计算所有先验框与所有真值框之间的交并比
2	找到与真值框匹配最好的先验框,即所有与真值框匹配的先验框中交并比值最高的先验框,直接提取出来
3	对于剩下的先验框,取其交并比的最大值,如果该值大于0.5,则与对应的真值框相匹配,剩余不满足条件的先验框为负样本

确定了相互匹配关系之后,即确定了训练样本。对网络训练的目的就是找到一组能使先验框尽可能贴合真值框且分类正确的模型权重偏置参数,这一过程通常运用损失函数来衡量,由于同时要完成分类回归任务,损失函数定义为位置误差及置信度误差的加权和,如式(1-27)所示:

$$\begin{cases} L(x,c,l,g) = \dfrac{1}{N}[L_{\text{conf}}(x,c) + \alpha L_{\text{loc}}(x,l,g)] \\ L_{\text{loc}}(x,l,g) = \sum\limits_{i \in \text{Pos}}^{N} \sum\limits_{m \in (cx,cy,w,h)} x_{ij}^{k} \text{smooth}_{\text{L1}}(l_i^m - \hat{g}_j^m) \\ L_{\text{conf}}(x,c) = -\sum\limits_{i \in \text{Pos}}^{N} x_{ij}^p \lg(\hat{c}_i^p) - \sum\limits_{i \in \text{Neg}} \lg(\hat{c}_i^0), \text{where } \hat{c}_i^p = \dfrac{\exp(c_i^p)}{\sum\limits_p \exp(c_i^p)} \end{cases} \quad (1\text{-}27)$$

其中,N代表先验框中正样本的数量;L_{conf}代表置信度损失;L_{loc}代表位置损失;$x_{ij}^p \in \{1,0\}$是一个指示参数,当其值为1时,代表第i个先验框和第j个真值框相匹配,且真值框的类别为p;c为类别置信度的预测值;l为先验框所对应的边界框的位置预测值;g是真值框的位置参数,通过编码后得到$\hat{g}$;Pos代表正样本;Neg代表负样本。

当得到使损失函数$L(x,c,l,g)$最小的模型权重偏置参数或达到设定的最大迭代次数时,停止训练,生成所需模型。当获取新的视频序列时,通过加载已有的模型参数,调用前向传播算法,检测网络便可以对图像中的目标进行自动检测和识别,并将它在图像中的位置信息(bbox位置信息)及类型信息进行输出。本书需完成本车前其他车辆及行人的检测任务,通过调参训练后,模型的检测效果如图1-31所示。

a)车辆检测效果图　　　　　　　　　　b)行人检测效果图

图1-31　目标检测效果图

Pointpillars将稀疏、不规则的点云处理成一个个pillar,将点云的3D特征转换成2D伪特征图的形式。这样一来,对3D点云的处理过程就变成了对2D伪图像的处理过程,可以使用常规的CNN算法来处理。Pointpillars的主干网络是一种多尺度融合的检测网络,通过分别对三个尺度下的特征进行学习和拼接,得到一个特征图。最后阶段使用检测头完成检测框回归和物体类别的分类,其网络结构和实际检测效果分别如图 1-32、图 1-33 所示。

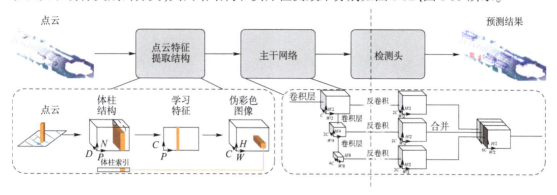

图 1-32　Pointpillars 网络

算法的具体步骤为:①分别采用端到端卷积神经网络、有效生命周期目标筛选算法和稠密点云 3D 目标检测算法,对视频、毫米波雷达数据、激光雷达数据进行处理,提取目标特征信息;②利用 D_S 证据理论处理不确定性信息的优势,对多传感器目标类别信息等定性数据进行融合,有效提高易混淆目标的分类精度;③同时,采用无损卡尔曼滤波算法对目标位置、速度和航向角等定量信息进行融合,有效滤除噪声信息,提高目标位置等检测信息的准确性和鲁棒性。

图 1-33　Pointpillars 检测效果

由于单点路侧设备检测范围有限,需对多点路侧信息空间融合。首先对多点路侧设备进行标定获取空间转换矩阵,实现多点路侧设备空间统一,利用基于马氏距离的最近邻数据关联算法进行目标关联。若存在重叠区域,采用自适应加权平均融合算法对重叠区域内目标进行信息处理,提高路侧设备在检测范围临界位置的检测精度,实现远距离小目标的高精度检测。

1.2.2　基于路侧多传感器融合的车辆盲区多目标跟踪技术研究

(1)多目标跟踪算法概述。

多目标跟踪指在连续的视频流中跟踪定位多个移动目标,生成多个目标的移动轨迹。除了单目标跟踪会遇到的问题外,多目标跟踪还需要目标间的关联匹配,针对多个目标相互间部分或者完全遮挡后又分开的情况,也需要算法能够准确定位对应的目标。相对于对每帧单独进行目标检测来说,多目标跟踪算法更适合处理连续的视频流,图 1-34 所示为执行单独目标检测算法的结果,图 1-35 所示为执行多目标跟踪算法的结果,可以发现跟踪算法定位目标的精度比单独检测更高。

多目标跟踪算法通常都是基于检测结果的,即在执行跟踪算法前,需要先调用检测算法,再将检测结果输入跟踪算法。这里并不需要对每一帧图片都调用检测算法,只需要在有新的目标出现时或者跟踪效果较差的情况下调用即可,目的是进行辅助修正,为跟踪算法提供更精确的初始值。

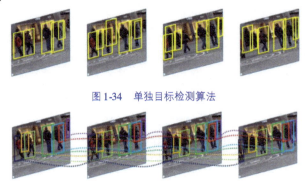

图1-34　单独目标检测算法

图1-35　多目标跟踪算法

常见的多目标算法的思想主要分为两步:①对每一个目标的表观或运动建模,这一步与单目标跟踪是一致的;②在不同视频帧中使用这些模型进行数据关联和匹配,目的是准确找到指定的目标。现有多目标跟踪的算法有基于多特征融合与自适应模板的,有基于运动信息的,有基于3D空间的,有基于数据关联的等,虽然有着很高的跟踪精度,但是跟踪速度仍然较慢,不适用于计算能力有限的移动端。

2010年以前,目标跟踪领域大部分采用一些经典的生成式模型跟踪方法,D. Comaniciu和P. Meer提出基于特征点的光流算法的跟踪算法Meanshift。Meanshift方法是一种基于概率密度分布的跟踪方法,使目标的搜索一直沿着概率梯度上升的方向,迭代收敛到概率密度分布的局部峰值上。Meanshift首先会对目标进行建模,比如利用目标的颜色分布来描述目标;然后计算目标在下一帧图像上的概率分布,从而迭代得到局部最密集的区域。但由于这类算法无法处理和适应复杂环境下的跟踪变化,后面被相关滤波、深度学习算法取代。2012年P. Martins提出了一种基于相关滤波的跟踪方法,他提出了基于循环矩阵的核跟踪,并且从数学上完美解决了密集采样的问题,利用傅里叶变换快速实现了检测的过程;随后他又提出了基于方向梯度直方图(Histogram of Oriented Gradient,HOG)特征的核相关滤波算法(Kernel Correlation Filter,KCF),接着还有考虑多尺度或颜色特征的方法以及用深度学习提取的特征结合KCF的方法等。滤波系列的跟踪方法在实时性上优势明显,但是它也有一些缺陷,比如目标快速移动、形状变化大,而导致更多背景被学习进来,影响了检测准确率。

近年来深度学习技术也被成功应用到目标跟踪算法中,跟踪的框架和方法往往会同时比较两种特征,从而验证跟踪方法或框架的改进提高,一种是传统的手工特征,另一种是深度网络学习的特征,网络不同层的卷积输出都可以作为跟踪的特征。

2018年,李博等人提出基于深度学习技术的目标跟踪算法SiamRPN,该算法将跟踪问题抽象成单样本检测问题,即设计一个算法,利用第一帧信息初始化一个局部检测器。为此,SiamRPN结合了跟踪中的孪生网络和检测中的区域推荐网络;孪生网络实现对跟踪目标的适应,让算法可以利用被跟踪目标的信息,完成检测器的初始化;区域推荐网络可以让算法对目标位置进行更精准的预测。经过两者的结合,SiamRPN可以进行端到端的训练。

综上所述,多目标跟踪领域近几年出现了不少优秀的算法,但这些算法更注重跟踪精度,跟踪速度较慢。此外,单传感器容易因为天气原因、环境原因或者遮挡而出现失效的情况,因此,针对目标跟踪算法在高级别自动驾驶领域的应用,优先选择多传感器融合的非深度学习多目标跟踪算法。

(2) 基于路侧多传感器的多目标跟踪算法。

目标稳定连续跟踪对于车辆盲区内危险目标的辨识极为关键,但路侧设备视角下目标较多,传统的多目标跟踪算法在此类密集场景跟踪精度较低,本节以基于多传感器融合的多目标检测技术为基础,进行基于空间位置和特征相似度的多点位协同跟踪算法研究。

基于多源传感器融合开发平台,充分利用不同时空的多传感器信息,采用计算机技术,对按时序获得的多传感器信息进行综合分析,获得对被测对象的一致性解释和描述。多传感器融合包括图像与激光雷达融合;图像与毫米波雷达融合;图像与定位信息融合。该技术可以实现对检测目标的有效识别;同时结合雷达信息进行综合分析并提高检测精度和可靠性,进一步识别潜在危险源。

为了节省计算资源,本书介绍的是一种适用于移动端的多目标跟踪算法,图1-36所示为其示意图,其主要思想是基于障碍物检测的结果,初始化多个快速的单目标跟踪器,并行跟踪多个障碍物目标,每个跟踪器只负责跟踪一个障碍物,且跟踪器之间没有联系。使用这种算法处理一帧数据的时间与调用一次单目标跟踪算法的时间相当。

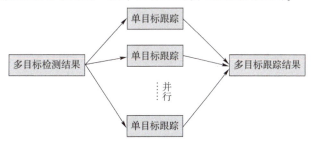

图1-36 多目标跟踪算法示意图

对于目标跟踪算法来说,经典方法有均值漂移、卡尔曼滤波、粒子滤波等,这类方法思想是先对目标区域建模,然后在下一帧中寻找与模型最相似的区域,缺陷是跟踪精度低,受背景变化的影响较大;还有一类方法是基于学习的思想,以目标区域为正样本、背景为负样本训练分类器,然后使用分类器在下一帧中寻找最优区域,代表算法是基于相关滤波的一类算法。

基于相关滤波的单目标跟踪算法最典型的特征就是计算效率高,每秒的处理速度甚至可以达到几百帧,同时对光照变化、目标形态变化等复杂场景的鲁棒性强,由于这些出色的特性,基于相关滤波的目标跟踪算法得到了研究领域的广泛关注。这里的相关是两个信号相似值的度量,通过计算两个信号之间的响应,可以知道信号在哪些段相关性较高,响应的数学表达就是卷积,式(1-28)是计算公式:

$$(f \otimes g)(\tau) = \int_{-\infty}^{\infty} f^*(t) g(t+\tau) dt \qquad (1-28)$$

其中,τ 表示积分量;t 表示时间;f 和 g 表示两个信号量。

如图1-37所示,现有两个信号 f 和 g,中间一段波形是相似的,两个信号的响应曲线可以反映出相关性。

将这种信号相关性概念应用到图像目标跟踪领域,就产生了基于相关滤波的单目标跟踪算法,基本思想如图1-38所示,首先基于检测结果训练一个滤波模板,使它作用在跟踪目标上时,得到的响应最大,最大响应值的位置就是目标的位置。

图1-37 信号相关性示意图　　　图1-38 基于相关滤波的单目标跟踪算法示意图

现有的基于相关滤波的算法有很多,最早的版本是2010年的MOSSE,之后的一系列算法都在这个基础上进行改进,具体针对这几个方面进行了优化:①所提取的用于训练的特征,最开始使用的是灰度特征,然后是多通道的颜色直方图特征,再后来就引入深度学习方法提取特征;②训练样本的数量由最开始通过随机仿射变换生成的少量样本,到后来循环移位生成的稠密样本;③滤波模板的训练方法由最开始的线性分类器,到后来基于核函数的非线性分类器;④对目标尺度变化导致跟踪效果下降的问题进行优化,具体方法如引入尺度池技术、采用尺度滤波方法等;⑤对目标运动速度较快导致跟踪效果下降的问题进行优化。对近几年一些经典的基于相关滤波的跟踪算法进行性能对比,结果见表1-7,其中速度数据是在相同处理器下测算的,跟踪精度是参考论文中公开数据集的实验结果,部分数据是统一数据集后的估计值。

基于相关滤波的跟踪算法性能对比　　　　　　　表1-7

算法名称	年份	跟踪速度(帧/s)	跟踪精度(%)	特性
MOSSE	2010	>500	43.1	单通道灰度特征,少样本训练
CSK	2012	>300	52.4	密集采样,核函数
KCF	2014	172	72	多通道颜色梯度特征,快速核回归
CN	2014	152	73	多通道颜色特征
SAMF	2014	7~10	73~75	尺度池
DSST	2014	35~40	76~78	尺度滤波
HCF	2015	2~3	~80	CNN提取特征
SRDCF	2015	3~5	~82	空域正则化
CFNet	2017	~7	~84	CNN端到端训练滤波器

从表中可以看出近几年,在通过一些策略提高算法精度的同时,或多或少都牺牲了算法跟踪速度。在综合考虑精度与速度之后,本书最终选择KCF跟踪器来跟踪单个障碍物目标,基于最新的检测结果,初始化目标个数的KCF跟踪器,使得每一个跟踪器对应一个跟踪目标,多个跟踪器并行操作。在使用这种方法后,基于CNN的检测算法就不需要对每一帧

传入的视频、图片都执行操作,只需要在适当的时机执行检测,更新检测结果并重新初始化跟踪器,以保证长时间的跟踪稳定性。在工程上基于多线程实现,为每个跟踪器分配一个线程,初始化与更新过程均在这个线程中完成,线程之间相互独立并且能够并行执行。

图 1-39 为基于 KCF 设计的多障碍物跟踪算法流程图。

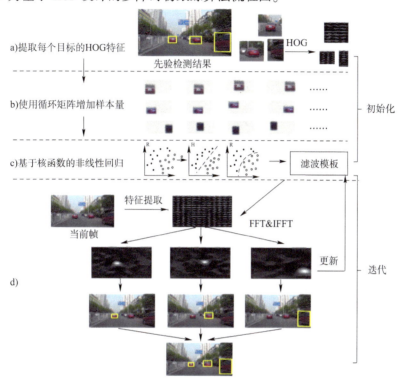

图 1-39　基于 KCF 的多目标跟踪算法

① 输入最新的障碍物检测结果以及对应的检测图片。

检测结果包含每个障碍物目标的位置信息与类别信息。基于检测结果,从原始图片中截取感兴趣区域,这里感兴趣区域指以每个目标框为中心的 2.5 倍扩展区域,目的是同时引入前景与背景,并将其作为训练的正负样本;然后分别提取每个感兴趣区域多个通道的颜色梯度(HOG)特征。

② 每个感兴趣区域被作为一个基础样本。

通过使用循环矩阵对基础样本的内容进行循环移位,以达到增广样本的目的。假设现有 3×3 矩阵 $\boldsymbol{X}$ 以及 3×3 的单位矩阵 $\boldsymbol{I}$ 见式(1-29)与式(1-30):

$$\boldsymbol{X} = \begin{bmatrix} a & b & c \\ d & e & f \\ g & h & i \end{bmatrix} \tag{1-29}$$

$$\boldsymbol{I} = \begin{bmatrix} 1 & 0 & 0 \\ 0 & 1 & 0 \\ 0 & 0 & 1 \end{bmatrix} \tag{1-30}$$

将 $\boldsymbol{I}$ 整体向下循环移动一位得到矩阵 $\boldsymbol{P}$,见式(1-31):

$$P = \begin{bmatrix} 0 & 0 & 1 \\ 1 & 0 & 0 \\ 0 & 1 & 0 \end{bmatrix} \quad (1\text{-}31)$$

将 I 整体向右循环移动一位得到矩阵 Q，见式(1-32)：

$$Q = \begin{bmatrix} 0 & 1 & 0 \\ 0 & 0 & 1 \\ 1 & 0 & 0 \end{bmatrix} \quad (1\text{-}32)$$

P 与 X 相乘，相当于将 X 向下循环移动了一位，见式(1-33)：

$$PX = \begin{bmatrix} g & h & i \\ a & b & c \\ d & e & f \end{bmatrix} \quad (1\text{-}33)$$

再将式(1-33)与 Q 相乘，相当于将 X 向右循环移动了一位，见式(1-34)：

$$PXQ = \begin{bmatrix} i & g & h \\ c & a & b \\ f & d & e \end{bmatrix} \quad (1\text{-}34)$$

图 1-40　循环移位操作

由此可见，通过将单位矩阵沿 X 轴或者沿 Y 轴循环移动，再与图像矩阵相乘，即可实现图像的循环移位。如图 1-40 所示，红色框为对应目标的感兴趣区域，将该框的标签设为 1，使用循环矩阵对感兴趣区域进行处理后，对齐目标，蓝色框就是生成的样本，这些生成样本的标签设定为与红框的重合比例，与红框的重合比越高，则标签就越接近 1，反之则越接近 0。

③分类模型选用的是岭回归模型。

即包含正则化项的最小二乘回归模型，见式(1-35)：

$$\min_{w} \sum_{i} (f(X_i) - y_i)^2 + \lambda \|w\|^2 \quad (1\text{-}35)$$

其中，X_i 表示样本框；y_i 表示对应的标签；f 表示映射关系；w 表示待训练的参数；$\lambda \|w\|^2$ 是正则化项。

用于防止过拟合，优化方向是最小化预测标签与真实值的距离。在求解过程中，需涉及求矩阵的逆的操作，这个对于计算机来说是非常耗时的，因此，利用所有循环矩阵都能够在傅氏空间中使用离散傅立叶矩阵进行对角化的性质，将求逆运算转化为点积运算，大大提高了计算速度。选用适当的核函数对样本进行非线性映射，使得映射后的样本在新的空间中线性可分，这里选用的是高斯核函数，模型训练完毕后将生成一个滤波模板，用于与之后的图片计算响应。

④提取当前待处理的图片的 HOG 特征图。

在感兴趣区域中使用滤波模板计算响应，响应的计算方式原本是卷积，但是为了进一步增加计算速度，这里使用了快速傅里叶变换代替卷积操作，其原理是傅里叶变换的一条性质，即将矩阵进行傅里叶变换后，在频域上做点积，再通过逆傅里叶变换回时域，其结果与两个矩阵的卷积是相同的，但是计算速度会快很多。

介绍了本算法中的重要部分后，下面介绍该算法的具体方法。首先采用残差网络进行特征提取模型的离线训练,采用 KCF 跟踪算法对多层融合目标信息进行状态预测,实现目标短暂遮挡时的轨迹补偿。通过训练的特征提取模型获取目标状态特征,计算基于余弦距离的检测状态特征与预测状态特征相似度,采用基于空间位置距离与外观特征相似度融合尺度,对跟踪目标进行关联。关联成功的目标利用扩展卡尔曼滤波增益更新跟踪目标的状态信息,若目标未关联成功,则添加至待跟踪目标列表,等待下一帧,重新进行目标状态预测与跟踪。该算法采用空间位置和外观特征结合的方法,实现多目标的跟踪关联,有效减少了基于位置信息的传统跟踪算法在密集场景下目标丢失的情况。

1.3 路车主动融合超视距环境感知技术

1.3.1 路车多源异构数据时空一体化

时间一体化包含硬件同步和软件同步两方面,因为时钟源都有漂移,而且每个时钟源漂移不同,所以即使把各个传感器时间戳在初始时刻对齐,运行一段时间后,之前对齐的结果就会偏离。因此需要在硬件上把时钟源统一,通常采用脉冲发生器,所有传感器都被该脉冲触发,每次触发都校正一次自身的时钟,从而消除时钟源的累计误差。在高级别自动驾驶的传感器配置里,全球卫星导航系统(Global Navigation Satellite System,GNSS)是一个必备的传感器,它自带秒脉冲发生器,而且 GNSS 信号能够达到定位要求时,自身时钟也会受到卫星上原子钟的校正,从而进一步提高精度。

统一传感器的时钟后,并不能完全解决时间同步问题,因为各个传感器的采集时刻并不是相同的。如在 KITTI 数据集中,雷达和惯性测量单元(Inertial Measurement Unit,IMU)都是 10Hz,也就是 100ms 的周期,但是雷达每次采集的时间要比 IMU 慢几十毫秒,当想获得在雷达采集时刻的车体角速度和加速度信息时,就要根据雷达前后时刻的 IMU 信息,通过插值计算出一个等效值,从而获取等效的同一时刻数据。

路车特征匹配空间统一示意图如图 1-41 所示。路侧和车辆的空间统一以全局坐标系为基准,当定位卫星信号较好时可直接获取车辆的全球定位信息,路侧传感器则在安装时已经标定所在位置的全球定位,由此完成空间统一。但在城市道路中,由于高楼、桥梁等遮挡,定位卫星较弱,无法获取精确的全球定位信息,因此需探索不依赖于定位信息的空间统一算法。车辆在行驶至路侧检测范围内,存在重叠的检测区域,可对该区域路侧和车侧感知信息提取高纬度特征,并对其进行配准,解算车体坐标系与路侧坐标系的位姿关系,从而实现空间一体化。

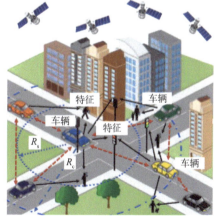

图 1-41 路车特征匹配空间统一示意图

1.3.2 基于证据理论的路车融合感知技术

路侧与车载传感器均获得了感知结果,需采用决策级融合算法对路侧和车载传感器感知结果进行融合。代表的决策级融合算法包含证据理论、贝叶斯概率、滤波理论和神经网络。值得注意的是,其中由 Dempster 首先提出,Shafer 发展起来的证据理论,不需先验概率,在建模和处理不完全和不确定信息方面具有较强的灵活性。然而,当融合高度冲突的数据时,可能会得到与事实相悖的结果。针对这一问题,提出了改进 Dempster 组合规则和对证据体进行预处理两种方法。对第一类的研究包括 Smets 的非归一化组合规则和 Yager 的组合规则。

在实践中,传感器故障导致错误结论的获取,对于组合规则的修改将是无效的。因此,越来越多的研究在解决高度冲突的证据时,倾向于对证据体进行预处理。例如,Murphy 提出了一种简单的平均方法来修改证据体。Deng 等人提出了一种基于证据距离的加权平均方法。Xiao 通过考虑证据本身对权重的影响,将信念 Jensen-Shannon 散度与信念熵结合起来。在最近的一项研究中,Xia 进一步改进了信念函数的散度测量,说明了信念函数与信念函数集子集之间的相关性。

Dempster-Shafer 证据理论能够在不依赖先验信息的情况下,对不精确性和不确定性进行建模。与贝叶斯理论相比,它对先验概率的条件要求较弱,下面介绍证据理论的基本原理。

一组相互排斥的事件被表示为 U,也被称为识别框架。将信念 m 从 2^U 映射到 $[0,1]$ 的质量函数称为基本信念分配(Basic Belief Assignment,BBA),满足以下条件:

$$m(\varnothing) = 0 \text{ and } \sum_{A \in 2^U} m(A) = 1 \tag{1-36}$$

对于一个命题 $A \subseteq U$,置信函数定义为:

$$Bel(A) = \sum_{B \subseteq A} m(B) \tag{1-37}$$

假设识别 U 框架下的两个信念分配 m_1 和 m_2 是独立的,Dempster 组合规则($m = m_1 \oplus m_2$)定义如下:

$$m(A) = \begin{cases} \dfrac{1}{1-K} \sum_{X_i \cap Y_i = A} m_1(X_i) m_2(Y_i) & A \neq \varnothing \\ 0 & A = \varnothing \end{cases} \tag{1-38}$$

$$K = \sum_{X_i \cap Y_j = \varnothing} m_1(X_i) m_2(Y_j)$$

其中,X_i 和 Y_i 为 2^U 的元素;K 为常数,表示证据之间的冲突。

计算 K 个证据之间的距离 RB 构造证据间距离矩阵 $\boldsymbol{M}$:

$$\boldsymbol{M} = \begin{bmatrix} 0 & \cdots & RB_{1i} & \cdots & RB_{1k} \\ \vdots & \cdots & \cdots & \cdots & \vdots \\ RB_{i1} & \cdots & 0 & \cdots & RB_{ik} \\ \vdots & \cdots & \cdots & \cdots & \vdots \\ RB_{k1} & \cdots & RB_{ki} & \cdots & 0 \end{bmatrix} \tag{1-39}$$

各证据间的平均距离计算如下:

$$\tilde{RB}_i = \frac{\sum_{j=1, j \neq i}^{k} RB_{ij}}{k-1} \tag{1-40}$$

证据相似度定义如下:

$$Sim_i = \frac{1}{\tilde{RB}_i}, 1 \leq i \leq k \tag{1-41}$$

然后，由相似度得出的可信度为公式（1-42）中的 Crds。可信度表示证据之间冲突的程度。可信度越高，冲突越少，应该给予证据更大的权重。

$$Crd_s = \frac{Sim(m_s)}{\sum_{i=1}^{k} Sim(m_i)}, 1 \leq s \leq k \tag{1-42}$$

根据计算的可信度对证据体进行修改，获得加权平均证据：

$$m_{\text{weight}} = \sum_{s=1}^{k}(FCrd_i \times m_s), 1 \leq s \leq k \tag{1-43}$$

最后，利用 Dempster 组合规则对加权平均证据 m_{weight} 进行（k-1）次组合。

$$m_k(C) = ((((m_{\text{weight}} \oplus m_{\text{weight}})_1 \oplus m_{\text{weight}})_2 \oplus \cdots) \oplus m_{\text{weight}})_{k-1} \tag{1-44}$$

1.4 路车多模式信息交互及安全保障技术

1.4.1 多模式通信交互技术

1.4.1.1 多模式网络切换

（1）系统组成。

在异构车联网环境下，终端的垂直切换过程涉及终端侧和网络侧的协作。为了将基于生物启发机制的切换方法应用于异构车联网应用场景，本文建立"网络侧辅助、终端侧决策"的系统架构，其中，核心的系统组成包括终端侧和网络侧计算实体。

①终端侧计算实体。

如图 1-42 所示，不失一般性，假设每一个终端具备多模式通信能力，本章将用于实现管理多个无线网络接口的模块称为"无线网络接口模块（Wireless Network Interface Management，WNIM）"。在终端上，用于计算嵌入式加密认证模块（EASM）以及终端的服务质量（Quality of Service，QoS）效用信息的计算模块称为"终端辅助决策引擎（Terminal Assistance Decision Engine，TADE）"。终端的 WNIM 负责监测异构网络环境中网络的接收信号强度（Received Signal Strength Indication，RSSI），将该信息传递给 TADE，用于判断环境中该终端可用的无线网络。用集合表示终端可以利用的多个无线网络，则该集合称为"候选网络集合"。与此同时，WNIM 还实时通过网络空中接口信令消息感知当前该终端接入的无线网络的 QoS 信息，并将这些网络侧 QoS 信息传递给 TADE，此外，TADE 还同时采集终端上运行程序对 QoS 的需求信息，利用这些网络侧和终端侧的 QoS 信息，计算该终端的效用以及 QoS 指标。完成计算后，TADE 模块将终端的带宽效用信息和终端 QoS 信息传递给 WNIM，由 WNIM 通过当前接入的网络端口发送给该无线网络对应的网络侧计算实体。

另一方面，终端计算实体上的 TADE 还负责计算 EASM，利用当前接入的网络侧实体反馈回的当前细胞活性参数，驱动模型系统状态的更新计算，然后，基于更新后的系统状态——决策向量，确定下一个时间段要切换的目标网络。当 TADE 触发切换时候，终端 WNIM 根据这一决策信息在下一个时间段将网络端口切换到目标网络对应的端口。

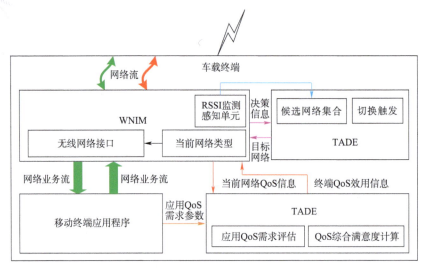

图 1-42　终端侧计算实体

②网络侧计算实体。

在通信场景中,每一个无线网络下可部署一个用于处理本地网络的用户联网信息,负责执行信息计算的实体,称为"网络侧计算实体"。如图 1-43 所示,网络侧的计算实体主要实现融合计算接入本网多个终端 QoS 信息,以及计算本网带宽资源分配效用信息。然后,将自己的计算信息和本网终端带宽效用信息通过基于网络之间互连的协议(Internet Protocol,IP)的主干网络发送给主干网络后台服务器。与此同时,该网络侧计算实体还实时接收来自主干网络后台服务器反馈的决策信息,并通过其本地的"决策信息反馈模块"将主干网络后台服务器传递来的计算信息发送给连接本网的终端。

③IP 主干网后台计算实体。

如图 1-44 所示,给定基于 IP 的主干网与某一台服务器连接,将部署在 IP 主干网络后台服务器上的计算实体定义为"异构网互联决策引擎(Interworking Decision Engine,IDE)",该主干网 IDE 通过主干网与不同的网络侧计算实体实现数据通信,负责采集从各个不同的无线网络侧实体传输来的终端带宽效用、QoS 效用和网络资源分配计算信息,然后,基于计算得到全局 QoS 信息,基于计算得到全局网络资源分配的公平性指标,基于计算得到全局网络资源效用指标,进而根据细胞活性参数计算模型更新当前的全局终端细胞活性参数 α。最后,IDE 通过本地的"决策信息反馈"模块将新的细胞活性参数 α 通过主干网传递给各无线网络侧的计算实体。

(2)系统架构。

将终端侧和网络侧的计算实体进行集成,设计整个面向异构车联网环境的垂直切换系统架构。图 1-45 所示为设计的整个系统架构,其中,网络侧的计算实体主要包括各个无线网络对应的计算实体和基于 IP 主干网络后台服务器上的计算实体,终端侧计算实体主要包含两个功能模块 WNIM 和 TADE。每一个无线网络侧的计算实体通过路由器(集成了网关模块)接入基于 IP 的主干网络,而主干网络后台部署着一个服务器 IDE 计算实体,其同样通过路由器接入主干网络。

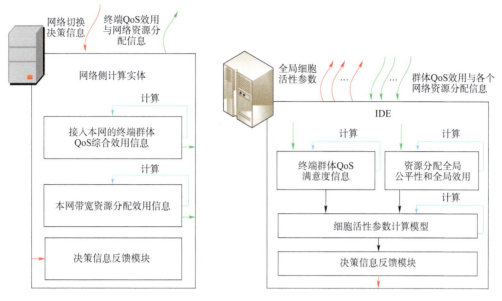

图 1-43 网络侧计算实体

图 1-44 主干网后台计算实体

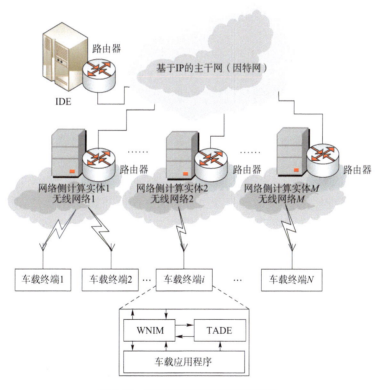

图 1-45 异构车联网垂直切换系统架构

在整个架构内部,每一个终端 WNIM 通过本网的网络空中接口信令消息和本网的计算实体实现计算信息交互,主干网络后台 IDE 通过主干网络实现和各个不同无线网络侧计算实体的计算信息交互。在系统架构中,基于吸引选择模型的网络垂直切换算法部署于每一辆终端 TADE 模块,而细胞活性参数计算模型部署于主干网络后台服务器 IDE 实体上。值得一提的是,图1-45所示的系统架构无需终端侧的不同终端计算实体间进行计算信息的交互,而且,执行 EASM 的计算——决策向量的动态更新是在终端侧的各个终端上独立完成,因此,从决策操作的角度看,终端能够支持分布式切换操作。

①计算架构设计。

基于 EASM 的异构车联网垂直切换方法的计算逻辑如图1-46所示。给出的逻辑框架主要涉及网络侧和终端侧的计算模型。EASM 及其一系列网络切换操作在终端侧执行,其中,细胞活性 α 由网络侧反馈给终端,其可视为终端上部署的 EASM 输入参数,用于决策向量的动态更新。当完成决策向量的更新,终端即可利用新的决策向量确定切换的目标网络。

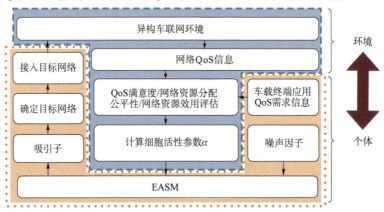

图1-46 异构切换流程

细胞活性参数 α 的计算在网络侧执行,主要由主干网后台 IDE 实现。当网络侧 IDE 完成参数 α 的计算,其通过主干网络将该计算结果反馈给每一个无线网络侧的计算实体,再经由无线网络侧计算实体,通过空中接口反馈给本网内的每一个终端。参数 α 作为终端 EASM 的输入,实时驱动终端异构切换决策行为。本质上,整个数学计算框架展现的是"网络环境"和"终端个体"之间相互作用的演化过程;类比于"环境-细胞"相互影响的关系,终端在 EASM 机制下使得切换决策过程呈现出生物的鲁棒性和自适应性。

在实施基于 EASM 的异构网络垂直切换方法过程中,涉及的终端侧和网络侧计算信息传递逻辑框架如图1-47所示。每一个终端实时地将其 TADE 计算得到的终端带宽需求上限参数、带宽效用值以及 QoS 效用值通过空中接口传递给当前时刻接入的无线网络侧计算实体。对于任意一个无线网络侧计算实体而言,其利用接入本网多个终端反馈过来的信息进一步计算出自身的资源分配效用,同时,融合计算多个终端的 QoS 效用值。然后,该无线网络侧计算实体通过接入主干网络,将本网计算的资源分配效用信息和 QoS 效用信息连同终端传递来的带宽效用值一起反馈给主干网后台的 IDE。该 IDE 采集来自不同无线网络侧计算实体反馈回来的信息,利用细胞活性参数计算模型计算更新细胞活性参数 α。当得到新的细胞活性参数 α,IDE 通过主干网将其反馈给各个无线网络侧计算实体,并经由网络侧计算实体反馈给本网的终端。每当终端接收到反馈回来的细胞活性参数 α,TADE 利用该参数驱动 EASM 更新终端的决策向量,从而使该终端得以利用决策向量确定新的目标网络。

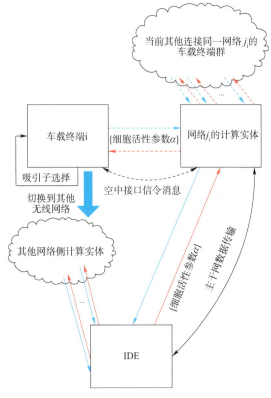

图 1-47　计算信息流逻辑框架

② 异构切换算法设计。

基于 EASM 的异构切换算法主要包括 3 个部分：部署在移动端的算法、无线网络侧计算实体的算法以及主干网后台 IDE 上的算法，分别如图 1-48、图 1-49 和图 1-50 所示。终端算法主要以计算本地信息以及进行异构切换决策为主，无线网络侧计算实体的算法以综合利用本网内终端信息进行计算为主，而主干网后台 IDE 以综合利用各个网络侧计算实体的信息计算细胞活性参数为主。这些在不同计算实体上部署的算法以迭代的方式执行，最终能够使终端在异构车联网环境中实现动态自适应垂直切换。

1.4.1.2　多模式通信终端

将车载通信单元的开发平台分为 3 部分：应用平台、通信平台、编译平台，阐述 3 者的关系，并在 3 者之上完成了车载通信单元的开发，嵌入式开发阶段车载通信单元路由端硬件设备组成（图 1-51）。在应用平台完成用户操作平台开发，该操作平台不仅可以方便地配置主机端、路由端无线网卡，设置 Ad-hoc 组网参数，还可以为应用程序提供接口函数，实现多种数据的交互。通信平台分为 2 部分：首先，完成车载通信单元硬件集成，围绕 802.11p 无线网卡搭建硬件平台；其次，开发 802.11p 驱动，基于非 IP 的传输层协议。整个功能在 X86 计算机初步实现后，进一步在 MIPS 架构下嵌入式开发，将通信单元路由端（图 1-52）作为独立功能模块，即完成了车载通信单元嵌入式开发，开发过程中不仅总结了 Linux 内核中与无线网络相关的各功能模块，以及模块之间的调用关系，还总结了嵌入式开发的一般流程，使读者可以更加直观、深层次地理解、利用 Linux 系统资源。

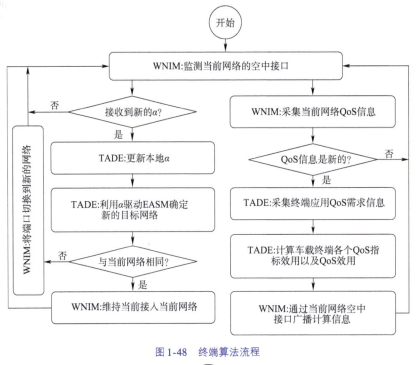

图 1-48　终端算法流程

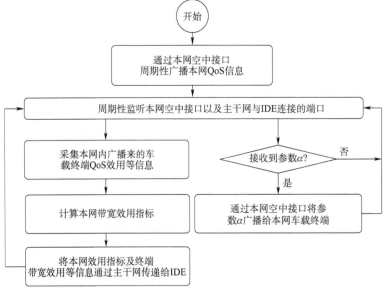

图 1-49　无线网络侧计算实体算法流程

此外,设计车载多模式通信切换机制,首先通过理论假设和理论分析,建立异构网络切换的数理模型,进而设计并实现切换算法。具体算法建模基础如下。

(1)以 Wi-Fi(IEEE802.11n)、德拉蒙德街关系中心(Drummond Street Relationship Centre,DSRC)(IEEE802.11p)和移动蜂窝网络(WCDMA)3 种通信网络组成的异构车联网环境为具体应用场景,重点研究具备这 3 种通信网络接口的车载终端执行多模式通信切换接入机制及其实现算法。

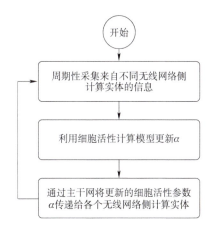

图 1-50　主干网后台 IDE 算法流程

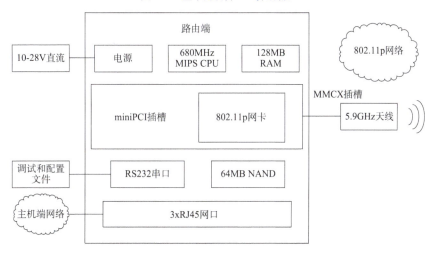

图 1-51　嵌入式开发阶段车载通信单元路由端硬件设备组成

图 1-52　嵌入式开发阶段车载通信单元路由端

（2）假设移动终端可以实时获得自身的位置信息和移动速度信息，此亦假设移动终端具有类似于 GPS 或者北斗定位系统的硬件模块。

(3)假设移动终端可以通过空中接口获得无线环境中的无线信号信息,例如,接收信号强度(Received Signal Strength,RSS)或者接收功率大小(Received Power,RP)。这些无线信号由部署在路侧的 Wi-Fi 接入点(Access Points,APs)或者移动蜂窝网络基站(Base Stations,BSs)天线发射。

由于基于 IEEE802.11p 的 DSRC 相对其他通信模式具有较高的移动特性支持,其更适用于通信拓扑结构快速变化的车载自组织网络。通常,在 ITS 的通信场景中,DSRC 被广泛应用于 V2V(Vehicle-to-Vehicle)和 V2I(Vehicle-to-Infrastructure)之间的安全性信息交互,例如,车辆碰撞警示消息、障碍物预警消息、安全事故消息等在车载移动自组织网络中的广播。因此,首先根据不同的车载终端应用的类型,定义该应用的安全性级别,该应用的安全性级别划分为两个等级:"高级优先"和"低级优先"。据此,文中假设车载终端的 DSRC 通信端口主要用于接收/发送安全性级别为"高级优先"的信息,当且仅当 DSRC 网络不可用时,考虑使用 Wi-Fi 实现"高级优先"级别的数据传输,其次是移动蜂窝网络。相反地,如果 Wi-Fi 和移动蜂窝网络都不可用时,考虑使用 DSRC 传输"低级优先"的数据。

车联网多模式通信系统包含车载多模式通信终端以及异构无线网络切换算法。多模式通信终端如图 1-53 所示,支持至少 3 种无线通信技术,如移动蜂窝网络、Wi-Fi、DSRC 技术等。其中移动蜂窝基础设施网络覆盖范围广、用户量大,基站数目与服务质量较完善;Wi-Fi 技术经过多年发展,路侧基础设施建设成熟,市区主干道、公交汽车中都有提供 APs 接入点;DSRC 技术适用于高速移动,并能在高速移动的同时提供实时、可靠的接入服务,能应对无线信道恶劣的外部干扰,有效适应多径效应、强烈的多普勒频移干扰的物理层技术;异构无线网络切换算法,研究多种通信模式并存下,按需合理地选择通信手段,保障实际应用中 QoS 效用函数达到最优。

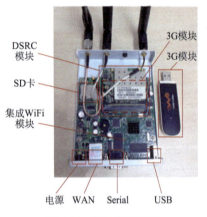

图 1-53 多模式通信终端

1.4.2 车载网络入侵技术

入侵检测作为一种主动的安全防护技术,通过对网络中的可疑行为进行判断、报警和响应来保障系统的安全,不仅可以实现对外部威胁的检测,还可以监控内部异常行为,弥补了加密、认证等方法的不足。汽车信息安全在攻击链路多元化、应用场景复杂化、安全问题多样化、接入设备异质化的情况下,车载网络入侵检测已成为汽车信息安全防护体系的关键环节。但是,当前车载网络入侵检测技术在检测实时性、误报率和检测率等方面仍然没有一种有效的通用解决方案,并且缺乏多样的攻击手段和有效的实车攻击数据。另外对于入侵检测系统的性能评估和实验验证等工作开展较少,导致车载网络入侵检测系统距实际应用还有一定差距。

随着汽车电子控制单元数量的增加,作为控制车辆终端的车载网络,信息安全问题日益突出,因此加强车载网络通信安全保证措施,积极开展对车载网络入侵检测技术研究,寻找有效的方法,提高车载网络异常行为的检测精度,降低计算开销,已成为迫切需要研究的课题。

为了寻找有效的方法,来降低车载网络安全威胁,提高入侵检测性能,本书在车载网络异常行为分析和入侵检测技术开展研究。为检测不同攻击形式的车载网络异常行为,在车载网络脆弱性分析的基础上,基于不同攻击场景和攻击方式,对车载网络异常行为进行分析,提取车载网络异常行为特征,构建车载网络正常行为和攻击行为的特征模型。为满足车载网络检测的实时性,本书从轻量级特征提取、低计算开销的数据预处理等方面,开展低延时的车载网络异常行为实时性检测算法的研究,在满足检测精度和计算开销的情况下实现对车载网络异常行为的实时检测。而对于很难识别的复杂特征行为,本书通过开展基于自学习深度神经网络的入侵检测算法研究,在满足检测精度的同时还能够识别异常复杂特征的能力。

1.4.3 多模式信息交互安全保障技术

1.4.3.1 车载网络入侵威胁分析

由于车载网络自身的脆弱性,近年来车辆安全事件多次发生。2013年9月,DEFCON黑客大会上,黑客演示了从OBD-II(第二代车载自动诊断系统)控制福特翼虎、丰田普锐斯两款车型,实现转向盘转向、制动、加速踏板加速、仪表盘显示等动作;2015年1月,宝马公司ConnectedDrive安全漏洞能使超过200万辆汽车置于黑客风险之中;2015年2月,美国通用汽车公司OnStar的安全漏洞可以让黑客远程操控汽车;2015年6月,比亚迪汽车在其官方微博率先确认了其云服务存在严重漏洞,黑客利用该漏洞,在没有钥匙的情况下可成功完成开启汽车车门、起动汽车、开启行李舱等操作;2015年7月,美国两位安全研究人员查理·米勒和克里斯·瓦拉塞克演示了无线入侵一辆Jeep切诺基的网络系统,让克莱斯勒因此宣布召回140万辆存在软件漏洞的汽车,这也是首例汽车制造商因为黑客风险而召回汽车的安全事件;2015年10月,3位国外黑客利用汽车的第三方软件0day漏洞,成功攻击奥迪TT汽车的安全气囊系统并使其关闭。

汽车信息安全问题是一个长期的迭代过程,在汽车全生命周期一直存在,不断更新的黑客技术为智能化网联化带来的更多安全隐患,汽车信息安全防护机制也将动态更新。车载网络作为汽车信息安全的最薄弱的环节,是当前信息安全专家研究的热点。因此,本书将从汽车信息安全入侵攻击、车载网络安全脆弱性分析、车载网络安全防护技术3方面进行研究现状分析。

1) 车载网络威胁源

产生安全威胁的主要因素可以分为人为因素和环境因素,人为因素又可区分为有意和无意两种。环境因素包括自然界的不可抗的因素和其他物理因素,威胁的作用形式可以是对车载网络直接或间接地攻击,例如未授权的泄露、篡改等,也可能是偶发或蓄意的事件。分析车载网络存在哪些威胁种类,首先要考虑威胁的来源,一般信息系统的主要威胁来源包括环境因素、意外事故或故障、无恶意内部人员、恶意内部人员、第三方、外部人员攻击。而目前的车载网络的入侵威胁分析主要包括5种威胁来源:不诚实的驾驶员、黑客、罪犯和恐怖分子、不诚实的组织和无赖政权,其主要攻击动机如下。

(1) 不诚实的驾驶员:避免金融义务,操纵交通流。

(2) 黑客:获得和提高黑客的知名度。

(3) 罪犯和恐怖分子:经济利益,对个人或团体的伤害或损伤、干扰 ITS、远程信息服务。

(4) 不诚实的组织:驱动程序分析、工业间谍活动、破坏竞争对手的产品等。

(5) 无赖政权:达到对其他组织的经济伤害,例如干扰交通管理等。

2) 车载网络攻击途径

汽车信息安全问题的产生是由各种可行的攻击途径造成的,通过调研分析发现,汽车信息安全攻击途径主要可以分为 3 类:物理攻击、短距离无线攻击、长距离无线攻击。

(1) 物理攻击。

物理攻击是指通过物理设备直接与汽车通信接口相连,实现汽车内部数据监听或外部发送指令的攻击行为。物理攻击是最简单的攻击方式,攻击者可以由车辆使用者、维修人员或其他破坏者通过物理接触,对汽车安全功能进行解除或破坏,也可以通过便携式设备进行攻击,如 OBD-Ⅱ、USB、充电插口、CD/MP3 端口、车载应用、智能手机、娱乐通信设备等。攻击者可以直接通过这些物理接口直接向车载通信网络注入伪指令,造成汽车功能性障碍或隐私泄露。

在 2014 年新加坡黑客大会上,西班牙安全专家 Javier Vazquez-Vidal 和 Alberto Garcia Illera 展示了一个成本不到 20 美元的设备,这个设备通过物理连接到汽车控制器局域网络(Controller Area Network,CAN)中实现恶意指令注入,能够实现控制车窗、转向灯、制动灯等。Checkoway 等人通过汽车后装市场产品"PassThru"和维修厂的诊断设备对汽车进行代码注入攻击,实现对汽车一些关键部件如车灯、车锁、制动、发动机的控制。Koscher 等人通过控制器局域网总线技术(CAN-BUS)连接 OBD-Ⅱ 和运行有 CAN 总线分析软件的电脑,并通过软件分析,对正常报文进行重放和注入攻击,实现对车辆音乐播放器、仪表盘、车身控制器和发动机等的控制。除此之外,一些便携式设备(如手机、平板等)面向汽车接口的通用市场,里面也会掺杂着大量仿制、山寨产品和恶意代码应用程序,也有将会给汽车带来恶意攻击的威胁。

(2) 短距离无线攻击。

短距离无线攻击是通过近距离(5~300m)的无线通信接口与车辆互联,通过无线通信设备对车辆进行攻击和控制,是较为常见的攻击手段。其中短距离无线通信接口包括智能钥匙、射频识别(Radio Frequency Identification,RFID)、胎压检测系统(Tire Pressure Monitoring System,TPMS)、蓝牙、Wi-Fi、DSRC 等。

Checkoway 等人借助于逆向工程,使用安卓手机,通过蓝牙与车载远程控制单元进行配对互联,利用蓝牙通信中未审核的漏洞实现对车辆的恶意代码攻击。Valasek 和 Miller 通过 Wi-Fi 发现了 2015 JEEP 切诺基在秘钥生成协议中存在安全漏洞,利用该漏洞能够实现对该车型的非授权访问,如连接到车内总线进行恶意攻击。Rouf 等人通过逆向工程能够实现 TPMS 信息的获取,并且通过发送错误信息的指令实现 TPMS 系统的电子欺骗。Shoukry 等人通过在车辆制动传感器附近插入一个物理设备,实现了对车辆防盗系统的攻击。2010 年南卡罗来纳州罗格斯大学的研究人员通过破解汽车内部信息系统,伪造部分品牌型号汽车的胎压传感器信息,干扰并毁坏距离 40m 以外汽车的轮胎压力监测系统。

(3) 长距离无线攻击。

攻击者可以通过车辆与外部的数据通信实现长距离(超过 1km)的无线攻击,长距离无线攻击主要涉及全球移动通信系统(Global System for Mobile Communications,GSM)/通用无线分组业务(General Packet Radio Service,GPRS)、3G/4G/5G、GPS 和无线广播等。

Miller 和 Valasek 通过调频(Frequency Modulation,FM)无线广播访问通用安吉星远程服务系统,建立移动广播与车辆的通信,以此实现了对吉普切诺基的远程攻击。2013 年,他们通过相同的手段对一辆处于高速行驶状态下的丰田普锐斯发起攻击,实现使其在高速行驶时制动失灵或者突然制动等异常行为。Checkoway 等人开发了一种攻击方法能够绕开测试车辆的安全认证机制,实现对车辆远程控制单元的恶意攻击。Foster 等人根据后装远程单元的安全漏洞,设计了一种插入在第二代车载自诊断系统(The Second On-Board Diagnostics,OBD-II)端口的设备,通过蜂窝通信系统与车队互联,实现对车辆的控制与攻击。

由于汽车自身的可移动性有别于计算机,驾驶者很难始终监视车辆,而黑客能够很容易接触汽车。在进行日常维护时,汽车必须交由厂家和车主以外的第三方维修人员管理时,存在受到伪装的第三方维修人员进行恶意攻击的可能性。另外,用户在自行改装车辆时,有可能无意识地拆除掉汽车本身自带的安全装置。

3) 车载网络攻击方法

根据汽车信息安全的 3 种攻击途径——物理攻击、短距离无线攻击、长距离无线攻击,并结合车载网络 CAN 总线的自身脆弱性研究,国内外的研究者提出了一些基于 CAN 总线的攻击方法。

科恩曝出宝马多款车型漏洞的研究内容,提供了三条攻击链路:①通过接触式的物理连接注入后门程序,然后越权调用 CAN 总线的发送功能;②使 Head Unit(磁头单元)处于蓝牙配对模式,然后发送 fuzzing 蓝牙协议栈畸形包,通过内存崩溃＋看门狗机制,导致 Head Unit 频繁重启;③压制 Head Unit4g 信号连入伪基站,利用中间人攻击植入后门,然后越权调用 CAN 总线发送功能。

科恩利用浏览器内核漏洞注入脚本运行、替换 Head Unit SD 卡内的网关镜像固件、调用固件升级接口刷写网关固件,通过网关向总线发送数据包控制汽车功能,实现了无接触入侵特斯拉。Charlie 先通过暴力破解密码连接车内 Wi-Fi 并扫描端口,然后在德仪的开放式多媒体应用平台(Open Multimedia Application Platform,OMAP)运行恶意脚本,调用串行外设接口,篡改瑞萨 V850 芯片固件,最后通过此芯片向 CAN 总线发包实现控制,从而破解吉普。

国内安全实验室入侵国产车系统的方法与之类似,先构造钓鱼热点引诱 Head Unit 连接,然后实施中间人攻击,将应用市场的下载请求引导向恶意应用,最后通过应用调用 CAN 功能相关库,向总线发包实现控制。

1.4.3.2 车载网络检测特征分析

由于车载网络自身的脆弱性,通过分析可以发现车载网络数据一些特征和规律,利用统计或其他数据模型将这些特征提取出来,提取出来的特征可以描述不同类别报文的差异。这些特征可以包括直接表征特征,也可以包括通过表征特征提取的特征,根据特征在报文不同字段的来源,可以将其分为以下 5 类。

(1) 报文时间戳:指报文在网络中接收的时间。利用报文时间戳信息提取周期报文的平均周期,根据电子控制单元物理晶振产生的时钟漂移现象提取不同电子控制单元的时钟漂移率,由时间戳统计一段时间内所有接收报文的数量等。通过分析,得到用于分析车载网络数据异常检测的特征和特性见表1-8。

车载网络数据异常检测的特征和特性　　　　　　　　　　表1-8

类　别	提取方法	计量单位	应　用	评　价
平均周期	均值	s	可以检测报文的重放、洪泛、阻断等攻击	表征特征,检测过程中需要对所有报文的平均周期进行统计
时钟漂移率	RLS算法 (递推最小二乘算法)	无量纲 (0.001)	可以检测报文的重放、洪泛、阻断等攻击	物理特征,具有较高的检测精度,但是特征提取算法较复杂(递推最小二乘算法)
数据流量	计数	帧/s	可以检测报文的洪泛、阻断等攻击	表征特征,统计方法较简单,只针对流量变化大的报文

(2)报文类别:表征特征,可以直接从报文数据流中读出来,即不同报文具有不同的ID,以此区别报文的类别,一般用信息熵来表示报文类别,如图1-54所示。

(3)报文序列:报文流中报文类别的排序,可以有多种表示方法,常见有隐马尔科夫模型。隐马尔科夫模型主要实现对时序和空间序列问题的预测,既可以实现有监督学习,又可以实现无监督学习,通过对车载网络中报文的序列进行学习和预测判断,实现对车载网络的多种攻击检测。

车载网络数据中表征序列的主要有时间戳、报文ID序列、报文字段流二进制序列等。

(4)报文字段内容:报文数据域的内容,8字节由64位二进制0或1组成,常用的方法有汉明距离、分类算法、回归算法等,如图1-55所示。

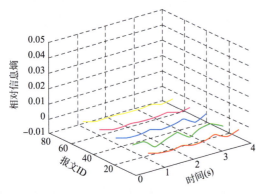

图1-54　别克英朗点火状态车载总线报文相对信息熵

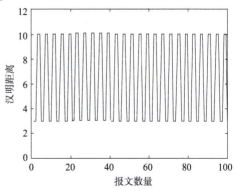

图1-55　别克英朗点火状态车载总线一种报文字段流的汉明距离变化图

(5)报文字段意义:主要表示报文数据域内容实际表示的物理意义,包括车辆零部件的状态信息和物理信息,如发动机转速、冷却液温度、车辆速度、电压、进气歧管压力、进气温度、空气流速、节气门位置、氧传感器电压、燃油压力等。

其主要指情境异常类问题,即在给定的数据集中,一个数据从本身的属性值来看属于正常范围,但是在特定的情境中这个属性却不正常。情境异常又称为条件异常或情境离群点。因为情境异常需要考虑的不仅是数据的属性值本身,还考虑了数据出现的情境。因此,在情境异常中,情境必须作为问题定义的一部分加以说明。

一般的,情境异常检测中,所考虑的对象属性可以分为两组:情境属性和行为属性。车载网络数据异常检测主要考虑行为属性,即数据对象的行为属性定义对象的特征,并用来评估对象所处的情境是否异常。

通过对车载网络的 5 种基本特征进行分析,针对实车采集的数据进行相应的特征提取,建立能够描述车载网络正常数据变化规律的模型。为此,从表征特征和数据挖掘两种方式构建了车载网络数据特征。根据特征物理意义和提取原理,将车载网络特征分为以为几种。

(1)数据表征特征:根据车载网络数据接收形式进行简单数学统计的特征,如报文平均周期,报文流量,报文种类,报文时间戳,报文字段内容,报文种类序列等。

(2)数据物理特征:对接收的车载网络数据进行一定的数学算法处理,获得能够表征总线网络或电子控制单元发送物理属性方面的特征,如电子控制单元时钟漂移特性等。

(3)数据语义特征:通过对车载网络接收数据的字段内容进行数据挖掘或深度学习,根据车载网络通信协议的基础知识,在未知具体协议的情况下构建出车载网络的数据语义特征,如报文字段代表的实际车辆发送信号信息的变化规律等。

(4)数据字段特征:通过对车载网络接收报文数据域的字段内容进行分析,找出一种能够描述报文字段内容变化规律的特征或字段之间差异的特征,如相邻报文字段之间的汉明距离,报文字段每帧中字段位值的大小分布和多帧之间字段的变化规律等。

(5)数据挖掘特征:根据车载网络数据的表征特征,借助统计、回归算法、分类算法、聚类算法、相关性分析等进行特征挖掘。

1.4.3.3 车载网络入侵检测算法研究

1)数据特征提取

目前车载网络通信报文存在一些特征,如平均周期、时钟漂移率、流量、信息熵、汉明距离等。根据 CNN 最终的分类结果,发现不同报文不同攻击频次的检测精度存在差异,总体检测精度还有待提高。而分类中用到是 $n \times 64$ 的报文字段内容,在此基础上可以加入跟输入维度相同或一致的特征。已分析的特征中只有汉明距离有 $(n-1)$ 维的特征,与报文帧数较接近,其他特征的维度都远小于报文帧数。因此,针对报文字段内容基于特征的分类算法,本书选用汉明距离进行算法优化。

汉明距离是对两个字符串进行异或运算,统计结果为 1 的个数。本书研究的对象是报文数据域的字段内容,每帧报文有 64 位的二进制流,那么相邻两报文之间的汉明距离即为 64 位二进制中不相同的位数,因此我们将得到一个 $(n-1) \times 1$ 的汉明距离特征量,而相邻报文中只要含有异常报文,那么除了计算的汉明距离即为异常值,相应的汉明距离正常或异常的标签将根据异常数据更新和降维。

由于本章使用 CNN 算法进行分类,为了能够便于利用卷积算法,在计算汉明距离时进行分段计算,结合大多数车载网络数据帧中协议的制定规则,以每 4 个二进制位为 1 个区段依次计算相邻帧之间的汉明距离,这样我们将从 n 个报文帧的数据集中得到一个 $(n-1) \times 16$ 的汉明距离二维矩阵。然后根据十进制的方法,将该矩阵转化为 $4 \times 4 \times (n-1)$ 的三维矩阵。

2)基于特征学习的车载网络数据集构建

书中构建的数据集中正常数据和异常数据的比例接近 1:1,这样能够最大化测试分类算法的性能，构建异常数据集时，将发送的异常数据周期设置为正常数据一致即可。而汉明距离特征中，相邻数据为异常帧的汉明距离均为异常。因此，要想保障计算的汉明距离中正常数据与异常数据比例为 1:1，需要将异常帧的发送周期设置为正常帧的 3 倍，如图 1-56 所示。

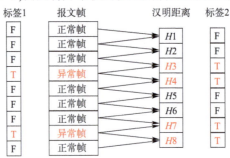

图 1-56　报文数据帧汉明距离特征标签分析示意图

3）车载网络易辨识特征入侵检测算法研究

通过对车载网络数据帧二进制字段汉明距离特征的分析，以 3 倍周期发送某一报文的虚假信息实施注入攻击，通过数据解析构建基于汉明距离的多报文异常数据样本库。算法同卷积神经网络十进制字段流算法一样，卷积也设置为 $4×4×1$ 矩阵。

为针对基于汉明距离特征的卷积神经网络分类算法，选择卷积神经网络检测算法中性能不高的 ID，并进行检测性能对比。选择的别克英朗中报文信息见表 1-9。

车载网络异常数据信息　　　　　　表 1-9

ID	正常报文周期(ms)	异常报文周期(ms)	报文量	训练与测试比例(%)
1BA	25	75	23908	0.3
18E	10	30	55964	0.3
19D	25	75	22895	0.3
191	10	30	57328	0.3

通过字段汉明距离特征的预提取，采用卷积神经网络算法进行车载网络异常数据检测，对比十进制数据流输入的计算结果，得到图 1-57 所示的两种算法受试者工作特征曲线图。

由图 1-57 所示的四组报文在两种算法的检测性能、受试者工作特征曲线明细可以看出，基于汉明距离提取的卷积神经网络算法比无特征提取的卷积神经网络算法具有更好的检测性能，并且准确率值均在 0.9 以上。为了更好地研究特征提取对卷积神经网络算法分类性能的影响，以训练集在总的样本集所占的比例为研究对象，分别分析不同占比对检测性能的影响（图 1-58），这样可以最大程度挖掘分类算法的识别性能。

由图 1-58 所示可知，基于汉明距离特征的卷积神经网络分类算法总体上较无特征提取的卷积神经网络算法具有更好的检测精度，汉明距离结合卷积神经网络算法的检测精度基本都在 90% 以上，说明该算法即使在训练集很少的情况下同样具有很高的检测精度；而无特征提取的卷积神经网络算法检测精度基本在 80% 左右，存在训练集占比较高但是检测精度特别低的情况（如 ID=1BA 中训练集占比为 0.5~0.6 时），也存在训练集很高而检测精度不高的情况（如 ID=18E 中训练集占比为 0.8 时）。由此可以看出，基于汉明距离特征提取的卷积神经网络算法具有更好的检测性能。

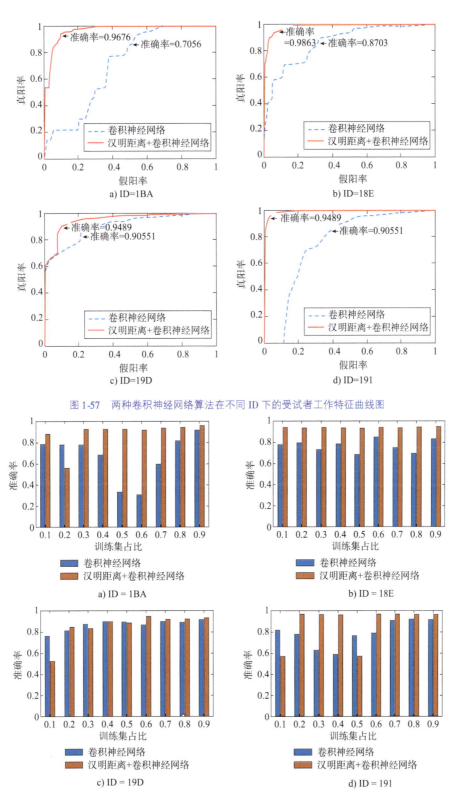

图 1-57　两种卷积神经网络算法在不同 ID 下的受试者工作特征曲线图

图 1-58　训练集不同占比情况下两种卷积神经网络算法的最佳检测精度对比

第 2 章
高级别自动驾驶车辆智能控制技术

2.1 高级别自动驾驶车辆智能控制技术概述

高级别自动驾驶系统旨在模拟驾驶员特性,根据环境感知、定位导航、预先设定位置目标和车辆运行状态等信息进行综合决策,并利用控制器计算诸如转向盘转角、加速踏板行程、制动踏板行程等控制量,然后通过电机等驱动装置驱动执行机构操纵转向盘、加速踏板或制动踏板,实现车辆转弯、加速、制动等。高级别自动驾驶系统可在车辆试验中代替真实驾驶员,准确操纵和控制车辆按照预定规范行驶,安全有效地完成跟驰、超车等场景下的决策操作。车辆智能控制是高级别自动驾驶系统的核心技术,这里需要指明的是,本书所指智能控制技术是高级别自动驾驶车辆基于周围交通状态所进行的方向和速度规划。

车辆在道路上行驶,最常见的场景为跟驰、换道、超车等,根据场景不同,车辆的智能控制过程存在一些差异,比如跟驰场景下,车辆主要规划合理的纵向车速;换道或超车场景下,车辆需要同时合理规划车速和方向动作。本文首先针对跟驰场景进行车辆纵向车速规划分析,然后针对超车场景进行车速和方向规划分析,最后作进一步拓展,对多车队列协同控制场景进行分析。

2.2 高级别自动驾驶车辆纵向控制技术

跟驰行为是高级别自动驾驶纵向控制技术的主要任务,旨在控制车辆的纵向运动,并与前方车辆保持安全舒适的跟车间距。在过去的几十年里,已经有许多跟驰模型被提出。

一般来说,跟驰模型有两种类型,即基于传统经典理论的跟驰模型和基于监督学习的跟驰模型。基于传统经典理论的跟驰模型于 20 世纪 50 年代被提出,主要是基于某些假设对车辆之间的相对运动状态进行数学建模。例如,基于刺激-反应理论,Chandler 等人在 1958 年建立了通用汽车模型来描述跟驰车辆的加速度和前后车速差之间的关系。Gipps 等人在 1981 年提出安全距离模型,该模型假设如果前车突然制动,后车会选择一个速度并保持足够的间距进行安全制动。Bando 等人在 1995 年基于车辆间距对跟驰车辆的最优速度进行了优化,并提出一种描述交通流走走停停现象的速度优化模型(Optimal Velocity,OV)。之后,通过对 OV 模型的扩展,全速差分模型(Full Velocity Different,FVD)、广义力模型(General Motor,GM)和其他的一些模型也相继被开发出来。这些传统模型为提高交通效率和安全做出了巨大贡献,也为辅助驾驶系统的开发提供了理论基础。然而,如果假设的前提条件无法满足，那么它们在现实运行中几乎无法生效，并且这些传统模型也无法刻画现实复杂交通环境下的不同驾驶行为。

随着人工智能和大数据技术的发展，监督学习方法因其处理高维数据的能力而受到研究人员的青睐。监督学习方法比传统跟驰模型更加灵活，因为它们允许加入额外影响跟驰行为的参数，使更多的学习类跟驰模型被开发出来。如 Jia 等人在 2003 年引入了四层神经网络(Neural Network，NN)，建立车辆跟驰模型，该模型以相对速度、期望速度、跟驰车辆速度和车间距为输入来预测跟驰车辆的加速度。Ma 等人在 2006 年提出了基于真实车辆跟驰数据的通用模糊神经框架，对驾驶员行为进行建模，该框架结合了不同跟驰状态下的数学模型。Zheng 等人在 2013 年建立了瞬时反应延迟的神经网络，并将其融入瞬时感知中对基于神经网络的车辆跟驰行为进行建模。与大多数基于神经网络的车辆跟驰模型只接受瞬时信息作为输入不同，Wang 等人在 2017 年提出了一种基于神经网络的跟驰模型，将最近几个时段观察到的车辆相对运动状态作为输入，以数据驱动的方式建立了跟驰模型。尽管基于监督学习方法的跟驰模型研究取得了较大进展，但其明显的缺点是需要大量的先验样本进行模仿学习，采集先验样本需要大量的外部资源，且构建的模型在未学习场景中的泛化能力较差。

为了克服上述局限性，深度强化学习(Deep Reinforcement Learning，DRL)结合了深度网络，在高维特征提取方面的能力和强化学习的决策优势，已成为游戏、机器人和自动驾驶车辆等领域的研究热点。Gao 等人在 2019 年基于驾驶模拟器获得的数据，使用 Q 学习算法建立了跟驰模型。Zhu 等人在 2018 年提出了一种基于深度确定性策略梯度(Deep Deterministic Policy Gradient，DDPG)算法的仿人自动跟驰规划框架，将所有驾驶数据输入系统，使智能体直接从经验数据中进行学习，这种学习本质类似于监督学习方法。Zhu 等人在 2020 年提出了一种基于 DDPG 算法纵向控制的车辆跟驰模型，该模型综合考虑了驾驶的安全性、效率和舒适性，并通过对 NGSIM(Next Generation Simulation)数据的分析，得到模拟人类驾驶行为的奖励函数。结果表明，基于 DRL 的跟驰模型具有较好的预测精度和泛化性。然而，值得注意的是，上述基于 DRL 跟驰模型的网络层仅以瞬时运动信息作为输入，没有考虑模型中的仿人驾驶记忆效应。此外，DDPG 算法在评论家网络中容易高估动作值函数，在演员网络中容易出现盲迭代问题，导致模型收敛速度慢、收敛性差。

此外，值得注意的是，大多数模型都假设所有高级别自动驾驶车辆的驾驶风格均相同。在现实道路交通中，年龄、身体素质、反应速度和驾驶技能等个体差异往往会导致跟驰风格不同，通常可以划分为激进型、普通型和保守型。激进型驾驶行为往往表现出更高的驾驶效率以及更频繁的动作切换，并且其引发交通事故的可能性更大。为了确保高级别自动驾驶车辆与人工驾驶车辆之间进行舒适、安全的交互，为高级别自动驾驶车辆制定个性化的跟驰行为至关重要。

为了解决上述问题，本书旨在通过适应不同驾驶风格(激进型、普通型和保守型)的人类驾驶习惯，建立高级别自动驾驶车辆的个性化跟驰模型，将双延迟深度确定性策略梯度算法(Twin Delayed Deep Deterministic Policy Gradient，TD3)引入到车辆跟驰模型的构建中，提出了一种基于 TD3 的车辆跟驰模型。为了使模型具有记忆能力，即考虑过去的跟驰行为，将长短期记忆(Long Short-term Memory，LSTM)网络层集成到 TD3 的演员-批评家网络体系结构

(以下称为 LSTM-TD3)中。提取不同驾驶风格的期望驾驶特征,并将其集成到 LSTM-TD3 的奖励函数中,对个性化跟驰模型进行训练和测试。

2.2.1 个性化车辆跟驰模型系统框架

个性化跟驰模型的系统框架如图 2-1 所示。由于不同驾驶风格对驾驶特性(包括效率、安全性和舒适性)有不同的期望表现,因此首先根据经验数据进行基于无监督学习的聚类和数据特征分析,提取不同驾驶风格所对应的驾驶特征。在此基础上,结合不同驾驶风格的期望驾驶特征,建立奖励函数。最后基于 LSTM-TD3 网络架构和训练策略,根据奖励函数训练个性化跟驰模型。

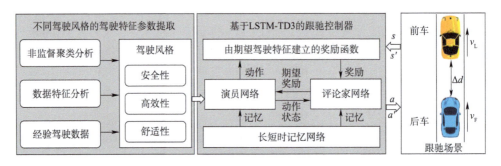

图 2-1 个性化跟驰模型系统框架

需要注意的是,在应用 LSTM-TD3 时,不需要额外的先验数据。通过自动跟驰模式的设置,驾驶风格可以由乘客根据自己的喜好进行手动选择,也可以由系统根据手动驾驶模式反馈的历史信息进行识别。因此,本文提出的个性化跟驰模型既可用于目前商业化的 ACC 系统,也可用于未来的全自动车辆。

2.2.2 LSTM-TD3 算法原理

2.2.2.1 强化学习

强化学习通过智能体与环境之间的持续交互学习来优化序列决策问题。其基本组成由五元组表示,即 $M=(S,A,r,P,\gamma)$,其中 S 是状态的有限集合,A 是动作的有限集合,$r:S\rightarrow \mathbb{R}$ 表示奖励函数,$P:S\times A\rightarrow \mathbb{R}$ 表示状态转移概率,$\gamma\in(0,1]$ 是折扣率。

对于在每个时间 t 处的状态 s_t,其动作 $a_t\in A$ 都由动作策略 $\pi(s_t)$ 来确定。智能体以概率 $p_t\in P$ 转移到下一状态 s_{t+1} 并获得奖励 r_t。$R_t=\sum_{k=0}^{\infty}\gamma^k r_{t+k}$ 是随时间序列 $(t,t+1,t+2,\cdots,t+k)$ 逐步衰减的累积奖励,其中 k 指从时间 t 开始向后延迟的步长数,折扣率 γ 权衡了当前和未来奖励的重要性。智能体的目标是通过最大化累积奖励 R_t 的期望来找到最优策略 π^*。智能体与环境相互作用的强化学习过程如图 2-2 所示。状态-动作值函数 Q^{π} 是在状态 s_t 下采取动作 a_t 所获得的期望奖励:

$$Q^{\pi}(s_t,a_t)=E_{\pi}[R_t\mid s_t=s,a_t=a] \quad (2\text{-}1)$$

式(2-1)可以用递归贝尔曼方程的形式表示:

$$Q^{\pi}(s_t,a_t)=E_{\pi}[R_t+\gamma Q^{\pi}(s_{t+1},a_{t+1})\mid s_t,a_t] \quad (2\text{-}2)$$

在小规模的任务中,Q 学习(Q-Learning)和 Sarsa 等传统强化学习算法可以通过迭代贝尔曼方程的最大值函数来获得最优策略：

$$\pi^* = \underset{a_t \in A}{\operatorname{argmax}} Q^\pi(s_t, a_t) \tag{2-3}$$

为了解决具有大量状态的强化学习问题，需要使用更复杂的函数逼近器来拟合值函数。深度Q学习（Deep Q Learning,DQN）是深度强化学习中常用的算法之一，它利用神经网络对状态-动作值函数进行拟合，并采用梯度下降法寻找最优值函数。然而，DQN不能有效地实现具有连续高维动作空间的强化学习任务，而策略梯度算法提供了解决方案。

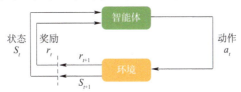

图 2-2　强化学习过程

2.2.2.2　深度确定性策略梯度（DDPG）算法

策略梯度算法通过将策略 π_θ 中的参数沿方向 $\nabla_\theta \pi_\theta$ 进行优化来控制动作。演员-评论家是实现策略梯度的典型框架，它分别设计了演员网络 $\mu(s|\theta^\mu)$ 和评论家网络 $Q(s,a|\theta^Q)$ 来实现动作决策和动作评价，其中 θ^μ 和 θ^Q 分别为演员网络和评论家网络的参数。通过演员-评论家框架，证明了确定性梯度策略，其公式见式（2-4）：

$$\nabla_{\theta^\mu}\mu \approx E_\mu [\nabla_a Q(s,a|\theta^Q)|_{s=s_t,a=\mu(s_t)} \nabla_{\theta^\mu} Q(s|\theta^\mu)|_{s=s_t}] \tag{2-4}$$

利用确定性策略梯度，深度确定性策略梯度（DDPG）大大减少了算法训练所需的采样数据，提高了算法的收敛效率。基于DQN的思想，DDPG在演员-评论家框架中分别初始化目标网络 $(\hat{\mu}, \hat{Q})$ 和主网络 (μ, Q)，即：

$$\text{演员网络} \supset \{\mu(s|\theta^\mu), \hat{\mu}(s|\theta^{\hat{\mu}})\} \tag{2-5}$$

$$\text{评论家网络} \supset \{Q(s,a|\theta^Q), \hat{Q}(s,a|\theta^{\hat{Q}})\} \tag{2-6}$$

其中，$\theta^{\hat{\mu}}$ 和 $\theta^{\hat{Q}}$ 分别是目标网络 $(\hat{\mu}, \hat{Q})$ 的参数。

在初始阶段，DDPG根据式（2-7）在连续动作空间中进行了探索，以建立经验回放缓冲区 H。

$$a_t = \mu(s_t|\theta^\mu) + \xi_t \tag{2-7}$$

其中，ξ_t 表示随机搜索过程中的噪声。

经验回放池 H 是由 $\{a_t, s_t, r_t, [s_{t+1} \overset{a_t}{\leftarrow} s_t] | t=1, \cdots, T-1\}_i (i \in N)$ 组成的，其中 N 表示 DDPG 的训练步数。

在此基础上，建立了 (μ, Q) 网络的学习策略，目标是最小化当前状态估计期望奖励与实际递归奖励之间的误差 $L(Q)$。如式（2-8）和（2-9）所示，以从 H 中随机选择的小批次数据为输入，利用实际递归奖励对动作的梯度值和 $L(Q)$，分别对 (μ, Q) 网络进行训练：

$$\underset{\theta^Q}{\min} L(Q) = \frac{1}{N} \sum_i (r_i + \gamma \hat{Q}(s_{i+1}, \hat{\mu}(s_{i+1}|\theta^{\hat{\mu}})|\theta^{\hat{Q}}) - Q(s_i, a_i|\theta^Q))^2 \tag{2-8}$$

$$\nabla_{\theta^\mu} J(\mu) = \frac{1}{N} \sum_i (\nabla_a Q(s,a|\theta^Q)|_{s=s_i, a=\mu(s_i|\theta^\mu)} \nabla_{\theta^\mu} \mu(s_i|\theta^\mu)) \tag{2-9}$$

其中，$\{a_i, s_i, r_i, s_{i+1}\} \sim H$。

当更新(μ, Q)网络时，目标网络也采用缓更新策略进行更新：

$$\begin{cases} \theta^{\hat{\mu}} = \tau\theta^{\mu} + (1-\tau)\theta^{\hat{\mu}} \\ \theta^{\hat{Q}} = \tau\theta^{Q} + (1-\tau)\theta^{\hat{Q}} \end{cases} \quad (2\text{-}10)$$

通过式(2-5)~式(2-10)，可以获得训练的DDPG网络。

2.2.2.3 双延迟深度确定性策略梯度(TD3)

TD3可以看作是DDPG的升级版。考虑到DDPG的评论家网络往往会过评估动作值函数$Q(s, a)$，因此，TD3算法在以下几个方面进行了改进。

(1) TD3使用两个主网络和两个目标网络来评估动作值函数，即：

$$\text{评论家网络} \supset \{Q_1(s, a | \theta^{Q_1}), Q_2(s, a | \theta^{Q_2}), \hat{Q}_1(s, a | \theta^{\hat{Q}_1}), \hat{Q}_2(s, a | \theta^{\hat{Q}_2})\} \quad (2\text{-}11)$$

两个评论家主网络同时对状态-动作对进行评估，并取较小的评估值计算TD误差，这可以帮助解决过评估的问题。之后，TD3使用与DDPG相同的方法训练(μ, Q)网络：

$$\min_{\theta^{Q_j}} L(Q_j) = \frac{1}{N} \sum_i (r_i + \gamma \min_{j=1,2} \hat{Q}_j(s_{i+1}, \hat{\mu}(s_{i+1} | \theta^{\hat{\mu}}) | \theta^{\hat{Q}}) - Q_j(s_i, a_i | \theta^{\hat{Q}}))^2 \quad (2\text{-}12)$$

$$\nabla_{\theta^{\mu}} J(\mu) = \frac{1}{N} \sum_i (\nabla_a Q_{1or2}(s, a | \theta^{Q_1}) |_{s=s_i, a=\mu(s_i)} \nabla_{\theta^{\mu}} \mu(s_i | \theta^{\mu})) \quad (2\text{-}13)$$

其中，Q可以是Q_1或Q_2。

(2) 在TD3算法中，评论家网络的参数每一步更新一次，演员网络的参数每隔一步更新一次，这有助减小近似动作值函数的方差。

(3) 在目标动作值函数中加入了服从正态分布$c \sim N(0, \sigma)$的噪声ε，用于提高算法的鲁棒性：

$$\hat{a} = \hat{\mu}(\hat{s} | \theta^{\hat{\mu}}) + clip(\varepsilon, -c, c), c \sim N(0, \sigma) \quad (2\text{-}14)$$

2.2.2.4 LSTM-TD3算法

由于跟驰行为具有时间序列特征，因此跟驰行为不仅与当前时刻的状态有关，还与历史运动信息有关。为了使跟驰模型具有同驾驶员一样的记忆能力，将LSTM网络的记忆功能集成到TD3算法的演员-评论家网络框架中，如图2-3所示。LSTM是一种改进的递归神经网络(Recursive Neural Network, RNN)，具有从隐层的输出到输入的外部递归和LSTM单元之间的内部递归。在LSTM单元中，门单元系统决定保留从一个时刻传递到下一个时刻的信息。

在所提出的LSTM-TD3算法中，从经验回放缓冲器H中抽取N个经验(记为$\{(h_t^l, a_t, s_t, r_t, s_{t+1})_i\}_{i=1}^N$)，用于递归演员-评论家框架中记忆网络的梯度优化。对于每个样本，历史h_t^l表示历史信息，该历史信息包括在时间t之前长度为l的动作和状态信息：

$$h_t^l = \{a_{t-l}, s_{t-l}, \cdots, a_{t-1}, s_{t-1}\}, t \text{ 和 } l \geq 1 \quad (2\text{-}15)$$

需要注意的是，如果一个回合中的信息长度l'小于l，那么在h_t^l开始处的剩余$(l'-l)$个空间将会被填充为0。

LSTM-TD3对框架的优化遵循了TD3的思路。不同之处在于，LSTM-TD3基于当前和历史信息执行梯度优化。LSTM-TD3算法的伪代码见表2-1。

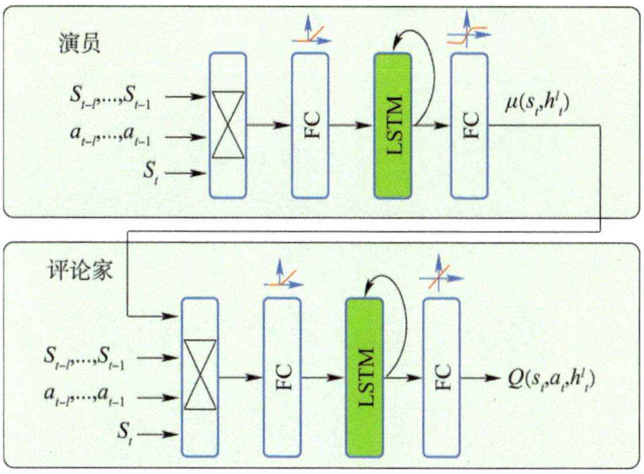

图 2-3 LSTM-TD3 算法中演员-评论家框架的网络结构（其中 FC 指全连接网络）

↗-ReLU 激活函数；↗-Tanh 激活函数；↗-Linear 激活函数；⊠-拼接

LSTM-TD3 算法的伪代码   表 2-1

名称	结合长短期记忆网络的双延迟深度确定性策略梯度（LSTM-TD3）

内容	随机初始化评论家网络 $Q(s_t,a_t,h_t^l\|\theta^{Q_1})$，$Q(s_t,a_t,h_t^l\|\theta^{Q_2})$ 和演员网络 $\mu(s_t,h_t^l\|\theta^{\mu})$
	初始化目标网络 $\widehat{Q}_1$，$\widehat{Q}_2$ 和 $\widehat{\mu}$，权重分别为 $\theta^{\widehat{Q}_1} \leftarrow \theta^{Q_1}$，$\theta^{\widehat{Q}_2} \leftarrow \theta^{Q_2}$，$\theta^{\widehat{\mu}} \leftarrow \theta^{\mu}$
	初始化回放池 H，训练次数 $f=0$
	For episode = 1 to M do
	    初始化（重置）环境和历史记录 $h_t^l \leftarrow 0$
	    接收初始观测状态 s_t
	    For $t=1$ to T do
	        根据公式（2-7）选择动作 a_t
	        执行 a_t，观察奖励 r_t、新状态 s_{t+1} 和完成标志 d_t
	        在 H 中存储经验样本 $(s_t,a_t,r_t,s_{t+1},d_t)$
	        If d_t then
	          重置历史记录 $h_{t+1}^l \leftarrow 0$
	          Break
	        else
	          $h_{t+1}^l = (h_t^l - (s_{t-l},a_{t-l})) \cup (s_t,a_t)$
	        end
	        从 $H:\{(h_t^l,a_t,s_t,r_t,s_{t+1})_i\}_{i=1}^N$ 中抽取一个随机小批次样本，其大小为 N
	        根据式（2-16）优化评论家网络 $Q_{j\in\{1,2\}}$
	        计算训练次数 $f \leftarrow f+1$
	        If f 满足训练频率条件 then：
	          根据公式（2-19）优化 μ
	        end
	        更新目标网络：
	$$\theta^{\widehat{Q}_{j\in\{1,2\}}} \leftarrow \tau\theta^{Q_{j\in\{1,2\}}} + (1-\tau)\theta^{\widehat{Q}_{j\in\{1,2\}}}$$
	$$\theta^{\widehat{\mu}} = \tau\theta^{Q\mu} + (1-\tau)\theta^{\widehat{\mu}}$$
	    end
	end

每一个评论家网络 $Q_{j\in\{1,2\}}$ 的优化如下：

$$\min_{\theta^{Q_j}} L(Q_j) = E_{\{(h_t^l,a_t,s_t,r_t,s_{t+1})_i\}_{i=1}^N} (\hat{Q} - Q_j(s_t,a_t,h_t^l|\theta^{Q_j}))^2 \tag{2-16}$$

$$\hat{Q} = r_t + \gamma \min_{j=1,2} \hat{Q}_j(s_{t+1},\hat{a},h_t^l|\theta^{\hat{Q}}) \tag{2-17}$$

$$\hat{a} = \hat{\mu}(s_{t+1},h_{t+1}^l|\theta^{\hat{\mu}}) + clip(\varepsilon,-c,c), c \sim N(0,\sigma) \tag{2-18}$$

演员网络 μ 的优化如下：

$$\nabla_{\theta^\mu} J = E_{\{(h_t^l,a_t,s_t,r_t,s_{t+1})_i\}_{i=1}^N} (\nabla_a Q_{1or2}(s_t,a_t,h_t^l|\theta^{Q_{1or2}})|_{s=s_t,a_t=\mu(s_t,h_t^l|\theta^\mu)} \theta^\mu \mu(s_t,h_t^l|\theta^\mu)) \tag{2-19}$$

在分析跟驰模型的基础上，选取相对速度 Δv、跟驰车辆速度 v_f、跟驰车辆与前车的车头间距 Δd 组成状态 $s_t = [\Delta v, v_f, \Delta d]_t$。在演员-评论家网络的 LSTM 层中共有 35 个隐藏节点。对于演员网络的输出层来说，tanh 激活函数可以将加速决策 a_t 控制在 $[-3m/s^2, 3m/s^2]$ 范围内。

2.2.3 不同驾驶风格的跟驰模型奖励函数

跟驰控制是一个涉及安全性、效率和舒适性的多目标优化问题。由于不同驾驶员或乘客对这些方面有不同的期望或接受程度，因此有必要通过适应不同驾驶风格来建立奖励函数。例如，与保守型的驾驶员或乘客相比，激进型的驾驶员或乘客希望更高的效率和更小的跟驰间距。因此，需要从经验数据中提取出不同驾驶风格的安全和效率特征。

2.2.3.1 实车数据准备

本书采用下一代交通仿真项目（NGSIM）的经验数据。从 NGSIM I—80 数据中提取了 1132 个跟驰事件，时间跨度是 3 个 15min 的时间间隔，分别为 4：00p. m. —4：15p. m.、5：00p. m. —5：15p. m. 以及 5：15p. m. —5：30p. m.，采样率为 10Hz。对每个跟驰事件进行过滤以消除噪声，并根据以下原则进行提取。

（1）在整个跟驰行为过程中，前后车都在同一条车道内。
（2）跟驰事件的持续时间需要大于 15s，保证跟驰状态持续时间足够用来分析。
（3）跟驰的纵向距离小于 120m。

2.2.3.2 基于无监督学习的聚类分析

驾驶风格在驾驶员对行车风险的反应中可以体现出来，因此选择最小车头时距（Time Headway，THW）和最小碰撞时间（Time To Collision，TTC）作为驾驶风格的分类指标。基于轨迹数据使用最流行的 K-均值聚类分析算法，根据这两个指标对驾驶风格进行分类。

本研究提取了 1132 个跟驰事件的最小 THW 和最小 TTC，并将其输入 K-均值聚类算法进行分析。将驾驶风格的期望分类数设为 3，经过 10 次迭代后，算法达到收敛状态。收敛结果如图 2-4 和表 2-2 所示。

从图 2-4 中可以看出，从聚类 1 到聚类 3，最小碰撞时间和最小车头时距值的中心点坐标值在变大，分别对应保守型、普通型和激进型的驾驶风格。表 2-2 中提供的描述性统计数据显示，与普通型和保守型的驾驶员相比，激进型的驾驶员倾向于保持相对较小的最小碰撞时间和最小车头时距。

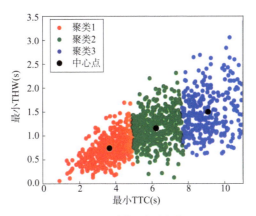

图 2-4　K-均值聚类分析结果

不同驾驶风格的聚类描述性统计分析　　表 2-2

类　型	最小车头时距(s)				最小碰撞时间(s)			
	均值	最小值	最大值	标准差	均值	最小值	最大值	标准差
激进型	0.74	0.01	0.71	0.27	3.66	0.03	4.87	0.84
普通型	1.16	0.13	2.31	0.34	6.22	4.76	7.48	0.76
保守型	1.50	0.61	3.06	0.47	9.06	7.40	10.96	0.97

2.2.3.3　不同驾驶风格的奖励函数构建

在上述分类数据样本的基础上,结合特定的安全特征、效率特征和舒适性特征,构建出不同驾驶风格的奖励函数。

(1)安全性:TTC 用于评价车辆跟驰状态的安全性。较低的 TTC 值表示安全性较低,安全奖励也较低,TTC＝0 表示如果两辆车继续以当前速度行驶,则会发生碰撞。因此,构建安全奖励应确定 TTC 的最小边界。基于 NGSIM 跟驰事件数据,本文提取三种驾驶方式下的 TTC 累积概率分布,如图 2-5 所示。

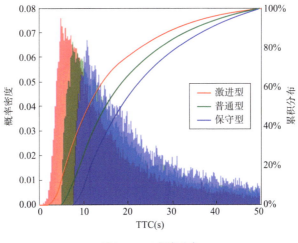

图 2-5　TTC 概率分布

可以发现，不同驾驶风格的 TTC 概率分布是不同的。对于保守型、普通型和激进型的驾驶风格，其概率分布逐渐向左倾斜，这与激进的驾驶员往往比普通和保守的驾驶员承担相对更高的驾驶风险这一事实不谋而合。为了保证跟驰模型的安全效果，将累积概率分布的第 10 个百分位数确定为安全奖励函数的最小 TTC 边界，即激进型、普通型和保守型驾驶风格的最小 TTC 边界分别为 4.53s、7.39s 和 10.06s。安全奖励函数构造见式(2-20)：

$$r_{\text{safety}}^i = \begin{cases} \lg\left(\dfrac{\text{TTC} - c}{\text{TTC}_{\text{min}}^i}\right) - \lg\left(\dfrac{\text{TTC}_{\text{min}}^i - c}{\text{TTC}_{\text{min}}^i}\right), c < \text{TTC} \leqslant \text{TTC}_{\text{min}}^i \\ 0, \text{otherwise} \end{cases} \quad (2-20)$$

其中，r_{safety}^i 指驾驶风格 i 的安全奖励($i = \{$激进型,普通型,保守型$\}$)；$\text{TTC}_{\text{min}}^i$ 指驾驶风格 i 的最小 TTC 边界值，即 $\text{TTC}_{\text{min}}^i = \{4.53, 7.39, 10.06\}$。

当 TTC 小于最小边界时，r_{safety}^i 将为负值；而当 TTC 进一步减小并接近常值 $c = 0.3$ 时，r_{safety}^i 将为负无穷大，这意味着对接近碰撞情况有显著的安全惩罚。

(2)效率：利用 THW 来评价车辆跟驰状态的效率，它表示前后车辆通过同一地点之间的时间间隔。显然，较小的 THW 值表示较高的通行效率，而太小的 THW 值可能会导致危险情况。因此，有必要确定合适的 THW 值来构建效率奖励函数。

从 NGSIM 跟驰事件数据中提取出 THW 值，并研究了不同驾驶风格下的概率分布，如图 2-6 所示。通过检验不同类型的分布函数来拟合数据，发现对数正态分布拟合效果最好。尽管不同分布中最大特征值对应的 THW 值不同，即对于激进型、普通型和保守型驾驶风格分别为 0.9555s、1.4220s 和 1.6707s，但是从图 2-6 可以识别出不同驾驶风格 THW 分布具有相似的形状。当 LSTM-TD3 输出的动作达到最大特征值对应的 THW 值时，LSTM-TD3 可以获得最高回报。为了鼓励 LSTM-TD3 保持最佳 THW 值，每种驾驶风格的效率奖励函数由拟合的对数正态分布函数表示：

$$r_{\text{efficiency}}^i = \dfrac{\beta_i}{\text{THW}} \exp\left(-\dfrac{(\ln(\text{THW}) - \mu_i)^2}{2\sigma_i^2}\right), \text{THW} > 0 \quad (2-21)$$

其中，$r_{\text{efficiency}}^i$ 表示驾驶风格 i 的效率奖励；β_i 表示拟合常数；μ_i 和 σ_i 表示对数正态分布函数的参数，见表 2-3。

(3)舒适性：为保证驾驶的舒适性，跟驰模型应考虑加速度的变化率，即 $Jerk$。计算方法如下：

$$Jerk(k) = \dfrac{a(k) - a(k-1)}{\Delta t} \quad (2-22)$$

其中，$a(k)$ 表示 k 时刻的加速度，m/s²；Δt 表示采样率。

公式(2-22)中给出了舒适性奖励函数。根据 NGSIM 数据的统计结果，超过 85% 的加速度在 $[-3\text{m/s}^2, 3\text{m/s}^2]$ 的范围内，因此选择这个范围来设置输出动作的上下限。在给定 0.1s 的数据采样间隔下，基于最大基准值 3600，将 $Jerk$ 的平方归一化到了 $[0, 1]$ 的范围内。

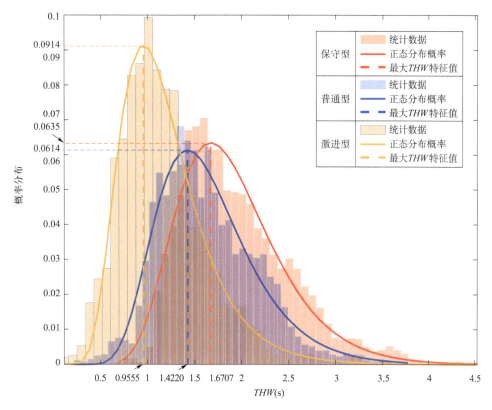

图 2-6 THW 概率分布和对数正态分布拟合结果

对数正态分布函数的参数值　　　　　　　　　　　　表 2-3

驾驶风格	μ_i	σ_i	β_i
激进型	0.0962	0.3765	0.0937
普通型	0.4542	0.3192	0.0918
保守型	0.6002	0.2948	0.1108

$$r_{\text{comfort}}^i = -\frac{Jerk_i^2}{3600} \quad (2\text{-}23)$$

其中,r_{comfort}^i 表示驾驶风格 i 的舒适性奖励。

在模型训练的过程中,注意到虽然式(2-20)中的奖励函数鼓励安全驾驶,即 TTC 不能太小,但当车辆采取不安全的行动时,仍有可能发生碰撞情况。针对这一问题,我们对奖励函数设置了惩罚项 $r_{\text{collision}} = -100$,使模型以避免碰撞为目标进行参数梯度优化。

综上,可以得到考虑安全、效率和舒适性的奖励函数:

$$r^i = w_1 r_{\text{safety}}^i + w_2 r_{\text{efficiency}}^i + w_3 r_{\text{comfort}}^i + r_{\text{collision}} \quad (2\text{-}24)$$

其中,w_1,w_2,w_3 分别代表安全、效率、舒适性奖励函数的权重系数,在本书中该系数均设置为 1。

通过对安全、效率和舒适性奖励函数的最大期望值进行求和,可以得到每个跟驰时间步长的最大期望奖励,3 种驾驶方式的最大期望奖励分别为 0.0914、0.0614 和 0.0635。权重系数的调整将有助于反映不同用户的偏好,这也是未来的一项重要研究工作。

2.2.4 跟驰模型训练和测试

2.2.4.1 仿真环境的建立

本文建立一个跟驰仿真环境,使智能体能够通过一系列的状态、动作和奖励进行试错学习,具体过程如图2-2所示。该环境包括两个智能体,即一辆本车和一辆跟驰车辆。前车通过输入NGSIM跟驰事件的经验数据进行控制,后车通过LSTM-TD3模型输出的加速度动作a进行控制。在给定采样时间k处的加速度决策$a(k)$的情况下,跟驰车辆将根据式(2-25)~式(2-27)更新下一采样时间$(k+1)$的状态,其中时间间隔Δt为0.1s。这里假设在采样时间k与$(k+1)$之间,后车保持v_f匀速直线运动,前车速度v_l保持恒定。此外,这里只考虑跟驰过程中的前向驾驶。

$$v_f(k) = v_f(k-1) + a(k)\Delta t \tag{2-25}$$

$$\Delta v(k) = v_l(k) - v_f(k) \tag{2-26}$$

$$\Delta d(k) = \Delta d(k-1) + \frac{\Delta t}{2}(\Delta v(k) + \Delta v(k-1)) \tag{2-27}$$

2.2.4.2 LSTM-TD3模型的训练和测试

在提取的1132个跟驰事件中,80%(即906个)用于训练,20%(即226个)用于测试。在训练或测试过程中,当仿真事件在回合中结束或发生碰撞时,通过数据集中另一个随机选择的跟驰事件来重新初始化智能体的状态。根据模型的收敛性能,将最大训练回合设置为1000。此外,为了验证模型的泛化能力和可靠性,将最大测试回合设置为500,其中一个回合是指一个跟驰事件。

(1)网络优化和超参数设置。

在训练过程中,采用基于随机抽样小批量样本的Adam优化算法对网络参数进行优化和更新。为了提高网络训练的稳定性,在原演员策略a_t的基础上加入了奥恩斯坦-乌伦贝克(Ornstein-Uhlenbeck,OU)过程产生的随机噪声,从而执行探索策略。OU过程中参数设定为$\theta = 0.15, \sigma = 0.2$。LSTM-TD3模型的相关超参数设置见表2-4。

表2-4 相关超参数的设置

相关参数	设定值	相关参数	设定值
目标网络更新系数τ	0.001	经验回放池大小	20000
奖励折扣率γ	0.99	小样本批次大小N	1024
演员网络学习率	0.001	历史信息长度l	2
评论家网络学习率	0.001	—	—

(2)训练和测试结果分析。

根据对应的奖励函数,分别建立了激进型、普通型和保守型3种LSTM-TD3跟驰模型。为了验证LSTM-TD3模型的效果,我们还对具有相同奖励函数和超参数设置的DDPG和LSTM-DDPG模型进行了训练和测试对比。

①训练结果。

图2-7显示了不同驾驶风格的训练结果。对于每一回合,计算一个跟驰事件中所有采样间隔(根据NGSIM数据,以0.1s为间隔)的平均奖励,并将其称为平均回合奖励(Mean

Episode Reward,MER)。为了识别训练过程中的总体趋势,采用100个回合的滚动窗口来表示滚动平均回合奖励(Rolling Mean Episode Reward,RMER)。经过1000个回合的多次运行,并给出了聚合结果,实线表示多次运行的平均RMER,阴影区域表示RMER的标准差波动。为了对奖励值进行更复杂的分析和更好的解释,这里还分别提供了安全、效率和舒适性的RMER。

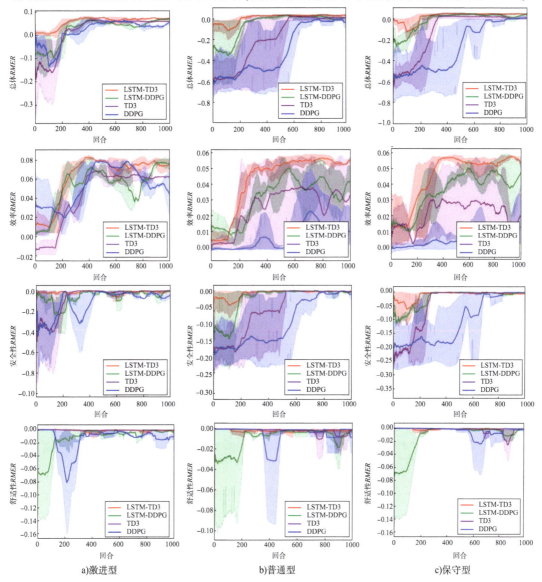

a) 激进型　　　　　　　b) 普通型　　　　　　　c) 保守型

图2-7　LSTM-TD3、LSTM-DDPG、DDPG模型的训练结果

研究发现,对于激进型、普通型和保守型的驾驶方式,LSTM-TD的总体RMER分别在回合数300、200和200时开始收敛,收敛速度明显快于LSTM-DDPG(380、250和300)和DDPG(400、630和650)模型。对于3种驾驶风格,LSTM-TD3模型收敛时的总体RMER值分别为0.08、0.05和0.055。同时,由不同驾驶风格的效率、安全性和舒适性的RMER值可以看出,LSTM-TD3在描述车辆跟驰特性方面比LSTM-DDPG和DDPG具有更快的收敛速度和更稳定的性能。

综合比较表明,3种类型的深度强化学习模型都能选择出使安全和舒适性奖励收敛到期望值为 0 的动作。对于效率奖励，LSTM-TD3 和 LSTM-DDPG 都能够收敛到接近如图 2-6 所示的最大值，而 DDPG 无法做到这一点。一个可能的原因是 LSTM-DDPG 在历史信息提供的安全状态基础上，参考当前的瞬时状态信息，在梯度优化方面以更大程度追求效率。相比之下，DDPG 没有驾驶记忆，在只提供当前瞬时状态信息的情况下，DDPG 将在梯度优化方面以更大程度确保每个时间步的安全性，从而造成梯度优化，对追求效率的力度将会减少，最终导致效率奖励的收敛失败。该结果突出了在 LSTM 网络层考虑历史记忆的优势。

② 测试结果。

对于所有的驾驶风格，选择了总体 MER 最大的 LSTM-TD3、LSTM-DDPG 和 DDPG 模型进行测试。基于测试数据，从均方根误差（RMSE）和均方根百分比误差（RMSPE）这两个方面考察和比较了这些模型的性能：

$$RMSE_t = \sqrt{\frac{1}{N}\sum_{e=1}^{N}(Average\_reward_{e,t} - Expected\_reward_t)^2} \quad (2-28)$$

$$RMSPE_{overall} = \frac{RMSE_{overall}}{Expected\_reward_{overall}} \quad (2-29)$$

其中，$Average\_reward_{e,t}$ 表示在第 e 个测试回合中奖励类型 t 的 MER 值，$Expected\_reward_t$ 表示奖励类型 t 的期望值，奖励类型包括总体、效率、安全和舒适性。

在 500 个回合的测试过程中，3 个模型都没有发生碰撞的情况。表 2-5 列出了 3 种驾驶风格分别在 LSTM-TD3、LSTM-DDPG 和 DDPG 模型中的 RMSE 和 RMSPE 值。结果表明，3 种驾驶方式在 LSTM-TD3 模型中的 RMSPE 分别为 15.75%、25.73% 和 18.90%，明显优于 LSTM-DDPG 模型（21.01%、29.97% 和 28.66%）和 DDPG 模型（25.16%、52.28% 和 62.36%），与 LSTM-DDPG 模型相比，分别提高了 5.25%、4.23% 和 9.76%；与 DDPG 相比，分别提高了 9.41%、26.5% 和 43.5%。

表 2-5 LSTM-TD3、LSTM-DDPG、DDPG 模型的 RMSE 和 RMSPE 值

驾驶风格	奖励	DDPG		LSTM-DDPG		LSTM-TD3		RMSPE 值的相对提升 (LSTM-DDPG/DDPG)
		RMSE	RMSPE	RMSE	RMSPE	RMSE	RMSPE	
激进型	总体	0.0230	25.16%	0.0192	21.01%	0.0144	15.75%	5.25%/9.41%
	效率	0.0216		0.0156		0.012		
	安全	0.0028		0.0065		0.0041		
	舒适	0.0021		0.0036		0.0009		
普通型	总体	0.0321	52.28%	0.0184	29.97%	0.0158	25.73%	4.23%/26.5%
	效率	0.0253		0.0167		0.0135		
	安全	0.0104		0.0047		0.0038		
	舒适	0.001		0.0012		0.0011		
保守型	总体	0.0396	62.36%	0.0182	28.66%	0.012	18.90%	9.76%/43.5%
	效率	0.0353		0.0171		0.0111		
	安全	0.0097		0.0019		0.0016		
	舒适	0.0007		0.0009		0.0009		

此外,安全、效率和舒适性的 RMSE 结果表明,LSTM-TD3 模型在这 3 个方面都具有令人满意的表现。相比之下,LSTM-DDPG 和 DDPG 模型的表现都不是十分理想,尤其是在效率和安全性方面。以保守驾驶风格为例,虽然 3 种模型的舒适性 $RMSE$ 差异不大,但其效率和安全 $RMSE$ 分别为 0.0111 和 0.0016,低于 LSTM-DDPG(0.0171,0.0019)和 DDPG(0.0353 和 0.0097)。

此外,LSTM-DDPG 和 DDPG 的比较验证了将 LSTM 网络嵌入到深度强化学习的演员-评论家网络框架中进行奖励训练的有效性,结果与模型训练结果一致。LSTM-TD3 比 LSTM-DDPG 和 DDPG 具有更好的泛化能力,特别是对于以前没有学习到的回合。

③LSTM-DM3 模型在抽样事件中的效果测试。

为了检验 LSTM-TD3 模型生成的个性化轨迹,从 NGSIM 数据集中随机选择了两个跟驰事件。以前车轨迹作为输入,再现了不同驾驶风格的跟驰车辆轨迹。图 2-8 所示为跟驰车辆在两个事件中的仿真和经验速度、间距、THW、$Jerk$ 和 TTC 的累积分布。

研究发现,在给定相同前车行驶轨迹的情况下,不同风格驾驶员的跟驰行驶轨迹可能存在显著差异:

a. 在 3 种驾驶方式中,由激进型 LSTM-TD3 模型获得的跟驰车辆速度与前车速度最接近,这与激进型 LSTM-TD3 模型产生最小跟驰距离和 THW 值相吻合,其次是普通型和保守型。

b. TTC 的累积概率分布表明,保守型 LSTM-TD3 模型产生的 TTC 值最大,分别为 16.88s 和 16.11s(取累积概率为 10%),其次是普通型(12.24s 和 12.73s)和激进型(10.01s 和 9.45s)。

c. 保守型 LSTM-TD3 的 THW 值平均为 1.63s 和 1.65s,高于普通型的 1.4s 和 1.3s,也高于激进型的 0.93s 和 0.95s。结果表明,LSTM-TD3 模型能够再现不同类型驾驶员在效率方面的偏好。

d. 从 $jerk$ 结果的分析可以看出,与其他两种模型相比,保守型 LSTM-TD3 模型维持了几乎恒定的加速度,并产生了最小 $jerk$ 值,这与保守的驾驶员更喜欢追求安全舒适的跟驰过程,而不是更注重效率这一事实是一致的。

e. 与经验跟驰轨迹相比,不同 LSTM-TD3 模型生成的跟驰轨迹具有明显更大的 TTC 值和更小的 $jerk$ 值,表明 LSTM-TD3 模型能够比经验驾驶员更安全、稳定、舒适地实现跟驰行为。

综上所述,本文所建立的 LSTM-TD3 模型有如下特点:①能够反映不同驾驶风格在安全性、效率和舒适性方面的差异;②能够再现个性化跟驰特征,并且明显优于经验驾驶员。

④模型可转移性检验。

上述两个案例是基于 NGSIM 数据集相对低速的跟驰情况,为了进一步检验模型在不同驾驶风格下的可转移性,本文设计了一个有扰动的高速跟驰情况:在单车道公路上,前车在 0～4s 内以 22m/s 的速度行驶,然后以 2m/s² 的减速度减速行驶 3.5s,继而以 15m/s 的恒定速度前进 5s,随后以 1.5m/s² 的加速度加速到 30m/s,最后以保持该速度继续前进。在初始时刻,两车之间的距离为 40m,并且跟驰车辆以 20m/s 的速度匀速前行,仿真结果如图 2-9 所示。

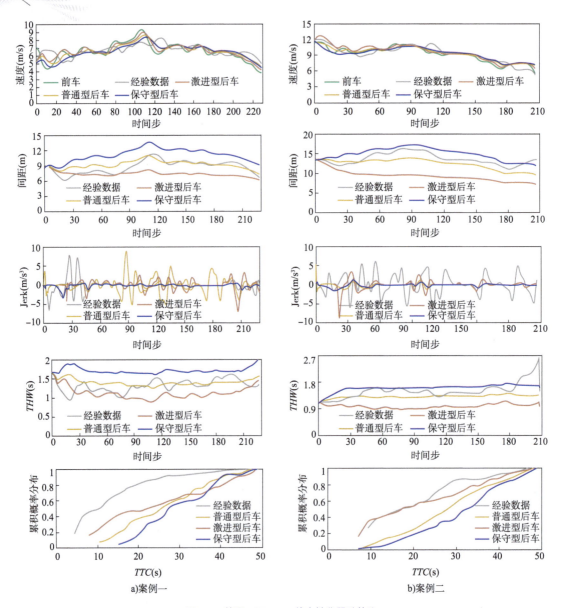

图 2-8 基于 LSTM-TD3 的个性化跟驰轨迹

如图 2-9 所示,开始时,两车之间的 THW 是 2s,大于 3 种驾驶风格的期望 THW 值。激进型 LSTM-TD3 模型为保持跟驰状态,先采用最大加速度 $3m/s^2$ 来加速,然后大幅减速来缩减两车间距,而普通型和保守型 LSTM-TD3 模型均采用先轻微加速后匀速行驶的形式。

当前车以 $2m/s^2$ 的减速度突然减速时,激进型 LSTM-TD3 模型在原有状态的基础上进一步加大减速度,以防止 THW 值的过度降低,而保守型 LSTM-TD3 为了获得更大的安全距离,将原来的匀速运动状态改为减速,以增加 THW 值。

当前车减速至 15m/s 并保持匀速时,3 种模型均采用 $-2\sim0m/s^2$ 的减速度逐渐接近前车的速度,普通型和保守型的 THW 值开始逐渐下降。在此过程中,激进型 LSTM-TD3 模型的减速幅度最大,速度最接近前车。

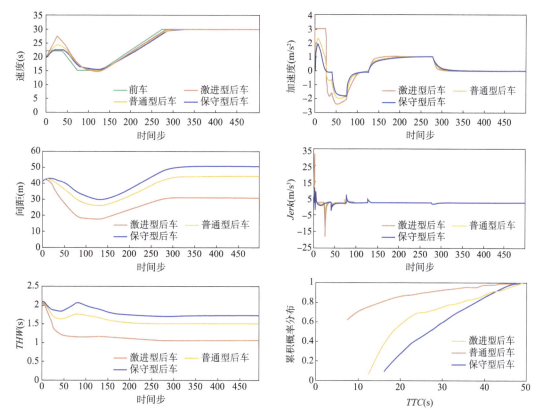

图 2-9　LSTM-TD3 模型在具有扰动的高速跟驰情况下的模拟结果

当前车以 1.5m/s² 的加速度加速时，激进型 LSTM-TD3 模型通过不断接近期望的 THW 值，来达到最快赶上前车的目的。同样，当前车保持车速为 30m/s 的匀速运动时，激进型 LSTM-TD3 模型也是能够最快达到这种速度，其次是普通和保守型的 LSTM-TD3 模型。最后，3 种模型都能够维持期望的 THW 值行驶。TTC 和 jerk 的累积概率分布在 3 种驾驶风格中表现出不同的特征，反映了它们在跟驰过程中对安全性和舒适性的不同偏好。

综上所述，LSTM-TD3 模型能够安全、高效、平稳地处理高速跟驰情况下的扰动，具有良好的可转移性。此外，3 种驾驶风格在驾驶特性上的差异与 2.2.3 中的描述是一致的：激进型驾驶风格对应着最高的效率、最低的安全性和最快的动作切换，而保守的驾驶风格则相反，普通驾驶风格的驾驶特性始终保持在两者之间。

2.3　高级别自动驾驶车辆决策规划技术

为应对动态驾驶场景，包含行为决策和轨迹规划的双层结构已被广泛应用于大多数高级别自动驾驶车辆。

在行为决策层面，基于预定义规则提供不同行为的规则决策方法较流行。由于实际应用的限制，这些方法的性能受限于每个运行周期只选择一种行为的人为规则和缺乏未知情况处理能力的人为规则。Huetal 等人采用基于采样的方法，按照固定样本步长，求解潜在行为轨迹。然而，这种固定步骤的方法牺牲了动态场景中的灵活性。此外，Nohet 等人研究了基于学习的决策方法。这些方法研究了离散动作空间中本车与其他车辆之间的交互作用。然而,由于计算复杂性和不稳定性,这些方法的实现是很困难的。

在轨迹规划层面,典型的规划方法一般可分为3类:搜索法、采样法和优化法。基于搜索的方法采用图搜索全局寻找连接初始位置和目标位置的最优路径,然后调整本车速度曲线。然而,该方法的轨迹规划结果取决于离散规划空间的质量。采样方法将规划问题转化为轨迹排序,一系列的路径被列举出来,作为评估的候选轨迹,但是大量的采样大大降低了算法效率。优化方法尝试使用非线性规划或二次规划模型来搜索最优轨迹,这些方法可以根据场景和全局任务,动态调整代价函数和多个约束条件。但是,在没有初始解的情况下,优化方法的收敛性可能无法满足实时性要求。

如上所述,这3种典型的轨迹规划方法都有各自的特点和局限性。因此,研究学者提出了许多基于多种方法组合的架构,以克服这些方法的局限性。例如,Menget 等人应用了一种解耦轨迹规划(Decoupling Trajectory Planning,DPTP)方法,其主要思想是对无碰撞空间路径进行采样,然后通过穷举搜索得到本车速度曲线。Limet 等人采用分层轨迹规划算法,以固定步长生成大量行为轨迹。Qianet 等人提出了一种同步机动搜索与轨迹规划(Synchronous Maneuver Search and Trajectory Planning,SMSTP)算法,在安全通道约束下,采用数值优化方法生成最终轨迹。Limet 等人采用采样方法和优化方法来获得预定义多种行为的轨迹。上述大多数方法由于枚举所有可能的轨迹而降低了算法的效率,且采用固定的采样步长不仅会降低算法的灵活性,还可能导致错误解或次最优解。

本书在行为采样层,决策问题被定义为本车对前向引导车辆的选择。通过建立语义级别决策树(Semantic Level Decision Tree,SD-Tree),并重组安全通道,对本车行为序列进行采样。在决策树中,树的节点和有向边分别表示离散行为和执行顺序。根据离散行为序列,构造安全通道作为轨迹规划的边界条件。该方法利用决策树和安全通道,避免了无效采样,为有效的轨迹规划提供了可行空间。

2.3.1 系统架构

本文所提出方法框架如图 2-10 所示,在行为采样方面,该方法以本车前方障碍物为跟随对象(FL),其他障碍物被认为是前进被超车(FO)对象。采样过程被重复进行,直到所有符合条件的障碍物都被覆盖。该方法通过参考可能的样本,生成相应行为序列和安全通道。每个行为序列被组合成一个单独的线程,并用于下层轨迹规划。

对于轨迹规划,规划器采用启发式搜索和穷举搜索相结合的搜索方法生成可行候选轨迹。在运动学、安全和交通规则约束下,采用启发式搜索进行纵向运动规划。基于纵向规划结果,考虑安全通道、运动学和曲率后,采用穷举搜索方法进行横向规划。根据包括安全性、效率、一致性在内的指标体系,从多个候选轨迹中提取初始轨迹。然而,对控制模块来说,轨迹的速度曲线可能不够平滑。因此,采用数值优化方法对轨迹进行后处理以获取最终轨迹。

2.3.2 行为采样

行为采样是处理感知信息,找到可行行为序列的关键步骤。本节介绍行为序列的采样,主要包括环境信息投影、行为序列生成和安全通道计算。

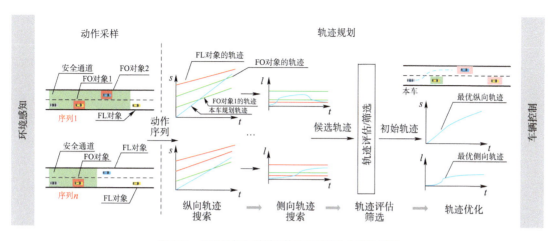

图 2-10 语义级行为采样和轨迹规划算法的整体框架

2.3.2.1 环境信息投影

道路几何可以帮助驾驶员有效分析环境,在驾驶过程中作出合理决策。比如,驾驶员可以根据道路几何分析障碍物的相对位置,然后决定是否超车。为了更有效地进行决策规划,本文采用使用一系列曲线表征道路几何的 Frenet 坐标系。如图 2-11 所示,将环境信息由笛卡尔坐标系转换为 Frenet 坐标系。根据相对位置,将笛卡尔坐标 (x_0, y_0) 转换为 Frenet 坐标下的位置 (s_0, l_0),将前车的笛卡尔坐标 (x_1, y_1) 转换为 (s_1, l_1)。

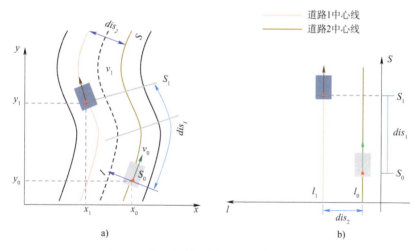

图 2-11 笛卡尔坐标系和 Frenet 坐标系的转化

然而,在动态场景中,运动物体的状态随着时间不断变化。物体在笛卡尔坐标系下仅能反映物体的瞬时状态。因此,采用 ST 空间(Station-Time Space)对动态物体进行观测。根据其维数,ST 空间可分为二维空间和三维空间。三维 ST 空间有利于精确反映物体在纵向和横向方向的运动,但是在 3D 状态空间中进行规划会显著增加计算量,因此选择二维 ST 空间,动态物体在 ST 空间中两个维度的状态如图 2-12 所示。根据道路几何形状,两辆车之间沿道路几何的 dis_1 和 dis_2 与图 2-11 中相等,棕色和绿色的线表示物体的速度曲线。

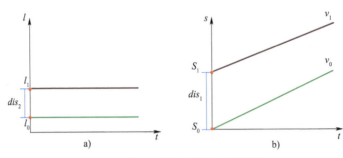

图 2-12 横向和纵向动态物体的站线图

2.3.2.2 行为序列产生

对于高级驾驶辅助系统(ADAS),规划器选择在同一车道上距离最近车辆为 FL 目标,而在纵向规划中忽略周围其他车辆,这也可以参考自适应巡航控制(ACC)系统。在实际操作中,驾驶员会动态地改变车速或行驶路径以达到所期望的状态。基于 ACC 和人类驾驶特性的驱动,本书将决策问题表述为 FL 对象选择问题。该算法将周围障碍物分为 FL 和 FO 两组目标。FL 对象可以被认为是本车在纵向应该跟随的前一个障碍。FO 对象是指本车能够以期望速度超越的障碍物。在此策略下,行为序列的产生分为两步:①对符合条件的前向引导障碍物进行采样;②构建语义级决策树。

(1) 前向引导障碍物的采样。

由于本车与 FL 对象之间应当保持安全距离,因此本车需要根据 FL 对象的状态调整其纵向位置。为了合理地选择 FL 对象,本书提出了若干抽样规则。

在实际驾驶过程中,道路上有大量的移动车辆,驾驶员往往更关注有限区域内的障碍物。因此,决策者应当限制采样范围,以避免不必要的采样,保证计算效率。本书从安全性和行为空间两方面考虑,(本车需要与前车保持一定距离),确定了最小采样范围。特别是在遇到紧急情况时,本车需要以尽可能快的速度采取行动,此时需要考虑感知、决策和制动滞后总延迟时间以及本车车身的长度。另一方面,最大采样范围是根据期望速度和超车车道被其他车辆占用或堵塞的具体情况来设定的。例如,如图 2-13 所示,在双车道上,前车 FV_3 在后侧方有车辆 FV_2,如果本车选择对 FV_3 进行超车,则存在潜在风险。在这种情况下,FV_3 成为决策者可以选择的最远目标。综合起来,采样范围可由以公式(2-30)和(2-31)计算:

$$\begin{cases} r_s = (r_{\min}, r_{\max}) \\ r_{\min} = l_{ego} + v_{ego} t_d \\ r_{\max} = \min(S_p, S_{bk} - S_{ego}) \end{cases} \quad (2\text{-}30)$$

$$S_p = v_d t_h \quad (2\text{-}31)$$

其中,$r_{\min}$ 和 $r_{\max}$ 分别表示最小和最大采样范围;v_d 和 v_{ego} 分别表示本车期望速度和实时速度;t_h 和 t_d 分别为规划时域和感知、决策、制动滞后总延迟时间;l_{ego} 表示本车长度;s_{ego} 表示本车位置;s_{bk} 表示占据通过车道阻塞车辆的位置。

此外,规划器将会创建一个虚拟车辆(VV)作为额外的选择,该虚拟车辆在期望位置 s_p 以期望速度运行。这个选择是为了促使本车达到期望状态。在 FL 对象采样之后,目标对象后面的其他对象被分类为 FO 目标。最后,重复采样过程,直到覆盖所有符合条件的对象。

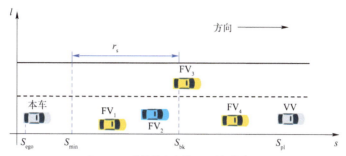

图 2-13　采样范围内的 FL 对象的选择

(2) 决策树的建立。

根据采样设置，建立语义级决策树生成行为序列。在决策树结构中，树的节点和有向边分别表示离散行为和执行顺序。语义级决策是从本车针对紧挨前车 FV_1 的动作响应开始，然后根据对 FV_2 产生的动作响应拓展至下一个节点。在本书中，本车对周围障碍物做出的动作响应可分为超车和尾随。如图 2-14 所示，对于第 k 次循环的第 2 个动作序列，FL 对象为 FV_2，本车可以超越 FV_1 并跟随 FV_2。由于其他对象在 FL 对象的前面，所以在采样过程中可以忽略它们。图 2-15 和图 2-16 描绘了重新构建决策树的过程。采样模块首先将候选行为序列转移至下层轨迹规划模块，在接收到第 k 次循环的最优动作序列后，采样模块重新构建决策树。如图 2-16 所示，可以认为最后一次循环的最优动作为动作序列。在 $(k+1)$ 循环周期，语义级决策树对最后一个动作序列进行优先排序，并为其分配更多的权值用于轨迹选择。选择最优轨迹的方法将在 2.3.4 中详细介绍。

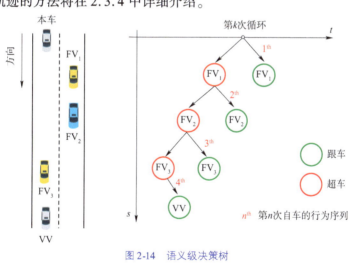

图 2-14　语义级决策树

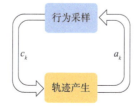

图 2-15　行为采样与轨迹生成结构

c_k-第 k 次循环的候选行为；a_k-第 k 次循环的最优行为序列

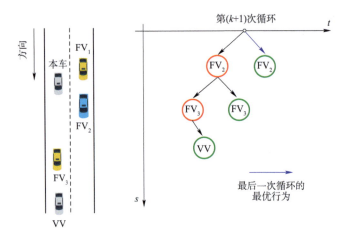

图 2-16　决策树中的优先机制

2.3.3　安全通道

虽然对可能的行为序列进行了采样,但尚未确定每个行为的自由空间。本书在规划器中设置了一条安全通道,让本车在该通道中行驶时不会发生任何碰撞。然后,将安全通道解耦为纵向和横向两个方向。

2.3.3.1　纵向安全通道生成

本车的纵向轨迹按照时间步长 ΔT 离散为 $\{s_0,\cdots,s_N\}$,纵向安全通道包括上边界和下边界。由于只关注前进方向,因此下界被设定为本车初始位置,纵向安全通道被定义为:

$$C_i^{lon} = (s_{ego}, s_i^u) \tag{2-32}$$

$$s_i^u = s_i^F - v_{ego} t_d - l_{ego} \tag{2-33}$$

其中,i 表示离散轨迹点的索引;s_i^u 表示安全通道的上边界,s_i^F 表示 FL 对象的轨迹。

如图 2-17 所示,SO_1 表示位于道路行驶区域内的静态障碍物,规划器选择前车 FV_1 作为 FL 对象并且允许本车超越前车 FV_2。蓝色标记的安全通道表示规划模块可用于生成任意速度曲线的空间。

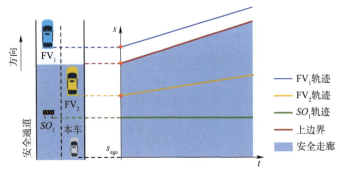

图 2-17　纵向安全通道的例子

2.3.3.2　横向安全通道生成

与纵向安全通道相似,横向安全通道被定义为 $C_i^{lat} = (B_i^l, B_i^r)$,其中 B_i^l 和 B_i^r 分别代表左、右边界。

安全通道 B_i^l 和 B_i^r 可通过下式计算得到：

$$B_i^l = \begin{cases} \min(B_{i,j}^l), i>0 \\ l_{ev}, \text{otherwise} \end{cases} \quad (2-34)$$

$$B_i^r = \begin{cases} \min(B_{i,j}^r), i>0 \\ l_{ev}, \text{otherwise} \end{cases} \quad (2-35)$$

其中，j 为平行于本车行驶的障碍物的标记；l_{ev} 为本车初始横向位置；$B_{i,j}^l$ 和 $B_{i,j}^r$ 障碍在时间 i 时的左右边界，满足以下条件：

$$B_{i,j}^l = \begin{cases} l_{i,j}^r, l_{i,j} > \dfrac{B_{i-1}^l + B_{i-1}^r}{2} \\ l_{i,\text{road}}^l, \text{otherwise} \end{cases} \quad (2-36)$$

$$B_{i,j}^r = \begin{cases} l_{i,j}^r, l_{i,j} > \dfrac{B_{i-1}^l + B_{i-1}^r}{2} \\ l_{i,\text{road}}^r, \text{otherwise} \end{cases} \quad (2-37)$$

其中，$l_{i,j}$ 为障碍物的横向位置；$l_{i,\text{road}}^l$ 和 $l_{i,\text{road}}^r$ 分别为道路的左、右边界。障碍物的最左边边界 $l_{i,j}^l$ 和最右边边界 $l_{i,j}^r$ 可以计算为：

$$\begin{aligned} l_{i,j}^l &= \max(l_{i,j}^{lf}, l_{i,j}^{lb}, l_{i,j}^{rf}, l_{i,j}^{rb}) \\ l_{i,j}^r &= \min(l_{i,j}^{lf}, l_{i,j}^{lb}, l_{i,j}^{rf}, l_{i,j}^{rb}) \end{aligned} \quad (2-38)$$

其中，$l_{i,j}^{lf}, l_{i,j}^{lb}, l_{i,j}^{rf}, l_{i,j}^{rb}$ 分别为障碍的左前角、左后角、右前角、右后角的横向位置。如图2-18所示，本车在以蓝色区域为标记的横向安全通道内超车。将两个方向的候选行为序列及其安全通道综合起来作为轨迹规划的基础。

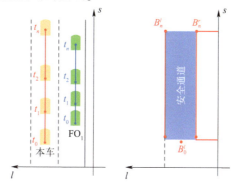

图2-18 横向安全通道表示 FO_1 物体间的无碰撞空间

2.3.4 轨迹规划

一般情况下，轨迹规划模块的目标是根据上层行为决策提供的环境信息，实时提供可行的轨迹。由于规划空间是多维的，规划器需要综合考虑时空域，这可能需要相当大的计算工作量。受 Lee 的研究工作启发，采用纵向-横向分解机制来解决动态规划问题。本文采用启发式搜索和穷举搜索相结合的混合搜索方法，启发式搜索在纵向安全通道内寻找纵向轨迹，穷举搜索得到侧向安全通道内的侧向轨迹。此外，选择机制调整评价函数中各项的权重，在候选轨迹中找到最优项。最后，最终的结果是经过纵向优化后产生的。

2.3.4.1 纵向轨迹搜寻

（1）纵向轨迹生成。

在行为序列候选项中，纵向规划的目标是在安全通道内找到最优速度曲线。

本文方法通过选择可行的控制变量来调整混合 A * 搜索算法。与图 2-17 一致，图 2-19 展示了动态规划过程。在这种情况下，规划器被允许通过黄线，这意味着本车可以超过 FV_2。详细的规划过程描述如下。

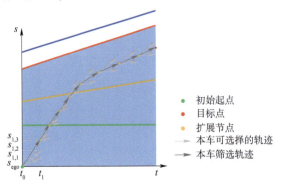

图 2-19　生成纵向轨迹的启发式搜索

① 应用每一个候选加速度扩展初始位置。下一阶段候选轨迹节点可通过公式（2-39）计算：

$$S_{i+1,k} = S_i + v_i \Delta t + \frac{1}{2} a_{i+1,k} \Delta t^2 \qquad (2\text{-}39)$$

其中，k 表示候选加速度的索引值。

为满足运动学要求，设置节点的速度、加速度和震荡约束为：

$$\begin{cases} s_i < s_i^u \\ v_{i,k} \leq v_i^{\text{limit}} \\ v_N \leq v_N^F \\ a_{\min} \leq a_{i,k} \leq a_{\max} \\ |jerk_{i,k}| \leq jerk_{\max} \\ jerk_{i,k} = \dfrac{a_{i,k} a_{i-1}}{\Delta t} \end{cases} \qquad (2\text{-}40)$$

其中，v_i^{limit} 表示速度限制；v_N^F 为 FL 对象的速度；$a_{\min}$ 和 $a_{\max}$ 分别为最小加速度和最大加速度；最大的震荡 $jerk_{\max}$ 被增加以保证驾驶舒适性。

速度限制 v_i^{limit} 计算由如式（2-41）所示：

$$v_i^{\text{limit}} = \min(v_i^{\text{kappa}}, v_i^{\text{rules}}) \qquad (2\text{-}41)$$

$$v_i^{\text{kappa}} = \sqrt{\dfrac{a_{\max}^l}{kappa_i}} \qquad (2\text{-}42)$$

其中，v_i^{kappa} 和 v_i^{rules} 分别是道路几何和交通规则的限制；$a_{\max}^l$ 表示最大侧向加速度。

② 评估候选节点。在考虑安全性、可行性和平稳性的前提下，采用行动代价项和启发式代价项的线性组合对最优轨迹子节点进行评估。

$$\begin{cases} c_{\text{evaluate}} = c_{\text{h}} + c_{\text{act}} \\ c_{\text{h}} = w_{\text{d}}(s_i^{des} - s_{i,k})^2 \\ c_{\text{act}} = w_{\text{acc}} a_{i,k}^2 + w_{\text{jerk}} jerk_{i,k}^2 \end{cases} \quad (2\text{-}43)$$

其中,s_i^{des} 表示全局任务预先确定的期望位置;w_{d} 是行驶效率的惩罚权重,该项是为了减少到达目的地的行驶时间;行动代价中,w_{acc} 和 w_{jerk} 分别表示加速度和震荡的惩罚权重,该项与驾驶舒适性密切相关。

③搜索出最小成本节点,并将其添加到封闭的 A * 列表中。

以上三个步骤重复进行,直到封闭列表中的轨迹结点到达规划域的末端,然后沿着搜索方向检索节点,得到初始纵向轨迹。

(2)动态时间窗计算。

在超车过程中,应计算何时何地进行超车行为。本车超车行为可以分解为两个阶段,如图 2-20 所示。第一阶段沿 s 轴从 S_{t_0} 到 S_{t_1} 接近障碍物,如图 2-20a)所示。当本车沿生成的纵向轨迹接近前车时,需要完成变道,进入左车道行驶。其次,出于从 S_{t_1} 到 S_{t_2} 的安全考虑,本车应与前车平行行驶,如图 2-20b)所示。

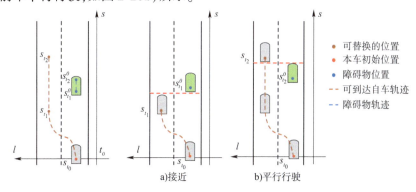

图 2-20 采样的横向轨迹

不同于以往研究中设定固定的时间或距离间隔,本文根据生成的纵向轨迹来设置动态时间窗口,调整行为执行时间。第 q 个动态时间窗口被定义为:$W_q = (t_q^0, t_q^1, t_q^2)$,其中 t_q^0、t_q^1、t_q^2 分别表示行为开始、中间、完成时间步长。由于动作序列的连续性,当前动作的完成时间步长等于下一次行为开始的时间步长:

$$t_q^0 = \begin{cases} 0, q=0 \\ t_{q-1}^2, q \neq 0 \end{cases} \quad (2\text{-}44)$$

通过分解超车行为,这些时间指标在动态时间窗内满足两个条件:①本车在时间指标等于或大于 t_q^1 时赶上前车;②当时间指标在 t_q^1 和 t_q^2 之间时,本车将保持与前车平行行驶,并最终完成超车行为,直到时间指标大于 t_q^2。此外,整个过程中还需要考虑本车长度。因此,动态时间窗可以计算为:

$$\begin{cases} t_q^1 = \arg(s_{t_q^1} \leq s_{t_q^1}^j - l_{\text{ego}} \&\& s_{t_q^1+1} \geq s_{t_q^1+1}^j - l_{\text{ego}}) \\ t_q^2 = \arg(s_{t_q^2} \leq s_{t_q^2}^j + l_{\text{ego}} \&\& s_{t_q^2+1} \geq s_{t_q^2+1}^j + l_{\text{ego}}) \end{cases} \quad (2\text{-}45)$$

根据式(2-44)和式(2-45),就可以获得完整的动态时间窗。

2.3.4.2 侧向轨迹搜寻

横向规划的目的是找到初始位置和目标位置之间的轨迹。也就是说,将横向轨迹看作两点之间的运行路径问题。考虑到曲线的平滑性,通常用五次多项式来解决这个问题:

$$l(t) = a_5 t^5 + a_4 t^4 + a_3 t^3 + a_2 t^2 + a_1 t + a_0 \tag{2-46}$$

约束条件为:

$$\begin{aligned} l(0) = l_0, l'(0) = l_0', l''(0) = l_0'' \\ l(T) = l_T, l'(T) = l_T', l''(T) = l_T'' \end{aligned} \tag{2-47}$$

通过式(2-46)和式(2-47)获得下面的方程:

$$\begin{cases} \begin{bmatrix} a_5 \\ a_4 \\ a_3 \end{bmatrix} = \begin{bmatrix} T^5 & T^4 & T^3 \\ 5T^4 & 4T^3 & 3T^2 \\ 20T^3 & 12T^2 & 6T \end{bmatrix}^{-1} \begin{bmatrix} l_T - (a_2 T^2 + a_1 T + a_0) \\ l_T' - (2a_2 T + a_1) \\ l_T'' - (2a_2) \end{bmatrix} \\ \begin{bmatrix} a_2 \\ a_1 \\ a_0 \end{bmatrix} = \begin{bmatrix} \dfrac{l_0''}{2} \\ l_0' \\ l_0 \end{bmatrix} \end{cases} \tag{2-48}$$

其中,l_0, l_0', l_0'' 分别表示初始时刻的车辆位置、纵向速度和横向加速度;l_T, l_T', l_T'' 取状态对应的值;T 表示每条曲线的时间间隔。

在五次多项式曲线中,参数与时间间隔、初始状态和终止状态有关。时间间隔是指动态时间窗口中一个阶段的执行时间。初始状态是本车当前状态或最后行为的终点状态。终点状态由评估侧向采样节点获取,如图2-21所示,棕色点代表采样节点,曲线为连接两个节点的五次多项式。通过确定两个采样节点,可以得到一个阶段的完整轨迹。为了提高算法的灵活性,本书设置横向采样节点,选取最优节点作为各阶段的终点状态。

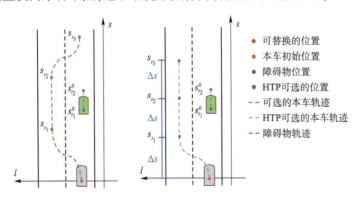

图2-21 提出的算法(左)和使用固定步长的参考算法(右)

采样节点的评价函数考虑了曲率、加速度和横向位移。对于第 q 个行为,侧向轨迹代价可计算为:

$$J_{\text{lat}}^q = w_a^l \sum_{i=0}^{N_q} l_i''^2 + w_r^l \sum_{i=0}^{N_q} (l_i - l_i^{ref})^2 \tag{2-49}$$

其中，N_q 为一段侧向轨迹点总数；l_i^{ref} 表示全局任务中定义的参考轨迹；评价函数是横向加速度与参考代价、权重 w 的线性组合。

在 Frenet 坐标系中，通常忽略轨迹的曲率。本文考虑如式（2-50）所示的曲率约束：

$$|kappa_i| \leq kappa_{\max} \tag{2-50}$$

其中：

$$\begin{cases} kappa_i = \dfrac{x_i' y_i'' - y_i' x_i''}{\sqrt[3]{x_i + y_i}} \\ x_i' \approx \dfrac{x_{i+1} - x_i}{\Delta t} \\ x_i'' \approx \dfrac{x_{i+2} - 2x_{i+1} + x_i}{\Delta t^2} \\ y_i' \approx \dfrac{y_{i+1} - y_i}{\Delta t} \\ y_i'' \approx \dfrac{y_{i+2} - 2y_{i+1} + y_i}{\Delta t^2} \end{cases} \tag{2-51}$$

其中，x_i, y_i 是笛卡尔坐标系中的位置。

为确保无碰撞条件，轨迹应在安全通道内生成，因此获取约束条件：

$$\begin{cases} l_i \leq B_i^l - \dfrac{w_{\text{ego}}}{2} - \delta \\ l_i \geq B_i^r + \dfrac{w_{\text{ego}}}{2} + \delta \end{cases} \tag{2-52}$$

其中，w_{ego} 为本车的宽度；δ 为安全冗余度。

最后，结合纵向轨迹和横向轨迹生成综合轨迹。

2.3.4.3 轨迹评价和选择

将每个行为序列的轨迹在纵向和横向上进行综合，得到完整的候选轨迹。在候选轨迹中，规划器通过设置考虑效率、舒适度和一致性的评价函数，选择成本最小的候选轨迹。一个完整轨迹的总成本 J_t 由纵向成本和横向成本组成：

$$J_t = \lambda w_{\text{lat}} \sum_{q=0}^{N_m} J_{\text{lat}}^q + w_{\text{lon}}(v_d t_h - s_N) \tag{2-53}$$

其中，N_m 代表了采取行动的总次数。

纵向项决定本车行驶时间。此外，从驾驶员的角度考虑，换道行为持续时间的延长会增加其心理负担。因此，当本车离开指定车道时，纵向成本 $w_{\text{lon}} \propto l_0^2$ 的权重将增大，以保证换道稳定性。本文采用模糊逻辑来确定动态过程中的权值，模糊逻辑输入为横向位移，输出为纵向代价的权值。

为保证相邻规划周期内的行为一致性，建立传递因子 λ 为：

$$\lambda = \begin{cases} \lambda_t, & \text{if transfer} \\ \lambda_n, & \text{if no transfer} \end{cases} \tag{2-54}$$

其中：

$$\lambda_t = \begin{cases} \lambda_{at}, \text{if adjacent lane transfer} \\ \lambda_{st}, \text{if the same lane transfer} \end{cases} \quad (2\text{-}55)$$

由于频繁换道可能会增加交通事故风险，FL目标的每一次转移都意味着行为序列需要中心调整。如果本车正在换道超车，目标车辆行为的转变会导致本车放弃超车，对下层控制模块构成挑战，可能会带来风险。转移因子的设置的目的是：确保只有当判断行为决策会致使本车速度显著降低时，规划器才会选择超越前面的障碍。

之外，与同一车道内的目标转变相比，相邻车道间的转变会产生更显著的影响。以图2-13为例，规划器初始默认优先目标为FV_1。由于FV_1的速度较低，规划器选择另一个对象作为期望速度目标。与相邻车道选择FV_3相比，规划器在下一周期选择FV_2，此时本车有更多响应时间和空间来应对FV_2换道或FV_3制动等突发事件。因此，评价函数为感知和预测模块的不确定性设定传递因子λ。规划器根据生成轨迹的评价结果，选择成本最小的轨迹，并将其发送给优化方法。

2.3.4.4 轨迹优化

选定的纵向轨迹是在离散搜索空间中生成的，规划器需要采用优化方法对轨迹进行后处理。后处理过程被转化为决策变量为$[S_0, S_1, \cdots, S_N]$的二次优化（Quadratic Optimization, QP）问题，类似于算子分裂二次规划（Operator Splitting Quadratic Programming, OSQP）求解的线性问题。该方法初始轨迹输入作为初始猜想，能有效地找到最优结果。

（1）目标函数。

为保证初始轨迹的一致性和驾驶舒适性，目标函数表示为：

$$\underset{s_0, s_1, \cdots, s_N}{\arg\min} J(s_0, s_1, \cdots, s_N) \quad (2\text{-}56)$$

目标函数是由参考代价J_{ref}、加速代价J_a和振荡代价J_{jerk}的加权和来计算的：

$$J = J_{ref} + J_a + J_{jerk} \quad (2\text{-}57)$$

$$\begin{cases} J_{ref} = w_r^s \sum_{i=0}^{N} (s_i - s_i^{ref})^2 \\ J_a = w_a^s \sum_{i=0}^{N-2} \left(\dfrac{s_{i+2} - 2s_{i+1} + s_i}{\Delta t^2} \right) \\ J_{jerk} = w_{jerk}^s \sum_{i=0}^{N-3} \left(\dfrac{s_{i+3} - 3s_{i+2} + 3s_{i+1} - s_i}{\Delta t^3} \right) \end{cases} \quad (2\text{-}58)$$

其中，w_r^s，w_a^s和w_{jerk}^s分别表示优化方法中参考轨迹、加速度和振荡的权重。

（2）约束条件。

该优化问题中的约束包括运动学约束和安全约束，运动学约束包括初始位置、速度、加速度和振荡的限制。

$$\begin{cases} s_0 = s_{ego} \\ \dfrac{s_1 - s_0}{\Delta t} = v_{ego} \\ \dfrac{s_2 - 2s_1 + s_0}{(\Delta t)^2} = a_{ego} \end{cases} \quad (2\text{-}59)$$

$$\begin{cases} s_{i-1} \leqslant s_i < s_i^u \\ 0 \leqslant \dfrac{s_{i+1}-s_i}{\Delta t} \leqslant v_i^{\text{limit}} \\ a_{\min} \leqslant \dfrac{s_{i+2}-2s_{i+1}+s_i}{\Delta t^2} \leqslant a_{\max} \\ \left| \dfrac{s_{i+3}-3s_{i+2}+3s_{i+1}-s_i}{\Delta t^3} \right| \leqslant jerk_{\max} \end{cases} \quad (2\text{-}60)$$

此外,动态时间窗中的初始状态和终点状态与安全通道相关,直接影响本车运动状态。优化问题还应考虑车速曲线与安全通道的耦合问题,因此添加安全约束以保证无碰撞操作:

$$\begin{cases} s_{t_q^1} \leqslant s_{t_q^1}^{ref} \\ s_{t_q^2} \geqslant s_{t_q^2}^{ref} \end{cases} \quad (2\text{-}61)$$

综上所述,通过综合考虑运动学约束、行为序列和安全通道等因素,对纵向轨迹进行了后处理。将所选轨迹作为初始解,可实时找到最优解。在 2.3.5 中,求解器的性能将通过仿真实验进行研究。

2.3.5 仿真评价

为了评价该算法的性能,利用 Prescan 8.5 和 Simulink 进行了仿真实验。该算法是在 Intel i7-5930 3.5 GHz、16GB RAM 的电脑上用 C++ 语言代码在 Ubuntu 系统上实现的。仿真平台如图 2-22 所示,仿真场景示意图如图 2-23 所示。在仿真中,车道线使用离线数据进行手动标记,红线是预先通过高清地图获得的参考路径。本车用红色表示,而其他车辆可视为动态障碍。在本程序中,障碍物信息可以从 Prescan 的地面真实传感器中获得,轨迹规划器找到了最优轨迹,并且提供纯追踪算法进行轨迹跟踪控制。在 2.3.5.1 中,对仿真场景和相应的仿真实验分析进行描述。在 2.3.5.2 中,与目前最先进的规划算法进行了比较,所涉及的参数见表 2-6。

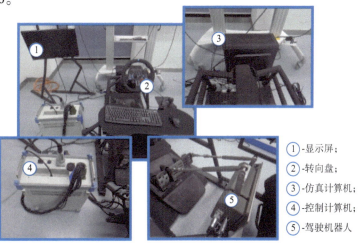

图 2-22 仿真平台(配备转向盘、驱动机器人、仿真计算机和控制器计算机)

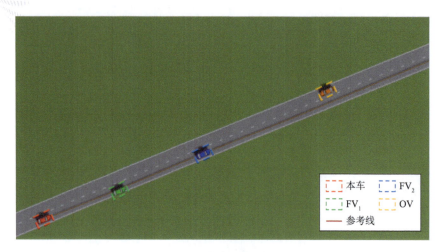

图 2-23 仿真场景示意图

车辆参数和算法参数　　　　　　　　　　　表 2-6

参　数	数　值	描　述
W_{road}	3.5m	路宽
W_{ego}	1.6m	车宽
l_{ego}	4.5m	车长
t_h	8.0s	规划周期
Δt	0.1s	规划时间段
t_d	1.2s	额外时间
a_{max}	$3.0m/s^2$	最大纵向加速度
a_{min}	$-4.5m/s^2$	最大纵向减速度
a_{max}^l	$4.0m/s^2$	最大横向加速度
$jerk_{max}$	$2.0m/s^2$	最大纵向调整
$kappa_{max}$	0.15	最大 kappa
δ	0.3m	横向安全冗余距离

2.3.5.1 场景描述和仿真分析

在动态场景中,周围障碍物状态会随时间而变化。一个安全的规划器需要应对各种挑战情况,并采取多种行动,包括换道、跟踪、汇入。本文采用两个代表性场景进行测试评价:第一种场景是在所有车辆均在一个方向上行驶,前面有静态和动态车辆;第二种场景考虑的是双向行驶情况,除了前车外,还考虑了对向车辆的影响。仿真结果给出了实际行驶轨迹、规划轨迹、最优速度曲线和 S-T 空间图,并说明了候选轨迹与障碍物纵向轨迹的关系。

(1) 场景 1。

同一方向静态和动态车辆避障场景:在该场景中,一个方向上有两条车道。本车在右车道行驶,静止障碍物(SO)位于本车前方 75m,距离左车道边界 1.7m,SO 用 $0.8m^2$ 的方框表示。前车以 20km/h 的速度在左车道行驶,领先本车 50m,参数的具体设置见表 2-7。

仿真参数和全局任务参数 表2-7

场景	相关参数							
	v_{ego}	v_{des}	v_{F1}	v_{F2}	v_{ov}	x_{F1}	x_{F2}	x_{o1}
场景1	36	36	20	—	—	50	—	—
场景2	36	36	20	20	23	25	50	90

如图2-24所示,本车(EV)沿基准线运行。由于静止障碍物(SO)的存在,前车(FV)选择变道。在$T1$时刻,本车有两种选择:①加速超过SO和FV,对应于图2-24右上角的候选-1轨迹,但这会导致碰撞;②放慢速度,跟随FV。所提算法的最优轨迹用绿色标记,规划器选择FV作为FL对象并跟随它。

$T2$时刻,本车在右车道上行驶。当本车接近SO时,本车与SO之间的距离足以本车进行换道。此时,本车有两种选择:①选择虚拟车辆作为FL对象并跟随较快的轨迹;②继续跟随FV,对应于图2-24右上角的候选-1轨迹。与第一种选择相比,第二种选择是安全的,但显著降低了本车速度。

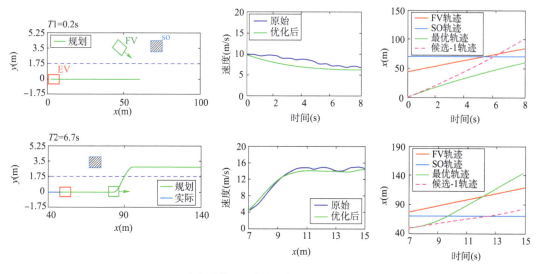

图2-24 规划的轨迹和速度曲线在切入场景的仿真结果

(2)场景2。

借用车道时考虑对向交通状况:在该场景中,每个方向都有一条车道,本车在右车道行驶。在同一车道上,本车前方50m和75m处有两辆车。另外,有一辆车从旁边对向车道开来。对向车辆OV以23km/h的速度行驶,前车FV_1和FV_2均以20km/h的速度行驶,参数设置见表2-7。

如图2-25所示,在$T1$时刻,本车有三种选择:①保持当前速度,借对向车道超车,对应图2-25右上角的候选1轨迹,但考虑到本车在OV和FV_2之间行驶时的侧向安全距离,这将会产生一定的行车风险;②放慢速度并跟随FV_2行驶,出于安全考虑,本车往往会进行横向运动以避开FV_1,对应于图2-25右上角候选2轨迹,但按照该轨迹行驶并不会使驾驶速度显著增大;③本车跟随FV_1的最优轨迹。

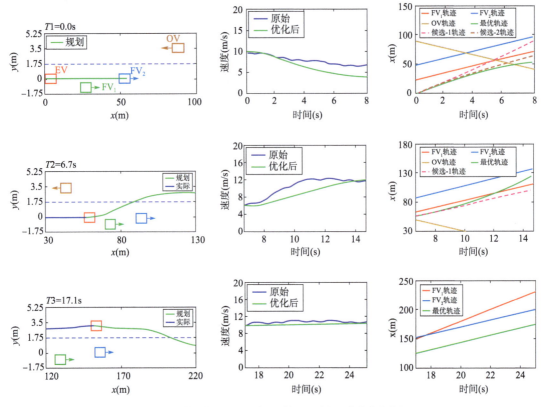

图 2-25　借用车道场景下的规划轨迹和速度分布的仿真结果

在 $T2$ 时刻，本车与 OV 之间的距离足够进行换道。在受限的采样范围内，只有两种选择：①规划器选择 FV_2 作为 FL 对象，进行横向运动以避开 FV_1；②规划器选择虚拟车辆作为跟随对象，生成从右车道到左车道的换道轨迹。与第一种选择相比，第二种选择显著提高了驾驶速度。

最后，在 $T3$ 时刻，当本车与 FV_2 并行运行时，规划器只能选择虚拟车辆。为了与参考线保持一致，横向规划器生成一条换道轨迹，并在规划域范围内保持期望速度，如图 2-25 所示。

2.3.5.2　与主流方法比较

将所提算法与考虑备份、一致性、曲率约束和规划时域的最新方法进行比较，见表 2-8。需要注意的是，备份意味着规划器储备了可行候选轨迹，在紧急情况发生后能够提供一个安全通道。

与本书提出算法相比，DPTP 在动态场景下无法提供紧急情况下的备份。因为考虑到备份，所以 SMSTP 是一个安全的规划器，但是由于使用了曲线坐标，它忽略了路径的一致性和曲率。与 SMSTP 类似，混合方法也忽略生成路径的曲率。该算法的横向规划考虑了曲率约束，语义级决策树算法能够有效地提取所有可能行为。

图 2-26 显示了 DPTP 与本文算法的平均计算次数对比。需要注意的是，本文算法只需要 32ms，就可以在同一规划时域内找到一个可行轨迹。

主流方法性能对比　　　　　　　　　　　　　表2-8

方　　法	算　　法	BP	CS	CC	DSS	PH
Menget al.	SR,OP	—	—	√	—	8s
Qian et al.	SR,SP,OP	√	—	—	√	10s
Limet al.	SP,OP	√	√	—	—	3s
Our Proposed	SR,SP,OP	√	√	√	√	8s

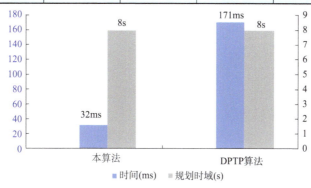

图2-26　相同规划周期(8s)下算法计算效率的比较

2.4　多车队列协同控制模型

　　车辆队列协同控制的目的在于把道路上行驶的无序车辆进行编队组合作为整体来控制,控制系统的核心在于将车队中行驶路线相同的所有车辆的运行状态(即速度、加速度、车间距等)归于一致,从而简化交通控制对象和增强车辆行驶安全性。车辆队列行驶首先需要满足安全性要求,即队列中的相邻车辆相对速度为零、相邻车辆前后车间距离一致、所有车辆单体加速度一致;同时还需要保证队列行驶的稳定性,即任意单个车辆的车速和车间距变化造成的偏差不会影响整体队列的行驶状态。

　　与单个车辆的控制方式类似,车辆队列协同控制方式也包括车队纵向控制和横向控制两个组成部分。横向控制目的是保证队列中的车辆保持在同一车道行驶且不偏离行驶车道,以及在需要变道行驶时,车辆队列在不同车道之间统一换道和超车。纵向控制主要对队列中车辆的状态(即速度、加速度、车间距等)统一控制,从而保证车辆队列行驶安全性和队列稳定性。车辆队列纵向控制模型是车辆队列协同控制最基本的控制模型。

2.4.1　车辆队列系统概述

2.4.1.1　车辆队列系统数学模型

　　车辆队列行驶,是指沿道路同一方向两辆及以上的汽车,保持固定的车间距离和相同的速度以列队行进的方式行驶。受限于驾驶员的经验和车辆控制技术的差异,如果依靠驾驶员操作来保证车间距离和相对车速,往往会造成车辆队列行驶速度较低,车间距较大。车辆通过加装多种传感器,如摄像头、雷达等环境识别装置,并采用车车通信方式,使车辆能够获取多车的行驶信息,后车自动保持一定的安全距离,按照前车行驶的路线及操作方式行驶,整个车辆队列作为一个整体来控制,其模型如图 2-27 所示。由于期望加速度与车间距控制在整个车辆队列中同步进行,所以每个车均同步获得其他车辆的控制命令,因此这种车队行驶的方式可以实现很高的平均车速,并大大缩短车间距离,提高道路通行能力和通行效率。

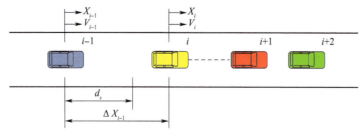

图 2-27 车辆队列模型

如图 2-27 所示,设定车辆队列中第 i 辆车的位置信息为 x_i 和 v_i,速度和加速度分别通过求一阶和二阶导数来得出。车辆队列同向纵向行驶时,队列中的车辆均保持固定车间距跟随头车行驶。设第 i 辆车和第 $(i-1)$ 辆车之间的距离为 Δx_i,理想跟随距离为保证车车之间不相撞的最小距离,假设为常数 D。

这样,车队中第 i 辆车的加速度、速度以及位移可由下列方程组求出:

$$\begin{cases} \dddot{x}_i(t) = \dddot{x}_i(t-\Delta) + \dddot{x}_i(t)\Delta \\ \dot{x}_i(t) = \dot{x}_i(t-\Delta) + \ddot{x}_i(t)\Delta \\ x_i(t) = x_i(t-\Delta) + \dot{x}_i(t)\Delta + \frac{1}{2}\ddot{x}_i(t)\Delta^2 \end{cases} \quad (2\text{-}62)$$

其中,t 为控制系统当前运行时刻;Δ 为控制系统命令周期。

车辆队列系统的模型控制目标为:

(1) 队列中任意车辆的加速度趋于 0, $\lim_{t \to \infty} \ddot{x}_i(t) = 0$;

(2) 设定理想车间距为 D,车间距偏差趋于 0, $\lim_{t \to \infty} |x_i(t) - x_{i-1}(t) - D| = 0$;

(3) 队列中任意相邻第 i 辆车和第 $(i-1)$ 辆车之间的相对速度为 0, $\lim_{t \to \infty} |\dot{x}_i(t) - \dot{x}_{i-1}(t)| = 0$;

(4) 当首车车速达到稳定速度时,被控车的加速度变化率为 0, $\lim_{t \to \infty} \dddot{x}_i(t) = 0$。

2.4.1.2 车辆队列系统控制方法

车辆队列行驶时,需要选择相同的控制方式对车辆进行统一管理。车辆队列控制方式有集中式和分散式两种。车辆队列中所有行驶状态信息首先发送到中央控制器的方式称为集中式,队列中各个车辆的行驶行为由中央控制器统一规划。集中式控制在理论上可以达到队列行驶的最优效果,但是必须满足中央控制器获得所有车辆信息的前提,并且要求无线通信带宽可以满足所有车辆数据同时交互;除此以外,集中式控制需要解决队列系统高维度的优化问题,而且中央处理器信息处理量过大容易导致控制系统滞后,从而对系统实时性能和运行效率造成严重影响。分散式的控制方式不存在中央控制器,队列中的车辆仅能获得附近车辆的行驶状态信息,分散式控制不能达到最优控制效果,但对车车通信带宽需求低,控制响应速度快,适合实时性要求高的车辆队列控制。

从系统组成角度,实现车辆队列的集中控制需要增加路侧集中控制基站之类的中央控制器,这种控制方式会限制车辆队列的行驶范围,增加交通系统的构建成本,因此不适合本书中在纵向高速公路行驶的车辆队列。通过加装车车通信系统和其他传感器来获取周边车辆和道路交通情况信息的高速行驶车辆队列,是对安全性和稳定性要求很高的实时控制系统,因此,最适用的控制方式是分布式控制。

目前主要车辆队列分布式控制方式有以下两种。

(1) 车辆自适应巡航控制(Adaptive Cruise Control,ACC)。

自适应巡航控制主要功能是根据当前交通情况来控制车速和车间距,保持车辆控制系统与前方车辆一致的行驶状态。通过在车身安装测距传感器,对道路前方行驶车辆进行检测,ACC 根据传感器信息自动调节发动机加速踏板和制动踏板,实现与前车车速一致,并保持一定的安全车距同向行驶。前方没有车辆时,ACC 控制车辆按设定速度巡航行驶。该系统通过多车统一行驶状态,提高了道路通行能力,并保证了车辆在无人干预情况下的行驶安全性,是常用的一种车辆队列分散式控制。

(2) 车辆协同自适应巡航控制(Cooperative Adaptive Cruise Control,CACC)。

协同自适应巡航控制是 ACC 系统安装车车通信单元后的升级系统,除了具备 ACC 所有功能之外,CACC 系统还可以接收周围车辆行驶状态信息和道路交通传感器信息,从而获取更多信息,来完成巡航控制功能,可以更好地缩短行驶车间距并提高道路交通通行能力。

通过总结分析以上系统结构,本书车车之间存在信息交互,控制命令执行由各自车辆控制单元完成,不存在中央控制器。

2.4.1.3 车辆队列控制系统结构

从组成部件的角度来看,车辆队列控制系统一般由核心控制器、执行机构控制模块、车车通信模块、本车定位模块、人机界面以及相关的传感器模块组成,并且各组成模块分布地安装在汽车的不同部位。系统主要结构如图 2-28 所示。

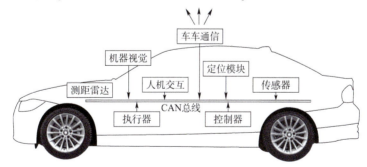

图 2-28 车辆队列控制系统结构图

结构中各部分功能描述如下。

(1) 距离传感器:距离传感器可以采用毫米波雷达传感器、激光间距传感器、中远距离雷达传感器及热辐射传感器等。

(2) 执行器:主要由直接参与车辆动力系统控制的模块所组成,包括节气门控制单元、制动控制单元以及变速器控制单元。

(3) 车车通信模块：采用无线通信手段实现，例如 Wi-Fi、Zigbee、RFID 或者车载专用 DSRC 方式等，常用的无线通信方式的参数见表 2-9。

目前常用的无线通信方式　　　　　　　表 2-9

名　称	Wi-Fi	DSRC	Zigbee	RFID
传输速度	11-54M bps	1M bps	100K bps	1K bps
通信距离	20～200m	10～100m	200～2000m	1m
频段（直径）	2.4GHz	2.4GHz	2.4GHz	10.6Hz
安全性	低	高	中	高
国家标准	IEEE802.11b/g	IEEE802.15.1x	IEEE802.15.4	ISO/IEC18092
功耗	10～50mA	20mA	5mA	10mA
成本	高	中低	中	低
主要应用	无线网络,手持设备	汽车,工业	汽车,工业	读取数据和条形码

(4) 定位模块：采用 GPS、北斗模块来实现，主要获取车辆当前位置信息。

(5) 人机界面：通常包括用车载终端、控制开关、显示屏、报警器以及车载嵌入式操作系统。人机界面主要功能是使驾驶员可以通过显示器，直观地看到控制系统工作是否稳定可靠，同时辅助驾驶员感知周围车辆和道路的相关环境信息。

(6) 车身总线：组成车辆队列控制系统中的传感器和电子控制单元之间需要互相传递信息，主要采用整车 CAN 总线传输动力系统信息，以及采用 LIN 总线来传输车身系统信息。

(7) 机器视觉：主要用来识别道路标线、路标等交通环境信息。

虽然车辆安装了队列控制系统，但是驾驶员对车辆拥有最终的完全控制权，在车辆不参与队列行驶时，可以按照驾驶员的意图行驶，保证车辆具有传统车辆的功能。

2.4.2　车车通信模式下的车辆队列行驶条件

车辆队列在道路上行驶，需要满足基本的行驶安全条件，这些条件包括单个车辆的行驶安全性，如车间距范围，车速范围，加速度范围等；整个车辆队列的安全性，如当车队中某一车辆个体的状态发生变化时，不会影响其他正常行驶的车辆而导致整个车队的状态发生骤变。

本节分别对车辆队列行驶的安全性条件进行分析。

2.4.2.1　车辆行驶安全性条件

因协同控制的效果，车辆在队列行驶过程中可以保持较小的车间距，但车间距必须满足一定的安全车距范围要求，当车间距小于安全车距时，车辆队列存在安全隐患，这时控制系统会自动启动避撞控制功能，自动增加车间距，避免碰撞事故发生。

图 2-29 为队列中两车同向行驶时的安全车间距示意图，定义 n 号车为后车，$(n+1)$ 号车为前车，两车同向行驶。通常情况下的车辆平均制动减速度应该在 $3\sim4m/s^2$，紧急情况下的最大制动减速度为 $7.5\sim8.5m/s^2$。因此，综合考虑驾驶员舒适性和车辆制动能力，除特殊情况外，制动减速度不应该超过 $8.5m/s^2$。

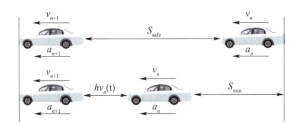

图 2-29　车辆队列行驶中安全车距示意图

n 号车在 t 时刻初速度为 $v_n(t)$，定义 S_{min} 为按照最大减速度制动后的制动距离，计算公式为：

$$S_{min} = \frac{v_n^2(t)}{2|a_{-max}|} \qquad (2\text{-}63)$$

当车辆队列行驶过程中速度不存在骤变时，为简化模型，可以假设制动距离 S_{min} 为常数。

n 号车至少需要与前车保持车间距 $hv_n(t)$，以保证当 $(n+1)$ 号车突然制动时，n 号车按最大减速度制动可保证不发生追尾。h 表示固定车间时距，在 t 时刻，n 号车的安全车距定义为 $S_{safe}(t)$，计算公式如下：

$$S_{safe}(t) = hv_n(t) + S_{min} \qquad (2\text{-}64)$$

如图 2-29 所示，n 和 $(n+1)$ 号车实际车间距 S_n 可以按如下公式计算：

$$S_n(t) = x_{n+1}(t) - x_n(t) - l \qquad (2\text{-}65)$$

其中，l 定义为车辆长度；$x_n(t)$ 和 $x_{n+1}(t)$ 分别代表编号 n 和 $(n+1)$ 车辆的位置。

第 i 辆车的期望车间距偏差 $\delta_n(t)$ 定义为：

$$\begin{aligned}\delta_n(t) &= S_n(t) - S_{safe}(t)\\ &= S_n(t) - hv_n(t) - S_{min}\end{aligned} \qquad (2\text{-}66)$$

所以，要保证车辆队列按最小车距行驶的同时，又要保证避免发生碰撞事故，车辆队列协同避撞控制模型的控制目标是：$\delta_n(t) \to 0$，即车间距偏差等于零，这是最理想车间距的控制效果。

2.4.2.2　车辆队列稳定性条件

车辆队列除了需要满足安全车间距条件外，作为一个整体，车辆队列同时也需要保持整体的稳定性，满足车辆队列的稳定性是队列行驶的基本条件。

在 1974 年，Kai-ching Chu 最早将车辆队列稳定性这个术语引入车队控制研究中，接着在 1994 年，DVAHG Swaroop 对车辆队列稳定性作了准确定义，即车辆队列行驶中，存在于车辆单体中的速度变化或控制系统扰动不会造成向后邻近车辆的速度和车间距偏差沿队列行驶方向的繁衍和放大，并且随着车辆队列长度增加，扰动会逐渐减弱，最终趋于零，从而不会引起交通安全隐患。队列稳定性是体现车辆队列控制性能的一个显著参数。在不同的研究领域，车辆队列控制稳定性的研究形式存在区别。按照队列中车辆数目不同，分为个体稳定性和整体稳定性。

在对车辆队列稳定性分析前，首先假设车辆队列控制系统的所有车辆初始状态一致，通过基于相邻前后两车的车间距误差建立传递函数来求出车辆队列稳定性条件。具体定义为当相邻两车车间距偏差传递函数 G_∞ 的范数小于或者等于 1，则当前系统稳定。

如图 2-30 所示,从队尾 0 号车开始顺序编号,定义车辆队列中 n 号车与其前车($n+1$)号车的车间距偏差 $\delta_n(s)$ 的传递函数:

$$G_n(s) = \frac{\delta_n(s)}{\delta_{n+1}(s)} \quad n = 1, 2, 3, \cdots \tag{2-67}$$

要满足车队稳定性条件,需要满足该传递函数 $G_n(s)$ 的范数小于或者等于 1,即:

$$\|G_n(s)\|_\infty \leq 1 \tag{2-68}$$

则车间距偏差满足条件:

$$\|\delta_n(s)\|_\infty \leq \|\delta_{n+1}(s)\|_\infty \quad n = 1, 2, 3, \cdots \tag{2-69}$$

或者:

$$\|g_n(t)\| \leq 1 \quad n = 1, 2, 3, \cdots \tag{2-70}$$

其中,$g_n(t)$ 是传递函数 $G_n(s)$ 的时间函数或者冲击响应,由车辆队列稳定性条件可知,如果满足 $\|G_n(s)\| \leq 1$,那么初始条件:

$$\|G_n(0)\| \leq 1 \tag{2-71}$$

这就表示 $\left|\int_0^\infty g_n(\tau)\mathrm{d}\tau\right| \leq 1$,由于 $g_n(t)$ 不会改变符号,则:

$$\int_0^\infty |g_n(\tau)|\mathrm{d}\tau \leq 1 \text{ 或者 } \|g_n(t)\| \leq 1 \tag{2-72}$$

说明车辆队列中某辆车的速度发生微小变化时,后续车辆的速度和车间距偏差不会沿着队列行驶方向增大而逐渐减小,这种衰减效果会随着时间变化而增强,最终使得变化趋于零,即车辆个体的状态变化不会造成车辆队列的不稳定。

图 2-30 车辆在队列中编号示意图

2.4.3 基于滑模控制的车辆队列协同控制模型

本书的研究对象是 n 辆在高速公路同向行驶的车辆组成的队列,车辆从队尾开始编为 0 号车,车辆队列模型如图 2-31 所示。

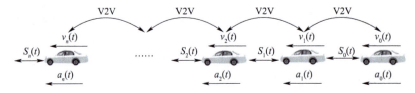

图 2-31 n 辆车队列示意图

车辆队列同向行驶,通过车车通信来完成控制系统的信息获取,本节主要涉及的状态参数有车速、加速度、车间距,并假设无线通信正常,通信不存在延迟。

2.4.3.1 车辆队列协同控制模型的建立

在车辆队列纵向行驶过程中,最理想控制效果是所有车辆保持最小化的、稳定不变的车间距同向行驶。而在实际行驶过程中,随着车辆运行状态的不断变化,车间距需要做相应的变化调整，才能满足队列行驶安全性要求，车间距调整主要由车辆行驶速度的变化决定。由经验可知，随着车辆行驶速度增大，保证车辆行驶安全所需的车间距也应该增大；当车辆行驶速度降低时，车间距保持较小的范围也可以保证车辆行驶安全，此时队列中的车辆可以较为紧凑地行驶。所以在建立车辆队列协同控制模型时需要综合考虑当前车速和车间距的要求，判断当前的期望加速度是否在合理的范围内，并且没有与其他车辆碰撞的隐患。本节建立的控制模型核心就是要计算当前状态下的临界期望加速度值。

滑模控制是一种非线性鲁棒控制方法，全称为具有滑动模态的变结构控制，是以经典数学控制理论为基础的一种控制方法，这种控制方法具有很强的内在适应性，能增强对系统不确定性和外部扰动的抗干扰能力。滑模控制结构在不同的控制区域内，根据系统当前状态变化率和偏差，通过开关方式切换控制量的符号和大小，在很小领域内操纵系统的结构沿切换线变化。进入切换线后系统的结构不受任何扰动影响，因此滑模控制结构具有很强的鲁棒性，非常适用于类似车辆动力系统的复杂运动控制系统。针对本文车辆队列协同控制结构，建立滑模控制模型主要步骤如下。

（1）选取滑模切换函数。

定义非线性系统函数：

$$\dot{z} = f(z, \boldsymbol{u}, t) \tag{2-73}$$

其中，定义 $z \in R^n$，$\boldsymbol{u} \in R^m$ 分别为控制系统的状态向量和控制向量。根据状态空间表达式定义切换函数如下：

$$\boldsymbol{Y}(z, t) = \boldsymbol{Y}(z_1, z_2, z_3, \cdots, z_n, t) = 0 \tag{2-74}$$

控制向量 $\boldsymbol{u} = \boldsymbol{u}(z, t)$ 按照下列逻辑在切换面 $\boldsymbol{Y}(z, t) = 0$ 上进行切换：

$$u_i(z, t) = \begin{cases} u_i^+(z, t), & Y_i(z, t) > 0 \\ u_i^-(z, t), & Y_i(z, t) < 0 \end{cases}, i = 1, \cdots, m \tag{2-75}$$

其中，i, m 为正整数；$u_i(z, t)$，$Y_i(z, t)$ 分别是 $\boldsymbol{u}(z, t)$，$\boldsymbol{Y}(z, t)$ 的第 i 个分量；$u_i^+(z, t)$、$u_i^-(z, t)$、$Y_i(z, t)$ 均为连续函数，通常其维数与控制向量相等，称 $\boldsymbol{Y}(z, t)$ 为滑模切换函数。

通常定义控制系统需首先确定滑模切换函数，如下式所示：

$$\boldsymbol{Y}(z, t), \boldsymbol{Y} \in R^m \tag{2-76}$$

求解控制函数：

$$u_i(z, t) = \begin{cases} u_i^+(z, t), & Y_i(z, t) > 0 \\ u_i^-(z, t), & Y_i(z, t) < 0 \end{cases} \tag{2-77}$$

其中，$u^+(z) \neq u^-(z)$。

参考滑模控制设计规则，针对本书，为保证车辆队列始终大于安全车距行驶，定义 n 号车的期望加速度值的滑模切换函数如下：

$$Y_n = \delta_n(t) + \dot{S}_n(t) \tag{2-78}$$

当 $Y_n \to 0$ 时，因 $\delta_n(t) \geq 0$，也就有 $\delta_n(t) \to 0$ 和 $\dot{S}_n(t) \to 0$，即 n 号车的车间距偏差 $\delta_n(t)$ 和相对速度 $\dot{S}_n(t)$ 趋于零。

车间距偏差计算公式(2-66)代入式(2-78)，可以得出：

$$\dot{Y}_n = \dot{\delta}_n(t) + \dot{S}_n(t) = \dot{S}_n(t) + S_n(t) - hv_n(t) - S_{\min} \qquad (2\text{-}79)$$

此时,滑模切换函数 Y_n 逐渐趋向于 0。

(2) 选择趋近律。

趋近律用来保证滑模切换运动的品质,能够反映滑模切换函数是否可以快速高效地满足切换面的到达条件,具体趋近律的选择,主要有以下 4 种趋近方式:

① 等速趋近律:

$$\dot{Y} = -\varepsilon \mathrm{sgn}Y, \varepsilon > 0 \qquad (2\text{-}80)$$

其中,ε 为趋近速度向量,ε 值较小时,控制调节过程慢;ε 值较大时,以较快的控制调节速度达到切换面,此时系统响应快但容易引起较大抖动。对于实时性要求高的控制系统,最适宜用这类最简单的等速趋近规律来实现。

② 指数趋近律:

$$\dot{Y} = -\varepsilon \mathrm{sgn}Y - kY, \varepsilon > 0, k > 0 \qquad (2\text{-}81)$$

由此函数求解得:

$$Y(t) = -\frac{\varepsilon}{k} + \left(Y_0 + \frac{\varepsilon}{k}\right)e^{-kt} \qquad (2\text{-}82)$$

指数趋近律作用下控制调节速度较快,容易受到外界干扰的影响。可以通过减小 $Y(z) = 0$ 时的速度 $\dot{Y} = -\varepsilon$ 来达到减小抖动的目的。

③ 幂次趋近律:

$$\dot{Y} = -k|Y|^a \mathrm{sgn}Y, k > 0, 1 > a > 0 \qquad (2\text{-}83)$$

s 由 s_0 逐渐减小到零,到达时间为:

$$t = \frac{s_0^{1-a}}{(1-a)k} \qquad (2\text{-}84)$$

④ 一般趋近律:

$$\dot{Y} = -\varepsilon \mathrm{sgn}Y - f(Y), k > 0 \qquad f(0) = 0, f(Y) > 0 \text{ 当 } Y \neq 0 \qquad (2\text{-}85)$$

当 s 和函数 $f(s)$ 取不同的值时,可以得到以上各种趋近律。对于以上的趋近律,Y 为向量 $Y = [Y_1, \cdots, Y_m]^T$,ε 为对角阵 $\varepsilon = \mathrm{diag}[\varepsilon_1, \cdots, \varepsilon_m]^T$,$\mathrm{sgn}Y$ 为向量 $\mathrm{sgn}Y = [\mathrm{sgn}Y_1, \cdots, \mathrm{sgn}Y_m]^T$,$k$ 是对角阵 $k = \mathrm{diag}[k_1, \cdots, k_m]^T$,$k_i > 0$。$f(Y)$ 为向量函数,如下式所示:

$$f(Y) = [f_1(Y_1), \cdots, f_m(Y_m)]^T \qquad (2\text{-}86)$$

$$|Y|^a \mathrm{sgn}Y = [|Y_1|^a \mathrm{sgn}Y_1, \cdots, |Y_m|^a \mathrm{sgn}Y_m] \qquad (2\text{-}87)$$

综上所述,滑模控制的优势在于可以定义变量空间内的趋近过程。通过改变 ε_i 和 k_i 的值来设计在空间内的任意趋近过程,从而改变状态空间内的控制模型运动轨迹。趋近过程中,内部运动轨迹不会改变系统对外部的影响。

根据本文特性选择等速趋近方法如下:

$$\dot{Y} = -K \cdot \mathrm{sgn}(Y), K > 0 \qquad (2\text{-}88)$$

针对本文,可以得到滑模控制方程如下:

$$\dot{Y} = -\lambda Y \tag{2-89}$$

当上式满足时 $Y \to 0$ 时,也就有滑模面 $\delta_n(t) + \dot{S}_n(t) \to 0$,其中 $\lambda > 0$ 表示控制器参数。

将式(2-79)代入 $\dot{Y} = -\lambda Y$,计算结果如下:

$$\dot{\delta}_n(t) + \ddot{S}_n(t) + \lambda(\delta_n(t) + \dot{S}_n(t)) = 0 \tag{2-90}$$

将车间距偏差定义式(2-66)及相对速度 $\dot{S}_n(t) = v_n - v_{n+1}$ 代入式(2-90),可以化简为:

$$\dot{S}_n(t) - h\dot{v}_n(t) - \dot{v}_n(t) + \dot{v}_{n+1}(t) + \lambda(\delta_n(t) + \dot{S}_n(t)) = 0 \tag{2-91}$$

保证安全车间距行驶下,理想的加速度计算模型如下:

$$a_{n,\mathrm{des}}(t) = \frac{1}{h+1}\{\dot{S}_n(t)(1+\lambda) + \dot{v}_{n+1}(t) + \lambda\delta_n(t)\} \tag{2-92}$$

(3) 分析滑模控制系统 Lyapunov 稳定性。

计算出基于滑模控制的理想加速度模型后,需要确定其滑模切换函数到达条件和存在条件。由于滑模变结构控制策略具有多样性,定义滑模切换函数存在时表达式如下:

$$\lim_{z\to 0^+}\dot{Y} \le 0, \qquad \lim_{z\to 0^-}\dot{Y} \ge 0 \tag{2-93}$$

式(2-93)表示运动轨迹在切换面邻域内,可以在一定时间内到达切换面,也称这种到达条件为局部到达条件,其等价形式表示为:

$$Y \cdot \dot{Y} < 0 \tag{2-94}$$

其中,切换函数 $Y(z)$ 应同时满足函数可微和经过原点 $Y(0) = 0$ 两个条件。

因为以上函数变量 z 可以在切换面邻域内任意取值,所以到达条件(2-94)为全局到达条件。但是考虑控制系统实时响应时间,避免趋近速度过慢,限制式(2-94)的范围如下:

$$Y \cdot \dot{Y} < -\xi \tag{2-95}$$

其中,$\xi > 0$,ξ 可以根据需求设定极小值。

通常用 Lyapunov 函数表示以上到达条件:

$$\dot{V}(z) < 0, \qquad V(z) = \frac{1}{2}Y^2 \tag{2-96}$$

定义 $V(z)$ 为滑模控制系统的 Lyapunov 函数。

选取 Lyapunov 函数,判断控制器稳定性:

$$V = \frac{1}{2}Y^2 \tag{2-97}$$

将公式(2-78)代入,证明控制系统是否在稳定范围内:

$$\begin{aligned}\dot{V} &= Y\dot{Y} \\ &= -\lambda(\delta_n(t) + \dot{S}_n(t))(\delta_n(t) + \dot{S}_n(t)) \\ &= -\lambda(\delta_n(t) + \dot{S}_n(t))^2 \\ &< 0 \end{aligned} \tag{2-98}$$

由此可证,当滑模控制器参数 $\lambda > 0$ 时,本节建立的滑模控制模型满足 Lyapunov 控制系统稳定性要求。

2.4.3.2 车辆队列协同控制模型的稳定性分析

车辆队列协同控制模型是在前后车的状态基础上建立的,当多个车辆作为队列行驶时,前后两车保持安全车距不一定能保证整个车队的安全性,因为除去前后车,其他车辆的行驶状态改变仍可以引发安全事故,因此需要将队列稳定性作为考虑因素来进行分析。

由 2.4.3.1 的安全性条件可知,车队稳定性是指车队中某一车辆的速度发生变化,引起的车间距偏差在向后方车辆传播的过程中是否会被放大,是否会引起车辆队列不按设定的车间距行驶。

若车辆队列行驶中满足稳定性条件,需要车队控制系统中第 n 辆车和第 $(n-1)$ 辆车的车间距误差的传递函数 $G_n(s)$ 满足范数小于或等于 1,即 $\|G_n(s)\|_\infty \leq 1$。

由以上定义可知,若某相邻两车间的车间距偏差在向后方车辆传播的过程中逐渐减小并趋于零,则车辆队列控制系统是稳定的,否则是不稳定的。车间距偏差向后传播的增减情况可由车辆队列协同控制系统中车间距偏差的传递函数来判断,具体计算过程如下。

如图 2-31 所示,第 $(n-1)$ 辆车与第 n 辆车之间的跟随距离误差为:

$$\delta_{n-1}(t) = S_{n-1}(t) - S_{\text{safe}}(t) \tag{2-99}$$

同理,第 n 辆车与第 $(n+1)$ 辆车之间的跟踪距离误差为

$$\delta_n(t) = S_n(t) - S_{\text{safe}}(t) \tag{2-100}$$

车辆队列中从第 n 辆车到第 $(n+1)$ 辆车之间,车间距偏差的传播关系为

$$G_n(s) = \frac{\delta_n}{\delta_{n+1}} \tag{2-101}$$

由车辆队列稳定性的定义可知,需要满足以下条件:

$$\|G_n(s)\|_\infty \leq 1 \tag{2-102}$$

为计算 $G_n(s)$,首先联合前后两车的期望加速度方程:

$$\begin{cases} a_{n,\text{des}}(t) = \dfrac{1}{h+1}\{\dot{S}_n(t)(1+\lambda) + \dot{v}_{n+1}(t) + \lambda\delta_n(t)\} \\ a_{n+1,\text{des}}(t) = \dfrac{1}{h+1}\{\dot{S}_{n+1}(t)(1+\lambda) + \dot{v}_{n+2}(t) + \lambda\delta_{n+1}(t)\} \end{cases} \tag{2-103}$$

以上两式相减,可得下式:

$$(1+h)\ddot{\delta}_n(t) + [1+(1+h)\lambda]\dot{\delta}_n(t) + \lambda\delta_n(t) = \ddot{\delta}_{n+1}(t) + (1+\lambda)\dot{\delta}_{n+1}(t) + \lambda\delta_{n+1}(t) \tag{2-104}$$

对式(2-101)进行 Laplace 变换可得:

$$G_n(s) = \frac{\delta_n}{\delta_{n+1}} = \frac{s^2 + (1+\lambda)s + \lambda}{(h+1)s^2 + [1+(1+h)\lambda]s + \lambda} \tag{2-105}$$

由车辆队列稳定性原理可知,$\|G_i(s)\|_\infty$ 的值可以判别车队的稳定性。车队稳定性即车队中各车间距偏差和速度随着车队的向后延伸而不增加,也就是说,连续两车的车间距偏差动态模型的模应小于 1,即 $|G(jw)|$ 小于 $1(s=jw)$。

当 $|G(jw)|<1$ 时,需要确定满足不等式成立的控制器参数 λ 范围:

$$G_n(s) = \left| \frac{-w^2 + j(1+\lambda)w + \lambda}{-(h+1)w^2 + j(1+(1+h)\lambda)w + \lambda} \right| \leq 1 \tag{2-106}$$

简化后可得:
$$h^2w^4 - 2h\lambda w^4 + 2hw^4 + w^2(h^2\lambda^2 + 2h\lambda + 2h\lambda^2) > 0 \quad (2\text{-}107)$$
即需要满足下式成立:
$$(h^2 + 2h)(w^2 + \lambda^2) > 0 \quad (2\text{-}108)$$

由上式可知,h 为驾驶员反应时间,故 $h>0$,所以当控制器参数满足 $\lambda>0$ 时,队列稳定性判断准则 $|G(jw)|<1$ 对任何 $w>0$ 都成立,即车辆队列稳定性可以保持。

2.4.4 车辆队列协同控制模型 Carsim 仿真

对 3 辆车组成的车辆队列进行高速极限工况仿真验证,分别输入两组头车信号,输入信号与上述中加速度输入相同,为阶跃紧急减速输入和正弦变化输入。并将车车通信模式下的协同避撞模型和普通环境中的传统避撞模型进行实验对比,仿真环境的具体参数设置见表 2-10,Carsim 多车仿真界面如图 2-32 所示。

参 数 配 置 表　　　　　　　　　　　　　　表2-10

仿真参数名	数　值	仿真参数名	数　值
初始车间时距 $h(s)$	0.2	初始车间距 $S_{min}(m)$	10
头车初速度 $v(m/s)$	0	滑模控制器参数 λ	0.1

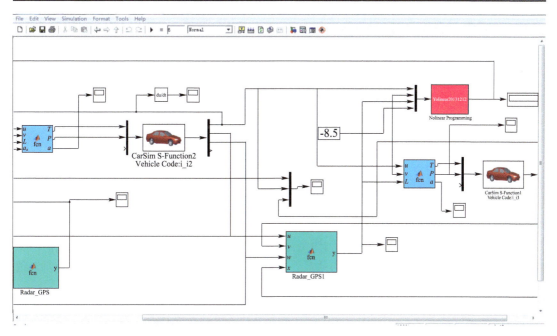

图 2-32　Carsim 多车仿真界面

2.4.4.1 阶跃紧急减速输入仿真效果

在 Carsim 仿真软件中设定 3 辆车组成的队列头车,首先以初速度为 0 开始做匀加速运动,然后以最大减速度 $-6m/s^2$ 做紧急制动,采集三辆车的速度、加速度和车间距偏差随时间变化值作为仿真结果,得出普通环境中的传统避撞模型和车车通信模式下的协同避撞模型的仿真结果曲线如图 2-33 ~ 图 2-35 所示。

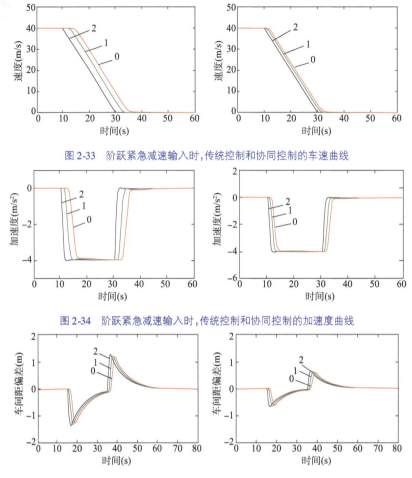

图 2-33 阶跃紧急减速输入时,传统控制和协同控制的车速曲线

图 2-34 阶跃紧急减速输入时,传统控制和协同控制的加速度曲线

图 2-35 阶跃紧急减速输入时,传统控制和协同控制的车间距偏差曲线

从图 2-33 ~ 图 2-35 中可以看出,普通环境中的传统避撞模型和车车通信模式下的协同避撞模型的控制效果存在相同点:当头车紧急制动时,3 辆车的车速均从 40m/s 减到 0;3 辆车的前后顺序不变,均没有发生追尾事故;加速度均从 0 迅速减到 $-4m/s^2$。这些相同点说明协同避撞控制模型可以达到与传统避撞控制模型相同的效果。两种模型的不同点在于:两车的车间距偏差不同,传统避撞控制模型虽然也实现了多车避撞控制,但是车间距偏差变化较大,存在潜在的安全隐患;与协同避撞控制模型相比,传统避撞控制模型的车速和加速度跟随曲线均存在较大的滞后。

车车通信模式下的协同避撞控制模型能够控制车间距偏差在 ±1m 范围内,并且前后车速度和加速度的跟随时间均在 1s 左右,能比传统避撞控制模型起到实时性更强的避撞控制效果,更有益于保证车辆队列行驶安全性。

2.4.4.2 正弦加速度输入仿真效果

在 Carsim 仿真软件中给 3 辆车组成的队列的头车输入正弦加速度信号,车辆加速度在 $0 \sim 4m/s^2$ 呈正弦变化,即输入一个急加速和急减速的过程,验证车辆在传统控制和协同控制模型下的运行效果,分别观测车辆队列的车速、加速度和车间距偏差随时间的变化,仿真结果曲线如图 2-36 ~ 图 2-38 所示。

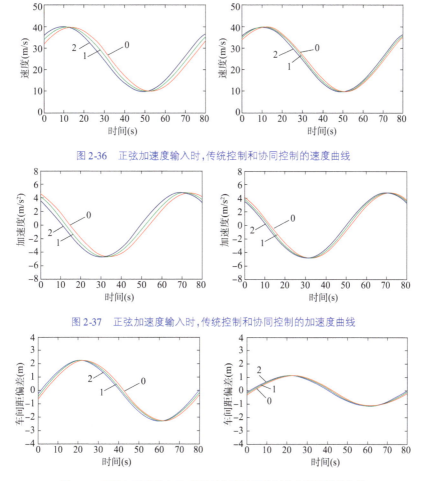

图 2-36　正弦加速度输入时,传统控制和协同控制的速度曲线

图 2-37　正弦加速度输入时,传统控制和协同控制的加速度曲线

图 2-38　正弦加速度输入时,传统控制和协同控制的车间距偏差曲线

从仿真结果中可以看出,当对头车输入正弦加速度时,3 辆车在 10~40m/s 高速行驶,加速度也在 -4~4m/s² 正弦变化。传统控制和协同控制模型均达到了车速控制的效果,并且没有安全事故发生。但是,与阶跃紧急减速输入时类似,两车的车间距偏差不同,传统控制模型虽然也实现了稳定车速跟随,但是车间距偏差变化最大值达为 3m,说明存在潜在的安全隐患。同时,传统控制模型的车速和加速度跟随曲线相对于车车通信下的协同控制模型均存在较大的滞后。

车车通信模式下的协同控制模型能控制车间距偏差在 ±1m 范围之内,并且前后车速度和加速度的跟随滞后时间均在 1s 左右,比传统控制模型起到实时性更强的跟随控制效果,更有益于保证车辆队列行驶安全性。

第3章 高级别自动驾驶车辆智能云平台技术

3.1 云平台架构及大数据管理

3.1.1 分布式云平台架构

云智能平台通常采用微服务的分布式架构,按照服务内容划分,包括数据预处理模块、交通状态分析模块、车辆调度模块等。各个服务模块间相互协调配合,通过分布式数据存储与管理系统进行联系和通信,共同完成各个系统功能,分布式操作能够有效降低微服务架构各模块间的耦合性,提升平台的数据处理性能,同时也增强平台的可扩展性。

常用的分布式发布-订阅消息系统包括以下组件:话题是特定类型的消息流;消息是字节的有效负载;话题是消息的分类名或种子名;生产者是能够发布消息到话题的任何对象;已发布的消息保存在一组服务器中,它们被称为代理或集群。消费者可以订阅一个或多个话题,并从发布端获得数据,从而消费这些已发布的消息。图 3-1 所示为分布式发布-订阅消息系统,其将话题分成多个区域,每个消息存储在一个或多个分区,多个生产者和消费者能够同时生产和获取消息。

图 3-1 分布式发布-订阅消息系统

3.1.2 云平台及大数据管理

为得到更加准确可靠的交通数据,需要将各检测器数据所表示的信息进行综合分析。然而受限于交通设备本身的工作原理以及复杂交通场景的高噪声特性,检测器得到的数据中会存在数据不全、数据丢失和数据错误的情况。为解决上述问题,可以采用数据筛选、数据恢复和数据噪声过滤等预处理方式。数据筛选主要是对错误的数据进行剔除,以保证所用数据的正确性。数据恢复主要是对丢失的数据和被筛选掉的数据所留下的数据空缺进行恢复,以保证数据的完整性。数据噪声过滤主要对含有噪声的数据进行滤波平滑,从而提高数据的准确性。

3.1.2.1 数据筛选

数据筛选是在大量的统计数据中,通过一些数据分析方法发现数据中存在的会影响数据统计分析结果的异常值。异常值定义为集合中严重偏离大部分数据呈现趋势的数据点。通常,将主体数据呈现的趋势作为判别异常数据的指标。在实际工程中,观测数据出现异常值的主要原因有:操作和记录过失、采样环境的突变以及某些服从长尾分布的随机变量作用等。

而针对交通信息采集系统而言,可将产生异常值的原因归纳为以下方面:①环境因素受到复杂环境的影响,造成偶然的数据异常或者缺失;②动力故障交通传感器的动力中断,导致其不能检测;③通信网络故障,连接传感器和主系统的通信网络的偶尔中断;④检测器损坏,大部分检测器都埋在车行道上,受到路面的收缩、膨胀、车辆破坏以及路面维修的影响。

异常值的表现形式有以下两种:①孤立型异常值,即异常值是以孤立点的形式出现,具体表现就是 t 时刻的观测数据为异常值时,而在 t 时刻的某一个邻域内的其他观测数据均是正常的,即异常值的出现是孤立的;②斑点型异常值,因相关性影响,使异常值成片出现,此类异常值称为斑点型异常值,其特点是 t 时刻出现的异常值,其前后几个连续采样点绝大部分亦为异常值。针对这两种不同的异常值的形式,具体的数据恢复方法也应该存在差异。

采样数据中异常值的识别方法是通过对时间序列数据进行预测,比较测量值与预测值之间的误差,如果误差超过一定的限度,则认为该点即为异常值。其判别异常值的基本公式如下:

$$\hat{x} = f(x_{i-1}, x_{i-2}, \cdots, x_{i-k})$$
$$e = |\hat{x_i} - x_i| \tag{3-1}$$

其中,$\hat{x}$ 表示预测值;$f(\cdot)$ 表示预测函数;x_i 表示实际测量值;e 表示预测误差。

如果预测误差 e 大于给定的误差限 e_0,则认为该数据是异常值,可以予以剔除,并用预测值 $\hat{x}_i$ 取代实际值 x_i;否则测量值是正常的。

根据上述基本的异常值判别原理,一般的异常值筛选方法的核心是构造预测模型。其中预测函数 $f(\cdot)$ 有简单的多项式逼近、线性回归、Kalman 滤波、神经网络等方法。对于交通流数据来说,也可以采用上述的方法进行异常值的筛选及取代。然而,交通流数据本身存在着很复杂的特性,如突变特性、波动特性、时空相关性等,采用基本的方法存在很大的局限性。所以,必须建立起一套有针对性的数据筛选与恢复方法,为交通数据的预处理奠定基础。

交通流数据的预处理方法可分为两类:①把传输来的流量、速度和占有率值与经过理论和实践总结出的数据极限值(称为阈值)进行比较,将阈值范围以外的数据定义为错误数据,阈值可以由终端用户确定,交通指挥中心根据历史数据趋势提供经验值作为参考;②根据交通流理论判别,筛选不符合交通流规律的数据,这一方法简单适用,并适合在线处理,是目前大多数交通数据筛选过程都采用的方法。错误数据的表现形式和形成原因存在多种可能,仅使用一种方法进行数据筛选并不能将全部错误数据彻底剔除。

阈值筛选的过程能够保证交通流数据在合理的范围之内,其关键是确定适合采集数据地点的临界阈值。

然而对于阈值的确定,目前研究中分为根据实际经验、实测数据总结出阈值和根据不同采样周期的检测器的均方根误差进行计算,得到阈值。下面重点说明一种方法的计算过程。根据数据采样间隔的分析可知,不同的采样间隔,数据的离散程度不同,因而其选择的阈值也应该不同。采样间隔越小,数据波动越大,选择的阈值应该越大;反之,采样间隔越大,数据越平稳,则阈值应该越小。因此,需要通过建立数据离散程度与采样间隔之间的函数关系来确定不同采样间隔下的阈值选择模型。

为了研究不同采样间隔下的数据离散程度,可以采用实际数据与经过平滑滤波后的平均数值间的均方根误差来描述数据的离散特性。可以采用杜奇平滑方案对数据进行平滑处理,其基本思想是产生一个曲面的平滑估计值,该方案是利用中位数是均值的鲁棒估计这一事实。其步骤如下。

(1)利用时间序列参数 $y(i)$ 构造一个新序列 $y'(i)$。方法是取 $y(1),y(2),y(5)$ 的中位数作为 $y'(3)$,然后舍去 $y(1)$,加入 $y(6)$,取中位数得 $y'(4)$,以此类推,直到加入最后一个数据为止。

(2)在 $y(i)$ 的相邻的三个数据中选取中位数,构成新序列 $y''(i)$。

(3)由序列 $y''(i)$,按如下方式构成序列 $y'''(i)$:

$$y'''(i) = \frac{1}{4}y''(i-1) + \frac{1}{2}y''(i) + \frac{1}{4}y''(i+1) \tag{3-2}$$

式(3-2)为海宁平滑滤波器。由此,则实际数据与平滑后的估计值的均方根误差计算公式如下:

$$RMSE = \sqrt{\frac{\sum_{i=1}^{n}(y(i) - y'''(i))^2}{n}} \tag{3-3}$$

3.1.2.2 数据恢复

数据恢复针对的是由于采集过程中的数据丢失和筛选时的数据剔除导致的数据不完整情况,当出现数据不完整时,可以通过一些方法和规则,对缺损的数据进行恢复,从而得到完整的历史数据。数据恢复方法通常基于现有数据,对缺失数据进行估算或预测,对于交通流数据的短时预测,其主要目的是提高模型的预测精度,但是这往往导致了模型复杂化、计算费时,很难进行工程应用。因此数据恢复技术的关键是简单、稳定、工程化并能适用于不同场合。

(1)基于统计的数据恢复法。

对于故障数据的恢复研究,有许多方法可以估计错误数据值,一种最简单的方法是取样本的平均值:

$$\bar{S} = \frac{1}{n} \cdot \sum_{i=1}^{n} S_i \tag{3-4}$$

其中,S_i 为样本;n 为样本总数;$\bar{S}$ 为样本平均值。

该方法抽取的样本是相对总体的随机样本,样本的平均值看作是总体平均的估计值,但这个值是有偏差的。例如,抽取的数据来源于一天中的各个时间段时,样本平均值取的是各个时间段检测数据的平均值,而实际上,交通数据是一种随时间变化幅度很大的数据,这个时候将高峰时间和非高峰时间分离开,用样本平均值来估计错误数据显然是不合理的,因此用该法估计的误差相对较大。

(2)直线插补法。

另一种常用的方法是直线插补法:

$$S = \frac{S_2 - S_1}{T_2 - T_1} \cdot T + b \tag{3-5}$$

其中，S_1、S_2 和 T_1、T_2 分别对应于丢失数据的前后相邻数据值和时间段；b 为常量。

直线插补法假设相邻数据之间存在线性关系，通过对丢失数据的相邻两个检测值进行直线线性关系插补，得出这个数据的近似值。该法要求能够准确获得相邻时间段的交通数据，因此不适用于长时间内连续发生数据错误的情况。

（3）基于时间序列的数据恢复法。

交通流数据从本质上来说属于时间序列数据。因此，基于时间序列的各种数据预测方法都应该适合数据的恢复。但是，考虑到交通数据需要很强的在线实时处理能力，无法采用复杂的神经网络、模糊逻辑等时间序列数据预测方法，而是采用简单的预测方法：

$$\hat{x}_i = \frac{x_{i-1} + x_{i-2} + \cdots + x_{i-k}}{k} \quad (3\text{-}6)$$

其中，$\hat{x}_i$ 为 i 时刻的估计值；k 为平滑采用的宽度。

这种方法对于任何时间序列的变量都是适合的，特别是对于孤立的错误数据的恢复具有较好的效果。但是在数据连续出现多于 5 个异常数据点时，这种方法就不适用了。因此需要考虑交通流的内在时空相关特性，建立新的数据恢复方法。

（4）基于历史数据的数据恢复法。

时间相关性是指交通流在时间上存在相似性。居民出行分布的规律特性，决定了不同天、同一时间段内的交通流稳定性。因此，利用这一特点，采用相同时间段的历史数据对异常缺失数据进行恢复。具体方法如下：

$$\hat{x}_i = Hx_i \quad (3\text{-}7)$$

其中，$\hat{x}_i$ 表示估计值；Hx_i 表示历史数据。

这种方法简单易行，能够解决基于时间序列预测方法对连续异常数据处理能力不够的问题。但是也存在一些问题，如不能反映交通流的真实变化情况，由于历史数据是经过平滑后的，故不能维持数据的一些自然波动特性。因此，可以采取更加复杂但准确的方法，即基于检测交通流量与检测时间函数关系的回归多项式进行数据恢复：

$$S(t) = \beta_0 + \beta_1 t + \beta_2 t^2 + \cdots + \beta_p t^p + \varepsilon(t) \quad (3\text{-}8)$$

其中，$S(t)$ 为以 t 为自变量的交通流量函数关系式；β_0、β_1、$\cdots$、β_p 为回归系数；$\varepsilon(t)$ 为回归函数关系式的方差。

该方法假设流量和检测时间存在回归关系，利用历史数据做出散点图确定回归多项式中参数 β_0、β_1、$\cdots$、β_p 的值。这种回归多项式方法依赖于长时间的历史趋势和独立变量，算法更复杂，适用于有大量较精确历史数据的情况。但该方法需要大量精准数据进行回归，且回归算法复杂，不适用于海量数据处理。

（5）基于空间位置的数据恢复法。

空间相关性是指交通流数据在空间上存在相似特性，比如城市快速路或高速公路在不同车道之间、上下游之间存在着一定的相关关系。车道利用比例在不同时间段内有着比较稳定的关系，不会产生明显的变化。由于存在这种相关关系，因此可以利用其作为数据恢复的依据。具体方法如下：

$$\hat{Q}_i(k) = \frac{1}{n-1} \sum_{j=1}^{n} \frac{HQ_i(j)}{HQ_i(k)} \cdot Q_i(j) \quad (3\text{-}9)$$

其中，$\hat{Q}_i(k)$ 为第 k 条车道流量预测值；$HQ_i(j)$ 为第 j 条车道流量的历史值；$Q_i(j)$ 为第 j 条车道流量的实测值；n 为车道数。

该方法利用不同车道之间的历史参数比例关系，通过其他车道已知的交通数据来推算未知车道的交通参数，能够避免采用历史数据进行预测时不能反映实际交通状态的弱点，提高了预测数据的实时变化特性。

如果没有历史数据，则可以按下式计算：

$$\hat{Q}_i(k) = \frac{1}{n-1}\sum_{j=1}^{n}Q_i(j), j \neq k \tag{3-10}$$

对于时间占有率和平均速度，计算公式如下：

$$\hat{B}_i(k) = \frac{\sum_{j=1}^{n}Q_i(j)\hat{B}_i(j)}{\sum_{j=1}^{n}Q_i(j)} \tag{3-11}$$

$$\hat{V}_i(k) = \frac{\sum_{j=1}^{n}Q_i(j)V_i(j)}{\sum_{j=1}^{n}Q_i(j)} \tag{3-12}$$

其中，$\hat{B}_i(k)$，$\hat{V}_i(k)$ 表示第 k 条车道时间占有率和平均速度预测值；$\hat{B}_i(j)$，$V_i(j)$ 表示第 j 条车道时间占有率和平均速度实测值。

该方法以其他车道的时间占有率与速度的流量加权平均值为预测值，保证在没有历史数据的条件下，也能通过空间位置关系对交通参数进行恢复。此外错误修正的方法还有指数平滑的历史趋势法、统计相关分析估计法等多种错误修正方法，限于篇幅不再作详细叙述。

数据完成筛选、恢复之后，交通数据的数据质量已满足对于数据融合和交通状态参量预测的要求。在实际使用时，通常还需要将来自不同时间、空间的数据进行对准和统一处理。经过处理后，采集得到的大量数据转化成了格式统一、处理周期及时间对应、位置对应的统一交通数据，能够用于后续的数据融合和预测工作。

3.2 基于云平台的群体行车安全辨识

随着人们对交通运输安全性、高效性、舒适性要求的提高，基于大数据分析技术的交通大数据平台逐渐走进大众视野并不断发展，成为未来交通管理不可缺少的重要部分，可用于辨识道路交通网路运行全过程，充分提升日常交通管理效率，显著提升交通管理能力，有效保障交通运行安全性，为交通安全规划、设计与调控目标的实现提供渠道，其推广和应用都是未来智能交通的发展趋势。

3.2.1 直道行驶条件下车辆危险状态辨识

在直道行驶条件下，车辆处于危险路段的情形如图3-2所示。相对于车辆而言，危险点处于固定位置，可以通过车辆本身的状态参数，计算车辆接近危险点的程度，并据此提出车辆安全驾驶策略和控制提示。通过车辆在危险点附近的加速度，实现车辆与危险点之间危险程度的量化，式(3-13)为在危险点附近车辆警示距离的计算公式：

$$d^*_{\text{warning}} = \begin{cases} \left[\dfrac{1}{2}\dfrac{(v^2 - v^{*2})}{\alpha} + v \times (\tau_{\text{system}} + \tau_{\text{human}}) + d_{\text{safe}}\right] \times f \times g, & v \geq v^* \\ d-1, & v < v^* \end{cases} \quad (3\text{-}13)$$

式(3-14)是车辆从发现危险到实施制动的制动临界距离模型的数学表达式：

$$d^*_{\text{braking}} = \begin{cases} [v \times (\tau_{\text{system}} + \tau_{\text{human}})] \times f \times g, & v \geq v^* \\ d-2, & v < v^* \end{cases} \quad (3\text{-}14)$$

其中，d^*_{warning} 为车辆危险警示临界距离参数；d^*_{braking} 为制动临界距离参数；τ_{system} 为车辆制动系统协调时间参数；τ_{human} 为驾驶员制动反应时间参数，d_{safe} 为安全距离；v 为由车速传感器提供的本车车速参数；v^* 为危险点参数；α 为制动减速度参数。

v^*、α、τ_{system}、τ_{human} 和 d_{safe} 可由车载中央处理单元根据具体应用场景设置，例如可取 $v^* = 8\text{m/s}$, $\alpha = 6\text{m/s}^2$, $\tau_{\text{system}} = 0.2\text{s}$, $\tau_{\text{human}} = 1\text{s}$ 以及 $d_{\text{safe}} = 5\text{m}$。参数 f 和 g 可通过车载面板单元的软件系统根据车辆行驶道路路面状况、天气状况设定，例如取 $f = 1.2$, $g = 1.2$。

为了便于量化车辆危险程度，这里定义无量纲参数 ω 来表示，其计算公式为：

$$\omega = \dfrac{d - d^*_{\text{braking}}}{d^*_{\text{warning}} - d^*_{\text{braking}}} \quad (3\text{-}15)$$

其中，d 为本车辆与危险点的距离，当存在多个危险点时，d 为在车辆行驶路径上的最近危险点距离值。这里，车辆与危险点的距离由车载中央处理单元根据车辆地理经纬度数据和危险点地理经纬度数据计算获得。

$$K = \sin(LatA) \times \sin(LatB) \times \cos(LngA - LngB) + \cos(LatA) \times \cos(LatB) \quad (3\text{-}16)$$

$$d_{AB} = \dfrac{R \times \arccos(K) \times \text{Pi}}{180} \quad (3\text{-}17)$$

其中，$(LatA, LngA)$ 为车辆采集的自身位置信息；$(LatB, LngB)$ 为危险点的位置信息；R 为地球半径，取 6371.004km；Pi 为圆周率，可取 3.141592653。

图 3-2　直道场景示意图

3.2.2　弯道行驶条件下车辆危险状态辨识

在弯道条件下，车辆处于危险路段的情形如图3-3所示。车辆通过 GPS 接收本车位置，将该信息输入到弯道判别程序，弯道判别程序读取电子地图弯道点，将本车位置信息与该点比对。如果二者之间的距离小于阈值 d_{curve}，其中 d_{curve} 可以取 1m，则认为车辆已经开始进入弯道区域，触发协同避撞算法模块；否则继续通过 GPS 检测车辆的位置。

将车辆的行驶信息(包括位置信息、航向、车速、转向角)打包，通过 DSRC 模块向周围广播，广播的数据格式为：{longitude, latitude, course, steering, velocity}；若收到其他车辆发送的信息，根据既定的数据格式解析出其他车辆的行驶信息(包括位置信息、航向、车速、转向角)，假设本车的航向角 $C_A \in (90°, 270°)$，如果收到其他车的航向角 $C_{\text{other}} \in (0°, 90°)$ 或 $C_{\text{other}} \in (270°, 360°)$，此时可以认为有相向的车辆驶来，其中，航向角定义为由北顺时针到车辆行驶方向之间的夹角。

提取相向行驶车辆的信息（包括位置信息、航向、车速、转向角），将本车行驶信息（包括位置信息、航向、车速、转向角）及相向行驶车辆的信息（包括位置信息、航向、车速、转向角）加载到避撞控制算法部分进行计算处理，得到两个参数：$d_{\text{pre\_side}}$ 及 $t_{\text{pre\_side}}$，其中 $d_{\text{pre\_side}}$ 指在收到对方车辆信息后，结合本车行驶信息及位置信息计算得到的按照当前运行状态行驶车辆在交会时的最小侧向距离，$t_{\text{pre\_side}}$ 指按照现在两车的行驶状况，从现在开始到二车交会时所需经历的时间。二者均为预测结果。

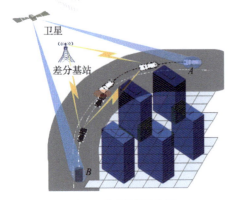

图 3-3 弯道场景示意图

在会车时，国标中规定的侧向最小安全距离为 $d_{\text{safe\_min}} = 0.94 + \dfrac{v_{\text{host}} - 40}{200}$，其中，$v_{\text{host}}$ 为本车速度，其可以通过 CAN 信息采集模块获取。根据 $d_{\text{pre\_side}}$、$t_{\text{pre\_side}}$、$d_{\text{safe\_min}}$ 进行分级控制决策，具体的控制如下：当 $d_{\text{pre\_side}} \leq d_{\text{safe\_min}}$ 时，开始进行控制；当 $d_{\text{pre\_side}} > d_{\text{safe\_min}}$ 时，表示没有碰撞危险，不执行协同控制。

若进入控制步骤，分级控制策略如下。

(1) 当 $d_{\text{pre\_side}} \leq d_{\text{safe\_min}}$ 时，可以根据预测的碰撞时间 $t_{\text{pre\_side}}$ 进行分级控制，并通过进度条颜色的变化及语音播报的频率共同体现控制级别的高低。控制过程如下：当 $t_{\text{pre\_side}} > t_{\text{level\_3}}$，其中 $t_{\text{level\_3}}$ 可以取 10s，设定控制级别为 3 级，此时通过本车 A，危险进度条显示为黄色，并通过语音提示驾驶员应该减小转向盘转角，使车辆 A 向外侧移动。

(2) 当 $t_{\text{level\_2}} < t_{\text{pre\_side}} < t_{\text{level\_3}}$ 时，其中 $t_{\text{level\_2}}$ 可以取 6s，设定控制级别为 2 级，此时通过本车 A，车载端显示屏危险进度条显示为红色，并通过语音提示驾驶员应该减小转向盘转角，使车辆 A 向外侧移动。

(3) 当 $t_{\text{pre\_side}} < t_{\text{level\_2}}$ 时，设定控制级别为 1 级，车辆发生碰撞的危险很高，一方面，通过本车 A，车载端显示屏危险进度条显示为红色，并通过语音（高频率）提示驾驶员应该减小转向盘转角，使本车 A 向外侧快速移动；另一方面通过通信设备，向相向行驶的车辆 B 每隔 0.5s 发送一次警示信息，其中包括计算的 $d_{\text{pre\_side}}$、$t_{\text{pre\_side}}$ 以及要求车辆 B 向内侧快速移动车辆。

弯道协同控制算法核心内容为潜在危险预测，这里使用 $d_{\text{pre\_side}}$ 和 $t_{\text{pre\_side}}$ 两个参数表征潜在危险程度。算法中需要使用的车辆参数包括：A 车的位置（经度 $LonA$、纬度 $LatA$、航向 C_A）、A 车的速度 v_A、转向角 α_A；B 车的位置（经度 $LonB$、纬度 $LatB$、航向 C_B）、B 车的速度 v_B、转向角 α_B。计算上述参数的步骤如下。

(1) 当本车 A（控制车辆）进入弯道点 P_{curve} 时，设定此时 A 车的位置 (x_{A_0}, y_{A_0}) 为建立的二维坐标系 xOy 的原点 O，取正南方向为 y 轴正方向，正西方向为 x 轴正方向。则 A 车在该坐标系下的位置为 (x_{A_i}, y_{A_i})，B 车在该坐标系下的位置为 (x_{B_i}, y_{B_i})，其中 i 指经过 is 后车辆的位置。初始时，B 车的位置为 (x_{B_0}, y_{B_0})，(x_{B_0}, y_{B_0}) 的计算公式如下：

$$\begin{cases} x_{B_0} = R \times \cos(LatB) \times \cos(LonB) - R \times \cos(LatA) \times \cos(LonA) \\ y_{B_0} = R \times \cos(LatB) \times \sin(LonB) - R \times \cos(LatA) \times \sin(LonA) \end{cases} \tag{3-18}$$

其中，R 为地球半径，取 6378137m。

（2）假设 B 车在原来的位置不动，A 车相对 B 车运动。经过 1s 后，A 车将按照相对运动的轨迹向 B 车靠近并且到达 $A_1(x_{A_1}, y_{A_1})$ 点，x_{A_1}、y_{A_1} 的计算公式为：

$$\begin{cases} x_{A_1} = x_{A_0} + v_A \times \sin\theta + v_A \times \sin\delta \\ y_{A_1} = y_{A_0} + v_A \times \cos\theta + v_A \times \sin\delta \end{cases} \tag{3-19}$$

其中，$\begin{cases} \theta = 270° - C_A + \alpha_A \\ \delta = C_B + \alpha_B \end{cases}$。

（3）经过 is 后，A 车按照相对运动的轨迹向 B 车靠近并且将到达 $A_i(x_{A_i}, y_{A_i})$ 点，x_{A_i}、y_{A_i} 的计算公式为：

$$\begin{cases} x_{A_i} = x_{A_{i-1}} + v_A \times \sin\theta + v_A \times \sin\delta \\ y_{A_i} = y_{A_{i-1}} + v_A \times \cos\theta + v_A \times \sin\delta \end{cases} \tag{3-20}$$

其中，$\begin{cases} \theta = 270° - C_A + i\alpha_A \\ \delta = C_B + i\alpha_B \end{cases}$。

如果 $y_{A_i} < y_{B_0}$，则重复步骤（3）；如果 $y_{A_i} \geq y_{B_0}$，则进入步骤（4）。

（4）计算 B 车到线段 $A_{i-1}A_i$ 的距离 $d_{\text{pre\_side}}$，计算公式为：

$$d_{\text{pre\_side}} = \frac{|kx_{B_0} - y_{B_0} - kx_{A_{i-1}} + y_{A_{i-1}}|}{\sqrt{k^2 + 1}} \tag{3-21}$$

其中，$k = \frac{y_{A_i} - y_{A_{i-1}}}{x_{A_i} - x_{A_{i-1}}}$。

计算从 A 车最初的位置移动到 D 处所经历的时间 $t_{\text{pre\_side}}$，计算公式为：

$$t_{\text{pre\_side}} = i - 1 + \frac{d_{A_{i-1}D}}{d_{A_{i-1}A_i}} \tag{3-22}$$

其中，D 为从 B 向线段 $A_{i-1}A_i$ 所作垂线的垂足，因此，$d_{A_{i-1}D} = \sqrt{(x_{B_0} - x_{A_{i-1}})^2 + (y_{B_0} - y_{A_{i-1}})^2 - d_{\text{pre\_side}}^2}$。

（5）输出两车交会时侧向最短距离 $d_{\text{pre\_side}}$ 及运行到交会处 D 时所需的时间 $t_{\text{pre\_side}}$。

3.2.3　车辆危险状态辨识系统

基于车辆大数据平台对车辆位置、速度等信息进行记录，开发了道路车辆危险状态辨识系统，如图 3-4 所示，该系统采用 B/S 模式结构。用户登录该系统后，通过超文本传输协议（Hyper Text Transfer Protocol，HTTP）向全球局域网（World Wide Web，WEB）服务器发送请求，WEB 服务器响应后，通过数据库连接池进行用户的不同操作请求，这里主要指用户对车联网服务系统的信息管理，最终将相应信息发送到浏览器。

根据前述的道路车辆危险状态辨识算法，在安卓平台上开发车辆终端软件。终端软件开发内容主要包括 3 部分：①定位功能，利用终端设备获取当前车辆位置信息，是实现车辆危险状态辨识的基础；②可靠的无线通信技术，终端通过 Wi-Fi/3G 向后台发送信息，并且与后台进行信息交换，可靠的无线通信是实现车辆危险状态辨识的保障；③作为车载产品，软件不能过多地分散注意力，造成新的安全隐患。根据上述分析，安卓平台下的终端软件体系如图 3-5 所示。

图 3-4　道路车辆危险状态辨识系统　　　图 3-5　车辆危险状态辨识体系结构图

针对 GPS 定位精度问题,在软件设计过程中提出了通过航向对控制点修正的方法。在控制过程中,对于车辆而言,其所面临的危险点应该包括如下几个属性:危险点处于车辆的控制范围之内,即危险点与车辆之间的距离小于某个阈值;危险点在车辆所行驶的航向上。

3.3　基于云平台的智能调度管理

随着 GPS 卫星定位技术、5G 通信技术、地理信息系统(Geographic Information System,GIS)技术以及大数据技术的不断成熟和广泛应用,智能调度集成系统得到了可靠的技术支持。通过挖掘车辆的行车路线,可实现全社会车辆的智能调度,从而全面提高道路交通服务水平。

3.3.1　基于时空特性的车辆行车路线聚合方法

通过机器学习算法(如 Apriori 算法和 DBSCAN 算法)对交通出行路线、站点、出行时段进行分析归类。对乘客进行分类,找出通勤乘客与非通勤乘客;对交通出行方式分类,根据分类的结果,分析现有出行的不足,为路线的制定提供科学的数据支撑。

Apriori 算法是常用的用于挖掘数据关联规则的算法,它能找出数据值中频繁出现的数据集合,这些数据有助于决策制定,该算法常用的频繁数据集评估标准有支持度、置信度和提升度。支持度指几个关联数据在数据集中出现的次数占总数据集的比重,或者说几个数据关联出现的概率。如果存在关联性的数据 X 和 Y,则对应的支持度为:

$$Support(X,Y) = P(X,Y) = \frac{number(XY)}{num(AllSamples)} \tag{3-23}$$

以此类推,若存在关联性的数据 X、Y 和 Z,则对应的支持度为:

$$Support(X,Y,Z) = P(XYZ) = \frac{number(XYZ)}{num(AllSamples)} \tag{3-24}$$

置信度体现了一个数据出现后,另一个数据出现的概率,若两个存在关联性的数据 X 和 Y,则 X 对 Y 的置信度为:

$$Confidence(X \Leftarrow Y) = P(X|Y) = \frac{P(XY)}{P(Y)} \tag{3-25}$$

可以此类推到多个数据的关联置信度,比如对于三个数据 X,Y,Z。则 X 对于 Y 和 Z 的置信度为:

$$Confidence(X \Leftarrow YZ) = P(X|YZ) = \frac{P(XYZ)}{P(YZ)} \tag{3-26}$$

提升度表示在 Y 的条件下含有 X 的概率,与 X 总体发生的概率之比即:

$$Lift(X \Leftarrow Y) = \frac{P(X|Y)}{P(X)} = \frac{Confidence(X \Leftarrow Y)}{P(X)} \tag{3-27}$$

提升度体现了 X 和 Y 之间的关联关系,提升度大于 1,则 $X \Leftarrow Y$ 是有效的强关联规则,提升度小于或等于 1,则表示 $X \Leftarrow Y$ 是无效的强关联规则。如果 X 和 Y 独立,则有 $Lift(X \Leftarrow Y) = 1$,因为此时 $P(X|Y) = P(X)$。

一般来说,要选择一个数据集合中的频繁数据集,则需要自定义评估标准。最常用的评估标准是用自定义的支持度,或者用自定义支持度和置信度的组合。

DBSCAN 算法是一个比较有代表性的基于密度的聚类算法。与划分和层次聚类方法不同,它将簇定义为密度相连的点的最大集合,能够把具有足够高密度的区域划分为簇,并可在噪声的空间数据库中发现任意形状的聚类。

DBSCAN 定义以给定对象为中心、半径为 E 的区域为该对象的 E 邻域;定义以给定对象 E 邻域内的样本点数大于或等于 $MinPts$ 的对象为核心对象;对于样本集合 D,如果样本点 q 在 p 的 E 邻域内,并且 p 为核心对象,那么对象 q 从对象 p 直接密度可达;对于样本集合 D,给定一串样本点,假如对象 p_i 从 p_{i-1} 直接密度可达,那么对象 q 从对象 p 密度可达;存在样本集合 D 中的一点 o,如果对象 o 到对象 p 和对象 q 都是密度可达的,那么 p 和 q 密度相连。

可以发现,密度可达是直接密度可达的传递闭包,并且这种关系是非对称的。密度相连是对称关系,DBSCAN 目的是找到密度相连对象的最大集合。

假设半径 $E = 3$,$MinPts = 3$,点 p 的 E 邻域中有点 $\{m, p, p_1, p_2, o\}$,点 m 的 E 邻域中有点 $\{m, q, p, m_1, m_2\}$,点 q 的 E 邻域中有点 $\{q, m\}$。点 o 的 E 邻域中有点 $\{o, p, s\}$,点 s 的 E 邻域中有点 $\{o, s, s_1\}$。那么核心对象有 p, m, o, s(q 不是核心对象,因为它对应的 E 邻域中点数量等于 2,小于 $MinPts = 3$);点 m 从点 p 直接密度可达,因为 m 在 p 的 E 邻域内,并且 p 为核心对象;点 q 从点 p 密度可达,因为点 q 从点 m 直接密度可达,并且点 m 从点 p 直接密度可达;点 q 到点 s 密度相连,因为点 q 从点 p 密度可达,并且点 s 从点 p 密度可达。根据 DBSCA 算法,对数据点进行的聚类如图 3-6 所示。

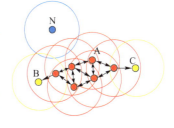

图 3-6 DBSCA 算法聚类示意图

3.3.2 基于启发式算法的车辆动态调度算法

启发式算法是相对于最优化算法提出的,它的目标并不是寻找一个问题的最优解,而是在可接受的花费(指计算时间和空间)下,给出待解决组合优化问题每一个实例的一个可行解,该可行解与最优解的偏离程度一般不能被预计。目前启发式算法以仿自然体算法为主,主要有遗传算法、蚁群算法、模拟退火法、神经网络、蛙跳算法等。

3.3.2.1 遗传算法

遗传算法的基本过程：①采用某种编码方式将解空间映射到编码空间，每个编码对应问题的一个解，成为染色体或个体，一般通过随机方法产生初始的一群个体，成为种群；②适应度函数的构造和应用，适应度函数基本依据优化问题的目标函数而定，当适应度函数确定以后，自然选择规律以适应度函数值决定的概率分布来确定种群中哪些染色体适应生存、哪些被淘汰，生存下来的染色体组成新种群，形成一个可以繁衍下一代的群体；③染色体的各种遗传操作，包括复制、变异、交叉等，产生下一代（下一代可以完全替代原种群，即非重叠种群；也可以部分替代原种群中一些较差的个体，即重叠种群），如此进化下去，直到满足期望的终止条件。

3.3.2.2 蚁群算法

蚁群算法是一种自组织的启发式算法，可以用来寻找优化路径。通过算法的多次迭代运行，利用信息的正反馈机制，不断进化，最终找到一个合适的调度方式，它模拟的是自然界中蚁群寻找食物的路线选择方式。蚁群算法进化和正反馈机制的形成都是基于信息素的存在。与自然界类似，在蚁群算法中，每一只蚂蚁都会在走过的路径上留下信息素，而每一只蚂蚁又会自动选择信息素更多的路径。

蚂蚁通过"感知"各个路径的信息素含量，自主选择自己要走的路径，并且也在自己选择的路径上留下信息素，每一只蚂蚁都是如此。而路径较短的蚂蚁释放的信息素更多，也逐渐吸引其他蚂蚁走较短的路径。以此规律进行下去，随着时间的推进，整个蚁群会逐渐找到效率最高、最合适的一条路径，这也就是蚁群算法的正反馈机制。

3.3.2.3 模拟退火算法

模拟退火算法是一种基于概率的最优化算法，它模拟的是固体从高温逐渐冷却，最终达到平衡状态的过程。

温度最高时，固体内部能量最高，粒子活动也越剧烈、随机性最强，可能处于各种状态。之后随着温度降低，固体内部粒子逐渐朝着更加稳定的状态变化，最终达到较稳定的稳态。利用模拟退火算法得到问题最优解的过程也是如此，先从一个初始解开始，随机生成下一个解，以这种方式，逐步寻找更优的解。与传统的爬山算法不同，模拟退火算法的随机性和概率性使它有几率能够跳出局部最优解的困境，真正趋于全局最优解。

3.3.2.4 蛙跳算法

相比其他启发式算法（如遗传算法、粒子群算法），随机蛙跳算法（Shuffled Frog Leaping Algorithm，SFLA）通过全局信息的交换，保证算法的求解速度，且该算法运用局部信息的交换，保证其拥有多样化的种群，避免陷入局部最优，进而保证算法的求解效率。相比模拟退火、禁忌搜索算法等单点的搜索算法，基于种群的算法拥有更多邻域，能获得质量更高的解，随机蛙跳算法主要包含以下两部分。

(1) 局部搜索：对某一族群来说，由该族群适应度最高与最低的青蛙产生新的青蛙；若子代青蛙的适应度高于父代青蛙，则由子代青蛙替换父代青蛙，否则，用全局最优解替换最差解后，再重新计算一次，再次判断若出现相同的结果，则随机生成新蛙替代。

(2) 全局信息交换：对于整个种群来说，算法还将融合各个族群的最优信息，根据适应度的高低，重新对青蛙进行排序，并对族群进行划分，经过多重迭代，最终得到全局最优解。

3.3.3 动态调度集成系统

由 GIS 和优化调度模型形成的动态调度集成系统,能够有效实现电子地图最基本的操作,并且扩展其网络分析能力,有效实现对配送点的路径优化操作。如图 3-7 所示,该系统通过多源、异构、海量交通信息融合与交互技术,对传感调度优化网络的固定配置信息和车-车联网的移动感知信息进行融合处理,提取实时路况参数,并对这些参数进行分析,完成指数监测、需求预测、实时利用率计算、交通预测等功能,从而实现信息感知与应用。

图 3-7 基于 GIS 信息管理和最优化调度模式的集成系统

实现 GIS 信息管理系统及调度模型集成的具体步骤包括:①采集和处理地理空间数据及调度信息数据;②在智能调度系统中辅助添加 GIS 组件,实现对数据的分析及显示;③结合运营数据信息和网络分析功能,达到优化调度及行驶线路优化的目的。

3.4 基于云平台的交通流量预测

近年来,交通拥堵成为我国各大城市交通系统面临的主要问题,全国 600 多个城市中,在出行高峰会出现拥堵的城市有 400 个以上。随着人工智能、物联网、大数据相关技术的发展和成熟,智能交通系统的实现被认为是解决交通拥堵问题、实现交通综合治理的可行性方案之一。对未来某一时刻道路交通的通行状态进行有效预测,能够有效解决道路拥堵情况、提高道路利用率,也在很大程度上保障了交通安全。而为实现整个城市各个道路交通情况的短时有效预测,需要深入了解城市交通系统的特点。交通流系统是一个复杂的非线性系统,它具有以下特点。

(1) 不确定性。交通流系统的状态由多种因素决定,如天气、路况、交通工具、驾驶员等,每个因素都会对当前交通流系统的情况产生影响,多种因素导致交通流系统具有极大的不确定性。

(2) 周期性和动态性。交通状态都是在不断变化的,任何时刻的交通情况均是不相同的,这体现了交通流系统的动态性。但是,交通状态的变化也不是完全无规律可循,整个交通流系统的变化有一定的周期性。比如,每天的早晚高峰时间基本是确定的,每一周工作日和周末的交通通行情况都类似,而随着季节交替、气候变化,城市交通也都会产生相应变化。

(3)自组织性。交通系统的变化是由每一位交通参与者的行为共同导致的,是交通系统中各个因素综合影响的结果。各个因素间相互作用、相互影响,使交通系统在没有外力引导的情况下,自然形成了一种宏观上有序的结构,体现了交通流系统的自组织性。交通流系统这些特性决定了交通数据的时空特性,对交通数据的采集提出了更高的要求。

3.4.1 交通数据采集

交通流数据的时空性指采样点数据按照采样的先后顺序构成轨迹数据,轨迹数据在空间上与地点有关,包括一些空间属性,在时间上与采样时间有关,具有先后时序性。

浮动车技术又称探测车技术,是国际智能交通系统中获取交通数据的先进手段之一。它是通过车辆上搭载的 GPS 终端来进行路况数据采集,装有 GPS 终端的车辆作为浮动车,将其行驶过程中的车辆位置、方向、速度等信息,通过通信网络发送到数据处理中心,进行数据处理和计算,最终得到浮动车经过道路的交通数据信息。按照这种方法,浮动车数量越多,得到的数据信息越全面、精准,当交通系统中的浮动车数量足够多时,就能够得到整个城市动态、实时的交通信息。

3.4.2 基于数学模型的交通流量预测方法

3.4.2.1 时间序列模型

时间序列方法被广泛用于水文预测、气象预测等很多方面,通过把时间序列数据拟合成参数模型,然后依据采集到的数据统计特性寻找规律,从而达到预测的目的。常见的时间序列模型包括自回归模型、滑动平均模型、自回归滑动平均模型等。如果有足够的数据,时间序列模型可以达到较好的效果。但是,时间序列模型对数据的要求比较高,要求时序数据是平稳序列且不能间断,而交通数据的不确定性使它很难满足时序序列模型的数据要求,存在精度较低的问题。

3.4.2.2 卡尔曼滤波模型

卡尔曼滤波理论原理是:由观测方程和状态方程组成状态空间模型,使用观测数据,通过递归算法对系统状态进行最优估计。卡尔曼滤波方法在现代控制理论中被广泛使用,它具有预测精度高、预测速度快、选择灵活等特点。但是,使用该方法进行预测,依据的是线性估计模型,与上一个方法类似,由于交通数据的不确定性和随机性,该方法预测性能一般。

3.4.2.3 K 近邻模型

K 近邻方法是常用的非参数回归方法之一。用 K 近邻算法进行交通流预测,需要建立一个大容量的、有代表性的交通历史数据库,可以选择道路流量、车速、占有率等与交通流对象相关的参数来确定交通流对象的状态,然后确定近邻个数 k 值,最后选定下一时刻交通流状态的预测方法。

K 近邻方法能够从历史数据中挖掘信息,保持数据变化的随机性,抗噪能力也很强,能够较好地用于交通流预测。但是对于大量的复杂样本数据,K 近邻算法的计算量也会很大,在实际应用中效果不佳。另外,对于交通流数据的时空特性,K 近邻算法也没有考虑在内。

3.4.3 基于深度学习的交通流量预测方法

深度学习的原理是用大量输入样本反复进行神经网络模型的训练,然后根据实际要求,对神经网络结构、神经元连接权值以及阈值进行调整,确定模型后,使用神经网络模型进行预测。它具有自学习和自适应能力,具有良好的容错性,能够使用交通流数据等非线性数据进行预测,在交通流预测研究领域很有前景。随着计算机图形处理能力和各方面性能的提高,神经网络预测模型的训练能够更加深入,以适应更加复杂的实际交通情况。

3.4.3.1　径向基神经网络(Radial Basis Function Network,RBFN)

RBFN 是一个三层的神经网络,包括输入层、隐层和输出层,在 RBFN 中,从输入空间到隐层空间的变换是非线性的,从隐层空间到输出层空间变换是线性的,径向基函数的取值仅仅依赖于到原点距离。

RBFN 用径向基作为隐含层的"基",构成隐含层空间,这样就可以不通过权连接,将输入矢量映射到隐空间。输入矢量和隐空间之间的这种映射关系在 RBFN 的中心点确定后就已确定,隐含层空间到输出空间的映射是线性的,RBFN 的输出是隐含层输出的线性加权和,此处的权即为网络可调参数。在该网络中,隐含层把输入的向量从低维度映射到高维度,使低维度不可分的向量在高维度变得线性可分,这样,网络由输入到输出的映射是非线性的,而网络输出对可调参数而言却又是线性的,网络的权可由线性方程组直接解出,从而大大加快学习速度并避免局部极小问题。

RBFN 的激活函数可表示为:

$$R(x_p - c_i) = \exp\left(-\frac{1}{2\sigma^2}x_p - c_i^2\right) \tag{3-28}$$

RBFN 的输出函数可表示为:

$$y_j = \sum_{i=1}^{h} \omega_{ij} \exp\left(-\frac{1}{2\sigma^2}x_p - c_i^2\right), j = 1, 2, \cdots, n \tag{3-29}$$

其中,x_p 为第 p 个输入样本;c_i 为第 i 个中心点;h 为隐含层的结点数;n 是输出的样本数或分类数。

采用最小二乘的损失函数表示:

$$\sigma = \frac{1}{P}\sum_{j}^{m}d_j - y_jc_i^2 \tag{3-30}$$

其中,P 为输入样本总数;d 为样本到中心点的距离。

RBFN 的学习步骤主要包括两步,即先进行无监督学习,然后进行有监督学习。具体学习过程如下。

(1)在无监督学习中,用无监督学习聚类算法求解出隐含层基函数的中心和方差。如果选取 l 个中心做 k-means 聚类,对于高斯核函数的径向基,方差由公式求解:

$$\sigma_i = \frac{c_{\max}}{\sqrt{2l}}, i = 1, 2, \cdots, h \tag{3-31}$$

其中,$c_{\max}$ 为所选取中心点之间的最大距离。

(2)在有监督学习中,使用隐含层输出和期望输出求解出隐含层到输出层之间的权值。这个过程权值可以用最小二乘法直接得到,即对损失函数求解关于 w 的偏导数,使其等于 0,可以化简得到计算公式为:

$$\omega = \exp\left(\frac{h}{c_{\max}^2 x_p - c_i^2}\right), p = 1, 2, \cdots, P; i = 1, 2, \cdots, h \tag{3-32}$$

RBFN 的泛化能力强、训练速度快,因此它已经应用到了很多时间序列相关的场景当中:

3.4.3.2 小波神经网络(Wavelet Neural Network,WNN)

WNN 是在小波分析研究获得突破的基础上,提出的一种人工神经网络。它是基于小波分析理论以及小波变换构造的一种分层的、多分辨率的新型人工神经网络模型。小波分析中的"小"指的是函数的快速衰减性,"波"指的是函数的震荡性。小波分析具有多分辨分析的特点,是一种窗口大小固定不变但其形状可以改变的分析方法,被称为信号的显微镜。而小波神经网络将人工神经网络和小波分析的优点集于一身,不仅具有网络收敛速度快、避免陷入局部最优的优点,又有时频局部分析的特点。

在小波神经网络中,神经网络隐节点的激活函数用小波函数来代替,网络权系数的线性分布和学习目标函数的凸性,使网络训练过程从根本上避免了局部最优等非线性优化问题。小波基元及整个网络结构的确定有可靠的理论根据,避免了 BP 神经网络等结构设计上的盲目性。

3.4.3.3 模糊神经网络(Fuzzy Neural Network,FNN)

FNN 融合了模糊理论和神经网络,拥有神经网络和模糊理论的优点,集学习、联想、识别、信息处理于一体。模糊神经网络中,首先将输入数据模糊化,使用模糊化函数将输入映射为 0~1 之间的实值,然后将模糊规则作用于这些映射后的值,生成输出值。一个模糊神经网络通常是一个 3 层前馈神经网络,包括输入层、表示模糊规则的隐藏层和输出层。在该模型中,层与层之间的连接权值表示模糊集。

虽然神经网络具有很强的非线性拟合能力,目前的应用前景也很广泛,但是也存在一些缺陷:①神经网络的黑盒特性使用来产生预测结果的模型无法解释;②神经网络的训练过程需要大量的原始数据用于交通流预测当中,数据的不足会导致预测结果不准确,数据量过大又使得神经网络的复杂性更高,从而提高神经网络的训练成本;③在使用神经网络进行交通流预测时,有许多设计参数(如隐藏层的数量、隐藏节点的数量、学习速率、激活函数等)必须进行调整,以获得特定道路网络或数据集的最佳性能。

第4章
城市道路无人驾驶乘用车应用

道路一般可以分为结构化道路和非结构化道路两类:结构化道路一般是指高速公路、城市干道等结构化较好的公路,这类道路具有清晰的道路标志线,道路背景环境比较单一,道路几何特征也比较明显。非结构化道路一般是指城市非主干道、乡村街道等结构化程度较低的道路,这类道路没有车道线和清晰的道路边界,再加上受阴影和水迹等的影响,道路区域和非道路区域难以区分。

城市道路无人驾驶由于其庞大的市场、优越的商业可行性以及良好的技术可行性,百度、滴滴、华为等大厂争相对城市道路无人驾驶乘用车展开了研究。

4.1 城市道路无人驾驶乘用车发展背景

4.1.1 国外无人驾驶汽车的发展背景

目前,无人驾驶汽车技术已经是整个乘用车产业比较热门的发展方向。各大科研院校、乘用车制造厂商、科技公司甚至汽车零部件供应商都不断地在无人驾驶汽车技术领域进行探索。

4.1.1.1 科研院校对无人驾驶汽车的研究

20世纪70年代,一些发达国家就开始了无人驾驶汽车领域的研究。1984年,美国国防高级研究计划署(DARPA)与陆军合作,制定了自主地面车辆(Autonomous Land Vehicle,ALV)计划。为了推进无人驾驶技术更快、更好地发展,DARPA于2004—2007年共举办了3届DARPA无人驾驶挑战赛,见表4-1。

DARPA无人驾驶挑战赛 表4-1

届数	简介
第一届	这届比赛于2004年在美国莫哈维沙漠举办,共有21支队伍参加了比赛,并且有15支成功进入决赛。但是在决赛中,没有一支队伍能够完成整场比赛。卡内基梅隆大学的Sandstorm汽车共行驶了11.78km,是所有队伍中行驶距离最远的
第二届	这届比赛的参赛队伍达到了195支队伍,并且最终有5支队伍通过了全部的考核项目,分别是Stanley、Sandstorm、H1ghlander、Kat-5、TerraMax。来自斯坦福大学的Stanley汽车以平均速度30.7km/h、耗时6h53min58s的成绩夺得的冠军。这标志着无人驾驶汽车取得了重大的突破
第三届	这届比赛在美国的加利福尼亚州一个已关闭的空军基地中举行。比赛要求参赛车辆在遵守交通规则的前提下,在6h内完成96km的市区道路行驶。这不仅考验参赛车辆的无人行驶性能,还考验汽车在检测避让其他车辆的同时是否能够遵守交通规则,对算法提出更高的要求。最终来自卡内基梅隆大学的Boss用平均速度22.53km/h、总耗时4h10min20s的成绩取得了冠军

20世纪80年代,美国一些著名大学(如卡内基梅隆大学、斯坦福大学、麻省理工学院等)都开始了无人驾驶汽车的研究工作。其中,美国卡内基梅隆大学研制的NavLab系列智能车辆最具有代表性,见表4-2。

NavLab 系统   表4-2

Navlab 系统	简 介
Navlab-1 系统 (20世纪80年代)	计算机硬件系统由Sun3、GPS、Warp等组成,用于完成图像处理,传感器信息融合,路径规划以及车体控制等功能
Navlab-5 系统 (1995年)	在实验环境下的自主行驶平均速度为88.5km/h,首次进行了横穿美国大陆的长途自主驾驶公路实验,自主行驶里程达到4496km,占总里程的98.1%,车辆的横向控制完全由系统自动控制,纵向控制仍交由驾驶员完成
Navlab-11 系统	采用装有工业级的四核计算机的Wrangler吉普车,用来处理各个传感器发送的信息,并能把信息送到各个子单元,最高车速可以达到102km/h

意大利帕尔玛大学的VisLab实验室也一直在进行ARGO试验车的研制,见表4-3。

ARGO 试验车   表4-3

年 份	AGRO 试验车简介
1998年	在意大利的汽车百年活动中,沿着意大利高速公路网进行了长达2000km的长途实验,无人驾驶里程占总里程的94%,最高时速达到112km/h
2010年	沿着马可·波罗的旅行路线,全程自动驾驶来到中国上海市参加世博会,总里程达到15900km,全程采用太阳能作为辅助动力源
2013年	在无人驾驶状态下,成功识别交通信号灯、避让行人、驶过十字路口和环岛等

4.1.1.2 汽车制造厂商对无人驾驶汽车的研究

除了科研院校在无人驾驶领域的积极研究外,奥迪、福特、沃尔沃、日产、宝马等众多汽车制造厂商也于2013年起,相继在无人驾驶汽车领域进行了布局。

目前,部分自动驾驶功能已经在量产商用车辆上有了很大的普及,德、美、日、韩等汽车制造厂商生产的汽车基本都具有部分自动驾驶功能。

图4-1 奥迪A8 L3级自动驾驶车辆

2015年10月,特斯拉推出了半自动驾驶系统Autopilot。作为第一个投入商用的自动驾驶系统,Autopilot吸引了许多人的目光。2016年,通用汽车收购了自动驾驶技术创业公司Cruise Automation,正式开始无人驾驶技术的研究。2018新款奥迪A8能够实现Level 3级自动驾驶,让驾驶员在拥堵路况下可以获得最大限度的解放,是全球首款量产搭载Level 3级别自动驾驶系统的车型,如图4-1所示。

4.1.1.3 新技术力量对无人驾驶汽车的研究

以谷歌为代表的新技术力量也是纷纷进入无人驾驶领域。这些企业并没有采用逐步前进的发展路线,而是采用"一步到位"的发展策略,即直接研发SAE L4级别的无人驾驶汽车,谷歌无人驾驶汽车发展蓝图见表 4-4。

谷歌无人驾驶汽车发展蓝图　　　　表 4-4

年　　份	谷歌无人驾驶汽车简介
2009 年	谷歌宣布,由斯坦福人工智能实验室前主任、谷歌街景的联合发明人 Sebastion Thrun 领导组建一支团队,开始研发无人驾驶技术
2012 年	美国内华达州的机动车辆管理部门为谷歌公司颁发了全球首例无人驾驶汽车的路测许可证
2015 年	谷歌公司无人驾驶原型车上路测试
2016 年	谷歌无人驾驶业务独立并成立独立公司——Waymo
2017 年	谷歌已在美国凤凰城 Chandler 镇 100mile^2 范围内,首次实现无驾驶员和安全员的公测无人驾驶出租车
2018 年	谷歌与捷豹路虎合作,计划生产 20000 辆无人驾驶出租车

2016 年,Google 创建独立的自动驾驶公司 Waymo,其研发的自动驾驶汽车的实际测试里程已达到 200 万 mile。2018 年 12 月,Waymo 公司推出了面向自动驾驶网约车的 Waymo One 应用。2019 年 2 月,Waymo 雷达团队的负责人西蒙·韦尔盖塞在官网宣布,将对外出售他们研发的自动驾驶传感器,应用于机器人、农业等领域。2019 年 10 月 10 日,谷歌母公司 Alphabet 给旗下自动驾驶汽车企业 Waymo 的一封邮件副本中表明,该公司正在向网约车客户发送一则推广信息,称 Waymo 全自动驾驶汽车将与客户见面。同年,Waymo 在凤凰城地区开设了另一个技术服务中心,以扩大其商业运营车队的服务能力。

4.1.1.4　创业公司对无人驾驶汽车的研究

无人驾驶技术领域吸引了许多的创业者的目光,以 nuTonomy 为代表的创业公司也纷纷着眼于无人驾驶领域。这些企业也多采用"一步到位"的 SAE L4 级以上的无人驾驶技术发展路线。2016 年 8 月,nuTonomy 成为了新加坡第一家在试点项目下推出自动驾驶出租车的公司。Zoox 是硅谷一家神秘的无人驾驶汽车初创公司,早在 2013 年,该公司就展示了其车辆的渲染图,如图 4-2 所示。

图 4-2　Zoox 无人驾驶汽车构想图

4.1.2　我国无人驾驶汽车的发展背景

4.1.2.1　我国汽车制造厂商对无人驾驶汽车的研究

与美国、欧洲等发达国家相比,我国在无人驾驶汽车方面的研究起步稍晚。我国于 20 世纪 80 年代末起研究无人驾驶。在国防科工委和国家 863 计划的资助下,清华大学从 1988 年开始研发 THMR 系列智能车,如图 4-3 所示。THMR-V 智能车能够实现结构化环境下的车道线自动跟踪。

国防科技大学从 20 世纪 80 年代末开始研究无人驾驶汽车,先后研制出基于视觉的 CITAVT 系列智能车辆。但直至 1992 年,国防科技大学才成功研制出中国第一辆真正意义上的无人驾驶汽车。2011 年 7 月,一汽集团与国防科技大学共同研制出红旗 HQ3 无人驾驶汽车,如图 4-4 所示,并且在高速公路上完成了 286km 全程无人驾驶试验。

图 4-3 THMR 智能车

2012 年,军事交通学院的"军交猛狮Ⅲ号"以无人驾驶状态行驶了 114km,最高速度达到 105km/h,如图 4-5 所示。

图 4-4 HQ3 无人驾驶汽车　　图 4-5 军交猛狮Ⅲ号无人驾驶车

2015 年 4 月,长安汽车发布智能化汽车"654 战略",战略指出建立六个基础技术体系平台,开发五大核心应用技术,分四个阶段逐步实现汽车从单一智能到全自动驾驶的目标。

2015 年 8 月,宇通大型客车从郑开大道城铁贾鲁河站出发,在完全开放的道路环境下完成自动驾驶试验,这也是国内首次大型客车高速公路自动驾驶试验。

2016 年 4 月,北汽集团在北京车展上展示了其基于 EU260 打造的无人驾驶汽车,该车搭载的无人驾驶感知与控制设备大部分都为国产,目的是为未来的量产打下基础。

2018 年 5 月,宇通客车在其 2018 年新能源全系产品发布会上宣布,已具备面向高速结构化道路和园区开放通勤道路的 L4 级别自动驾驶能力。

我国汽车制造厂商对无人驾驶汽车研究时间线如图 4-6 所示。

4.1.2.2　我国高科技公司对无人驾驶汽车的研究

除了传统的汽车制造厂商在无人驾驶领域进行研究,以百度为代表的高科技公司也相继加入了无人驾驶汽车领域的研究,发展历程见表 4-5。

2014 年 7 月 24 日,百度启动"百度无人驾驶汽车"研发计划。2015 年 12 月,百度公司宣布,百度无人驾驶车实现国内首次城市、环路及高速道路混合路况下的全自动驾驶。在百度公布的路测路线中,百度无人驾驶车从位于北京市中关村软件园的百度大厦附近出发,进入 G7 京新高速公路,经五环路,最终抵达奥林匹克森林公园,并随后按原路线返回。往返全程均在自动驾驶状态下,并实现了多次跟车减速、变道、超车、上下匝道、调头等复杂驾驶动作,完成了进入高速(汇入车流)到驶出高速(离开车流)的不同道路场景的切换,测试时最高速度达到100km/h。2016年7月3日,百度与乌镇旅游举行战略签约仪式,宣布双方在景区道路上实现L4级无人驾驶。这是继百度无人车和芜湖、上海汽车城签约之后,首次公布与国内景区进行战略合作。2016年百度世界大会无人车分论坛上,百度高级副总裁、自动驾驶事业部负责人王劲宣布,百度无人车刚获得美国加州政府颁发的全球第15张无人车上路测试牌照。2017年4月17日,百度宣布与博世正式签署基于高精地图的自动驾驶战略合作,开发更加精准实时的自动驾驶定位系统。同时,其在发布会现场,展示了博世与百度的合作成果——高速公路辅助功能增强版演示车。2018年2月15日,百度Apollo无人车亮相央视春晚,在港珠澳大桥开跑,并在无人驾驶模式下完成"8"字交叉跑的高难度动作。2021年6月21日,外交部同交通运输部共同组织"驻华使节走进中国部委"系列活动第二场——"交通中国:走进交通运输部"。交通运输部、外交部、120余位驻华使馆外交官和国际组织驻华代表在北京首钢园体验了百度共享无人车出行服务。

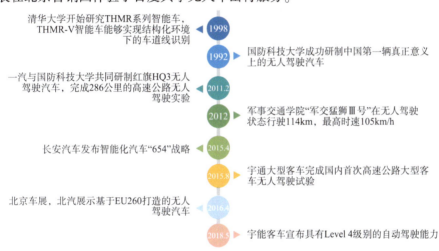

图4-6 我国汽车制造厂商对无人驾驶汽车研究时间线

百度无人驾驶发展历程 表4-5

年 份	百度无人驾驶汽车简介
2013年	开始百度无人驾驶汽车项目,技术核心为百度汽车大脑
2015年	开始进行自动驾驶测跑,完成进出高速公路的自动驾驶场景切换
	宣布成立自动驾驶事业部
2017年	展示了与博世联合开发的高速公路辅助功能增强版演示车
2018年	在第二届百度AI开发者大会上宣布,其与厦门金龙合作生产的首款Level 4级自驾巴士"阿波龙"已经量产下线
2019年	与日本软银旗下的SB Drive合作,将10辆"阿波龙"带去东京在内的多个日本城市测试
2021年	百度Apollo自动驾驶示范应用已经落地北京、广州、沧州、长沙和上海5地,百度成为中国开放试运营城市数量最多的自动驾驶公司

目前百度正在不断进行无人驾驶汽车的研发,百度的深度学习研究院已经将视觉、听觉

等识别技术应用在"百度无人驾驶汽车"系统。百度无人驾驶汽车配备有雷达、相机、全球卫星导航等电子设备,并且安装同步传感器,可自动识别交通指示牌和行车信息。车主只要在驾驶系统中输入目的地,汽车即可自动行驶,前往目的地。在行驶过程中,汽车会通过传感设备不断上传路况信息,在大量数据基础上进行实时定位分析,从而判断行驶方向和速度。

4.2 城市道路无人驾驶乘用车系统方案

无人驾驶乘用车系统是通过多种车载传感器获取车辆自身、周围障碍物及道路等与驾驶任务相关的环境信息,并将这些信息提供给决策规划模块,决策规划再根据感知和定位获取的环境信息、车辆状态和用户需求,规划出合适的路径,然后通过这些信息来控制乘用车的行驶状态。不同的自动驾驶级别和运营环境,自动驾驶的实现方案也不同。本节以百度的 Apollo 为例,介绍典型城市道路无人驾驶乘用车系统方案,如图 4-7 所示。

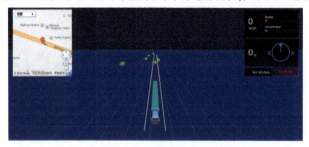

图 4-7 Apollo 城市道路无人驾驶乘用车系统界面

4.2.1 软件架构

Apollo 城市道路无人驾驶乘用车核心软件模块包括以下几部分。

(1)感知:感知模块识别自动驾驶车辆周围的世界,其中包括两个重要的子模块,即障碍物检测和交通灯检测。

(2)预测:预测模块用于预测障碍物未来运动轨迹。

(3)路由:路由模块告诉无人驾驶车辆如何通过一系列车道或道路以到达其目的地。

(4)规划:规划模块用于规划无人驾驶车辆未来的时空轨迹。

(5)控制:控制模块通过生成诸如加速、制动和转向等一系列控制命令,使无人驾驶车辆沿规划模块产生的轨迹行驶。

(6)CanBus:将控制命令传递给车辆硬件的接口,并将底盘信息传递给软件系统。

(7)高精地图:高精度地图模块类似于库,它不发布、订阅消息,而是通过用户查询的方式,提供关于城市道路的特定结构化信息。

(8)定位:定位模块利用 GPS、LiDAR 和 IMU 等多种传感器来综合定位无人驾驶车辆的位置。

(9)人机接口(Human Machine Interface,HMI):Apollo 中的 HMI 和 DreamView 是一个用于查看车辆状态、测试其他模块以及实时控制车辆功能的模块。

(10)监控:此模块用于监控车辆中所有软件和硬件模块。

(11) Guardian：Apollo 城市无人驾驶车辆特有的安全模块，用于干预监控检测到的失败和操作中心相应的功能。

Apollo 软件模块交互示意图如图 4-8 所示，每个模块都作为单独的机器人系统节点运行，每个模块节点都发布和订阅特定话题，订阅的话题用作数据输入，而发布的话题用作数据输出。

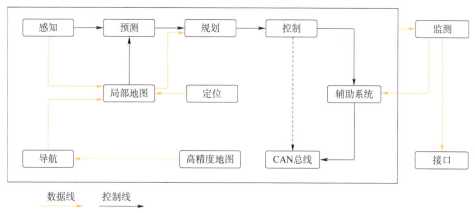

图 4-8　Apollo 软件模块交互示意图

4.2.2　硬件架构

4.2.2.1　车载计算机系统

百度的自动驾驶乘用车配备了两台车载计算机：一台是基于 Apollo 所需要的工控机（使用 Neousys Nuvo-6108GC，这是一款性能强大的 X86 解构工业控制计算机），如图 4-9 所示；还有一台是英伟达用于自动驾驶的 Drive PX2。英伟达的 Drive PX2 在图像处理的性能上更优异，因为其有自带的 GPU 以及进行图像处理的软件；而针对另一台 Apollo 工控机，百度在其中添加了英伟达的 GPU，用于处理图像数据以及激光雷达扫描产生的点云数据，工控机的运算能力相比 Drive PX2 则要强一些。

图 4-9　Apollo 车载计算机系统

4.2.2.2　传感器

Apollo 城市道路无人驾驶乘用车方案使用了激光雷达、毫米波雷达、摄像头、GPS、IMU

等多种传感器，其传感器分布如图 4-10 所示。可以实现城区行人车辆检测覆盖，并兼具高速车辆检测能力，更适用于我国复杂路况下的场景。

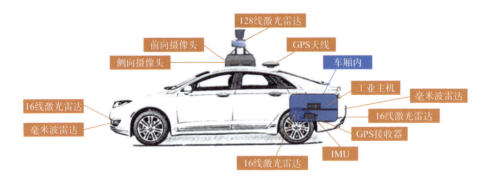

图 4-10　Apollo 车载传感器分布示意图

4.2.2.3　CAN 通信卡

CAN 通信卡用来和汽车进行通信，以控制汽车的加速、制动、挡位、转向灯信号，其使用的是 ESD CAN-PCIe/402-B4，CAN 卡直接插在主机内，如图 4-11 所示。

图 4-11　Apollo 通信卡

4.3　城市道路无人驾驶乘用车技术典型应用场景

由于乘用车在汽车市场具有巨大的消费需求，无人驾驶技术未来必会广泛地运用于乘用车，从而获得可观的市场份额和财富收益。无人驾驶乘用车必会替代人类驾驶，从而避免分心驾驶、酒后驾驶等问题，来保证出行的安全。同时，未来无人驾驶乘用车上可以搭载各种电子设备和娱乐产品，为乘客提供更加舒适、安全、快乐的出行体验。此外，由于无人驾驶技术不仅解放了驾驶员的双手，还具有足够的操作稳定性和安全性，所以可以根据不同用户的需求为客户定制不同功能的车辆，为不同的消费群体营造不同的车内氛围，满足不同客户的应用需求。甚至可以实现车辆共享，无须担心停车场紧缺、油价波动等一系列因素。可以预料，无人驾驶技术在乘用车上的应用必将颠覆我们对传统汽车的印象，为消费者带来一种"不断移动的"美妙生活。

4.3.1 共享出行

无人驾驶乘用车最典型的应用场景就是共享出行。共享平台通过自身极具吸引力的"流量",为城市道路无人驾驶乘用车提供了一个真实的"道路测试平台"。

无人驾驶乘用车技术解决了当前共享汽车领域的痛点,从传统汽车的"人找车""人找位",变成智能化的"车找人""车找位",还可实现"一键叫车""一键泊车"。

目前,国内一些大厂已经开始无人驾驶共享汽车的应用测试。2018年4月底北京车展期间,北汽新能源轻享科技在奥林匹克水上公园实现了国内首个封闭场景的无人驾驶共享汽车应用落地。同年5月24日,百度与盼达用车在重庆市启动国内首次自动驾驶共享汽车试运营,6台搭载百度Apollo自动泊车产品的自动共享汽车在园区内投入为期1个月的定向式运营。截至2021年9月,百度Apollo自动驾驶系统已经在北京、广州、沧州、长沙和上海5地进行落地,百度成为我国开放试运营城市数量最多的自动驾驶公司。目前国内在共享出行领域的无人驾驶乘用车队伍中,还有滴滴、优步、中智行科技、Momenta、驭势科技、零跑科技和美团等企业。

4.3.2 园区通勤

园区自动驾驶乘用车主要负责人员通勤。自动驾驶乘用车辆进入园区,可给园区带来便捷的交通系统。据不完全统计,我国目前已有478个国家级的经开区、出口加工、保税区等,有省级各类开发区1170个,全国各类工业园区约22000多个,使基于特定场景的自动驾驶乘用车技术成为园区内人员交通的解决方案。

以百度"Apollo"计划为代表的多家企业均在开展园区自动驾驶乘用车解决方案的研发。2018年7月,搭载L4级自动驾驶技术的阿波龙已经完成100辆量产下线,如图4-12所示。阿波龙项目主要应用于北京、雄安、平潭、广州、深圳等地,在机场、旅游景点等封闭场地内运行。

图4-12 阿波龙自动驾驶巴士

车速慢、距离短、线路固定、专用道行驶等特点,让园区自动驾驶乘用车具备无人驾驶落地应用的基础条件。应用于乘用车的无人驾驶系统,需要及时应对道路上的突发状况,实现无人驾驶下的行人车辆检测、减速避让、紧急制动、障碍物绕行变道、自动按站停靠等一系列功能。

国内不少企业开启了无人驾驶在乘用车领域的技术研究和测试。2015年8月29日,宇通无人驾驶客车在河南郑开大道开放道路测试,在开放道路交通条件下,全程无人工干预首次成功运行。2018年7月4日,百度Apollo与金龙客车合作打造的"阿波龙"正式量产下线,量产的"阿波龙"发往北京、雄安、深圳、平潭、武汉、日本东京等地展开实际商业化运营。2019年1月22日,中国重汽集团技术发展中心研发的L4级无人驾驶全智能客车试验车正式上路运营,该车成为山东首辆无人驾驶公交车。2019年1月18日,"新一代人工智能未来发展峰会"上发布了深兰科技主导研发的多功能"熊猫智能公交车",目前该车已在德阳、常州、衢州、池州等地试运行。2022年3月31日,北京发布首个智能网联客运巴士管理实施细则,自动驾驶公交将在北京经开区上路。百度Apollo、轻舟智航和商汤3大自动驾驶玩家,首批获准落地测试,自动驾驶公交进入我们生活的日期可能不会太远。

4.3.3 城市出租

在出租车行业,无人驾驶技术可以替代驾驶员,根据不同地理位置进行定制化设计。出行时可根据城市当前交通状况智能地规划出行路线,帮助出租车实现自动化。

国内,各大科技大厂对城市无人驾驶出租车这块"蛋糕"觊觎已久。2018年11月1日,文远知行WeRide.ai在广州大学城内开始出租车的试运营,成为了国内首个落地运营的无人驾驶出租车。2019年7月3日,在百度AI开发者大会上,百度和一汽红旗共同打造无人驾驶出租车项目"Apollo Go"首次亮相。目前国内首条L4乘用车生产线现已开始正式投产下线,并将于长沙率先落地。

我国还有很多无人驾驶初创企业,像AutoX、地平线、清智科技、极目智能、海梁科技、领骏科技、宽凳科技等,均在为出租车无人驾驶系统提供技术支持。

4.4 无人驾驶出租汽车落地应用案例

我国长安、百度、文远知行等公司先后在重庆、长沙、广州等城市实现了无人出租车的落地,滴滴和AutoX也即将在上海、深圳等地部署无人出租。北京在2019年底更新了自动驾驶路测法规,允许满足条件的企业进行载人测试,从法律层面解决了无人出租车的落地问题。

4.4.1 我国:重庆长沙广州三地已落地无人出租汽车

自从2018年底美国率先部署了无人出租汽车服务Waymo One,我国无人出租车领域的核心企业们也先后开始了无人出租车的落地进程。

4.4.1.1 长安L4级无人出租车落地重庆

2019年7月,长安汽车的L4级无人出租车在重庆仙桃数据谷正式投入试运营,如图4-13所示。除了无人驾驶出租车服务以外,长安汽车还计划在仙桃数据谷上线全自动泊车、远程自动取还车等多项服务。长安目前投入使用的新一代L4级自动驾驶汽车基于逸动电动汽车开发而来,这些汽车配有6个激光雷达、5个毫米波雷达、6个摄像头和12个超声波雷达,单车造价在160万元左右。

图4-13 长安新一代L4级自动驾驶汽车

长安汽车预计在重庆仙桃数据谷持续运营L4级自动驾驶汽车两年,运营路线总长度约4.3km,共设置9个站点。在无人出租车模式下,乘客可以通过手机客户端实现一键约车,上车后通过人脸识别生成相应的订单。乘客下车后,汽车会继续接单运营或自动行驶到待客区域。私家车模式下,乘客可以通过手机客户端选定车辆并进行预约,而汽车将在把用户送到目的地之后,自动寻找停车位泊车。长安汽车副总裁刘波在汽车工程学会年会期间表示,已经有超过4000人体验了长安汽车的无人出租服务,并且自动驾驶汽车在重庆仙桃数据谷的累计行驶里程已经超过3万km。

4.4.1.2 百度无人出租车落地长沙

在2018年6月,百度获得由长沙公安交警部门颁发的45张自动驾驶乘用车测试牌照,其就自动驾驶业务成立阿波罗智行科技有限公司,与一汽红旗联合开发了用于无人出租车服务的L4级自动驾驶汽车红旗EV。2019年7月百度与长沙政府达成合作,并在长沙测试运营Apollo Go无人出租车服务,如图4-14所示。在此之前,国内无人出租车集中在测试和演示阶段,通常测试规模较小或者无人出租车仅面向特定人群开放。为实现落地,百度在多个方面上作了准备。

图4-14 百度的L4级无人出租车

2019年9月26日,百度的无人出租车服务Apollo Go正式落地长沙梅溪湖地区。试运营早期,长沙市民可通过Apollo官网申请成为种子用户,经过简单筛选后便有机会免费乘坐百度的无人出租车。试运营期间,百度无人出租车将在长沙部分已经开放的测试路段上面运行,运营行驶时间为每天上午9点至下午5点。同时,试运营期间前排座椅上将配备一名安全员对车辆行驶情况进行监控。2019年12月18日百度Apollo首届生态大会上宣称,已经有超过5000名的长沙市民试乘百度无人出租车。

4.4.1.3 滴滴确定在上海部署无人出租

2019年8月29日,2019世界人工智能大会上,滴滴表示于年底在上海嘉定区部署自动驾驶网约车。在一个限定区域内,普通用户可以通过滴滴客户端呼叫自动驾驶网约车,预计可行驶距离将在10km以上。如图4-15、图4-16所示。

图4-15 滴滴自动驾驶出租车在体验区演示　　　图4-16 测试版滴滴App上的自动驾驶界面

2019年8月28日,滴滴获得了上海的自动驾驶路测牌照,滴滴将优先部署3辆自动驾驶测试车进行内部测试,并待测试成熟后,逐步增加车辆数量并且向公众开放。滴滴的无人出租车面对直线、加减速、上下坡、限速行驶、S弯、直角弯等十几个测试科目均能获得良好表现,并已开发出了一套无人出租车系统,用于从滴滴客户端上呼叫无人出租车前来接驾。

4.4.1.4 文远知行的无人出租车落地广州

2019年11月,文远粤行作为国内首个落地一线城市的无人出租车项目在广州进行了部署。如图4-17所示,文远知行通过其旗下合资公司文远粤行,和广州白云出租汽车集团、科学城投资集团一起,在广州正式启动无人出租车试运营项目。文远粤行第一期在广州市黄埔区和广州市开发区投放十几台L4级无人出租车。这些无人出租车基于日产纯电动车型轩逸打造,车身涂装白云出租车的标识,外观看起来与普通出租车极为相似。文远粤行的无人出租车每周一至周六的上午8点至下午10点,在总面积144.65km^{2}的区域内为拥有"登粤卡"的市民提供乘车服务。文远粤行的无人出租车仅会在运

图4-17 文远粤行无人出租车车队

行区域内指定的上下车地点运行,此外每一辆无人出租车都将在车内前排安排一名安全员,以保证在车辆遭遇紧急状况时进行接管。车上的安全员需同时拥有出租车驾驶资质和经过文远知行认证的自动驾驶安全员资格。2021年11月18日,文远知行宣布与广汽集团及旗下移动出行平台如祺出行达成战略合作,基于广汽集团整车研发和全冗余平台、文远知行的自动驾驶软硬件解决方案、如祺出行的智慧出行平台,共同打造具备无人驾驶能力的无人出租车产品。

4.4.1.5 百度无人出租车在沧州进行规模化载人测试

2019年11月6日,河北沧州经济开发区和百度Apollo、沧州云图科技公司一起,举办了开放道路自动驾驶测试启动和首批载人测试体验活动。此前百度已获得了沧州市政府颁发

的 30 张自动驾驶载人测试牌照,即将在沧州对无人出租车车队展开规模化载人测试。沧州经济开发区内所有的测试路段均可供百度无人出租车车队进行载人测试,总里程超 100km。沧州云图科技公司在此次的无人出租车落地项目中扮演了不可或缺的角色,无人出租车车队的运营及测试运维工作均由云图科技负责。

百度无人出租车同样拿到了北京市的自动驾驶载人测试牌照。2018 年 12 月 30 日,北京经济技术开发区表示已正式开放自动驾驶测试区域,并启动自动驾驶的载人载物测试,目前百度共有 40 辆的自动驾驶汽车获得了在京展开载人测试的资格。

4.4.2 国外:美国加州落地三项无人出租汽车服务

4.4.2.1 AutoX 在美国推出无人出租汽车服务

美国时间 2019 年 6 月 18 日,自动驾驶公司 AutoX 获得了由加州公共事业委员会颁发的自动驾驶汽车试运营牌照。在 AutoX 之前,拿下加州自动驾驶试运营牌照的只有 Zoox 一家公司,如图 4-18 所示。

在获得牌照的同时,AutoX 推出普通民众呼叫乘坐的无人出租汽车试运营服务 xTaxi,并开始在可运营区域内接受种子用户的申请,如图 4-19、图 4-20 所示。由于 Zoox 当时并未上线这项服务,所以 AutoX 无人出租车的落地相当于宣告加州正式迈入无人出租车试运营时代,xTaxi 还在接受更多种子用户的免费乘车申请。

图 4-18　AutoX 的无人出租车车队

图 4-19　AutoX 无人出租车在加州的第一位乘客 Angie(左)

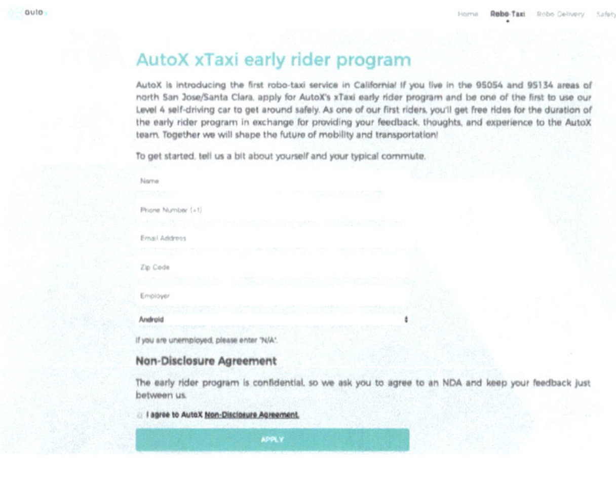

图 4-20　AutoX 官网上的申请入口

2019年12月，深圳市鹏程电动汽车出租有限公司和AutoX就无人出租汽车商用落地研究达成战略合作。AutoX负责提供无人出租汽车全栈软硬件技术和规模化运营平台，鹏程电动负责运维场地和车辆运营服务。本次合作有意就"7座智能拼车"等Robotaxi的新兴形态进行探索。

4.4.2.2 Waymo确定在法国落地无人出租汽车

2019年6月20日，Waymo、雷诺、日产三家公司公布了三方签订协议，雷诺与日产就此成为法国、日本地区第一家与Waymo合作的车企。自动驾驶领域领头羊的Waymo开始了自动驾驶全球化的道路。雷诺和日产在法国及日本设立合资公司，专注于无人驾驶出行服务和无人驾驶物流服务。如图4-21所示，Waymo对法国和日本有关无人驾驶的商业化市场环境、法律环境和监管力度进行评估。这一次的合作是Waymo通过合作伙伴将其自动驾驶技术推向全球市场的理想机会。Waymo希望借助雷诺和日产的影响力及业务规模，为法国、日本和其他一些地区的用户提供出行以及货运服务，这个三方合作的自动驾驶联盟还可能会将他们的业务扩展到更多国家的市场上。

图4-21　Waymo的无人出租车车队

4.4.2.3 小马智行和现代汽车的无人出租汽车落地加州

北京时间2019年10月25日晚间，自动驾驶企业小马智行（Pony.ai）携手韩国最大汽车制造商现代汽车，在美国加州尔湾市上线了免费的无人出租车服务BotRide，如图4-22所示。这项服务从11月4日起正式开放。通过手机在Via开发的BotRide同名版App上下单，即可呼叫BotRide无人出租车，呼叫流程大同小异。乘客可同步根据App指引步行到最近的上车地点，等候上车。搭载了小马智行L4级自动驾驶系统的现代Kona电动SUV会前来接驾。上车后，乘客需扫码进行身份验证。这款App在iOS和安卓系统上均有支持。

图4-22　BotRide使用的车型

BotRide 在每周一至周六提供 10 辆配备了安全员的自动驾驶汽车。这些无人出租汽车运行的时候,车上会有两名操作员。一位坐主驾负责检测车辆运行情况,另外的一位坐在副驾负责监控电子系统。BotRide 的运营范围仅覆盖到尔湾市人口密集的核心区域,包括大学、居民区、商业区和机构驻地等出行需求大的地方,如图 4-23 所示。

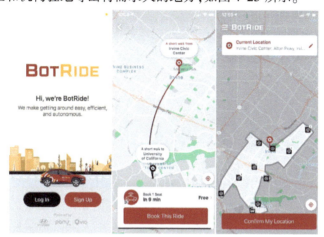

图 4-23　BotRide 应用程序

4.4.2.4　Waymo 确认完全无人出租汽车已经上路

2019 年 10 月,Waymo 宣布完全无人出租汽车(也就是无安全员的无人出租汽车)服务即将就要到来,如图 4-24 所示。完全无人驾驶出租汽车已经在亚利桑那州凤凰城的部分地区上路,参加这个项目的乘客需先签署保密协议。现阶段,受限于技术和法规要求等因素,大多正在进行的无人出租车试运营/载人测试都需要配备安全员。Waymo 在落地无人出租车的竞赛中已抢先了一步。

图 4-24　Waymo 的完全无人驾驶出租汽车

4.4.2.5　博世、奔驰宣布落地无人出租汽车项目

现如今,传统车企也已经开始加快在无人出租汽车领域进行部署步伐。2019 年,长安汽车在我国启动无人出租车服务,而汽车发明者和目前世界上最大的汽车零部件供应商则在美国加州落地了无人出租车的试点项目。

2019 年 12 月 9 日晚间,博世和梅赛德斯—奔驰宣布双方在美国圣何塞地区的无人出租车试点项目正式启动。博世和奔驰已在圣何塞地区针对无人出租车进行了道路测试。初期阶段,特定用户群体能通过手机应用程序呼叫搭载自动驾驶技术的奔驰 S 级轿车,如图 4-25 所示。用户在戴姆勒移动出行公司开发的手机应用程序上形成订单后,奔驰 S 级轿车会从指定的乘车点接到乘客,然后把乘客送达目的地。试运行期间,博世和奔驰的无人出租车仅在固定路线上行驶,这些奔驰 S 级轿车会沿着圣卡洛斯—斯蒂文斯克里克走廊,在西圣何塞和中心城区间来回穿梭运行。

图 4-25　搭载自动驾驶技术的奔驰 S 级轿车

在自动驾驶技术落地的诸多场景当中,城市无人出租汽车是路况复杂且难度较高的一个。而伴随着社会、公司对自动驾驶技术的态度趋向冷静,无人出租车的发展已经逐步走到了落地、试运营阶段。目前国内和国外均有多家公司推出无人出租服务,事实上,除上述落地事件以外,俄罗斯、欧洲等其他地区也都正在或有计划要部署无人出租车。Waymo 在部分汽车上取消安全员的设置,也能说明无人出租车在技术落地上正不断向前迈进。整体来说,这些情况意味着企业对自身技术的安全性、灵活性已拥有信心,另一方面也说明社会和政策已为尝试新的出行方式提供比较友好的环境。可以预见的是,今年还将有更多无人出租汽车服务上线。下一阶段,该领域的竞争只会更加激烈,市场会对各位玩家的无人出租车展开真正的考验。

第 5 章
矿区无人驾驶运输系统应用

5.1 矿区无人驾驶技术概述

5.1.1 矿区无人驾驶发展背景

我国露天矿众多,砂石骨料矿、石灰石矿、煤矿、铜矿、铁矿等露天矿山总数达上万座,其中,中小型规模以上露天矿山有几千座。随着矿产资源的需求猛增,我国矿业发展态势迅猛,日均采掘 3000 万 t 矿产,最为典型的矿区就是内蒙古的白云鄂博铁矿、鄂尔多斯乌兰集团荣恒煤矿等。为了满足我国对矿产资源的生产需求,采矿工程系统逐步开启了工业化、机械化、信息化的发展模式,有效解决了传统人工采矿方式的种种弊端。矿用货车运输作业是矿区生产开采的重要环节,但与巨大的矿区生产规模相比,矿业运输企业仅有 2000 多家,两者比例相差悬殊,矿区对运输车辆及驾驶员的需求与日俱增,同时车辆运输过程中存在的环境、安全、效率等多方面问题,成为制约矿区经济发展的痛点,这些痛点主要表现以下几个方面。

(1)驾驶员招工难:从我国人口统计来看,"90 后"比"80 后"少 4800 万人,"00 后"比"80 后"少 6000 万人,适龄劳动力逐渐短缺。而且矿区运输工作环境恶劣,驾驶员老龄化严重,年轻驾驶员从业意愿低,招工难、流失率高等问题逐渐突出。

(2)运输效率低:传统有人驾驶运输作业模式效率低,缺乏大数据管理,矿用货车驾驶员操作、运行轨迹不可控。采用基于路径规划和大数据管理的自动化方式,可以做到运输效率最优化。

(3)运输成本高:随着劳动力的减少以及人们生活水平的增加,目前人力成本、管理成本逐年提高,而且因驾驶员操作不规范造成的车辆维修、油耗等成本居高不下。

(4)安全性提升遇到瓶颈:随着安全保障和危险监控技术的发展,现有条件下安全保障工作已经做到了极限,同时,为了满足生产需求,已经很难继续减少矿用货车驾驶员等涉危作业岗位。

这些痛点严重制约了我国矿区产业经济的发展,为打破传统矿区低效率、低安全的作业模式,各矿山企业纷纷迈出坚持以"数字型、效益型、环保型、学习型、创新型、安全型"为特征目标的现代化智慧矿山建设步伐。而无人驾驶技术以自主可控、高效率、高保障的优势与智慧矿山的建设目标吻合,是解决矿山运输痛点的关键有效途径。同时矿山属于围栏概念区域,如图 5-1 所示,其场景封闭单一,无法律法规政策限制,为无人驾驶技术的应用实施提供了较为自由的发展空间,因此打造自主可控的矿用货车无人化运输系统受到了前所未有的重视。

图 5-1　矿区封闭场景

5.1.2　矿用货车无人驾驶技术国内外研究现状

5.1.2.1　国外矿用货车无人驾驶技术研究现状

国外矿用货车无人驾驶技术的研究始于 20 世纪 70 年代,由于受到当时信息化和自动化技术的限制,进展相对缓慢。进入 21 世纪以来,以美国卡特彼勒公司的"Mine Star"系统、日本小松公司的自动化运输系统(Autonomous Haulage System, AHS)和英国力拓集团"未来矿山"项目为代表的矿用货车无人驾驶技术进展加快,在实现矿用货车自动化和智能化方面取得了很多成果,率先实现矿用货车远程遥控、无人驾驶等智能控制。

美国卡特彼勒在 20 世纪 80 年代末研制了首台自动化矿用货车。于 2008 年开发了 793F 无人驾驶货车,2012 年为澳大利亚所罗门铁矿提供 45 辆 793F 无人驾驶货车,如图 5-2 所示,并提供完整的"Mine Star"系统,该系统由车辆管理系统、生产现场管理系统、安全探测系统、设备诊断系统与调度协同指挥系统 5 个功能模块组成,各个功能模块相关数据和信息可以共享,实现货车装载、运输、卸载等环境信息感知以及车辆装载点、卸载点、行驶路径的规划。截至目前,澳大利亚所罗门铁矿运营的无人驾驶货车为 60 辆,累计运量超过 2.5 亿 t,有人驾驶货车为 12 辆。无人驾驶货车每天作业时间为 23.5h,其中 0.5h 用于点检及加油,与有人驾驶货车相比,无人驾驶货车每天多作业 2~3h,年作业时间近 7000h,可提高为 20%~30% 的生产效率。与此同时,无人驾驶货车不会因驾驶员疲劳和误操作而引发事故。目前,卡特彼勒公司在运行的无人驾驶货车总数超过 200 辆。

图 5-2　美国卡特彼勒无人驾驶矿用货车

日本小松于1996年研制了第一辆无人驾驶货车,于2005年研制了AHS系统,如图5-3所示,系统用控制装置、GPS卫星、无线通信技术和软件来取代原来坐在驾驶室内的驾驶员,于2008年首次在智利铜矿上实现AHS商用。同时小松的AHS系统还应用于澳大利亚皮尔巴拉(Pilbara)地区的矿山,将自动化货车与推土机、装载机和电铲有机配合,实现装载、运输和卸载作业过程的无人自动运行。小松公司于2016年研制了首款无驾驶室的矿用货车。截至目前,其AHS已于美国、澳大利亚、加拿大等国的6座矿山进行大规模实际商用,包括铜、铁和油砂矿,在运行的无人驾驶货车总数超过100辆,运输成本减少了15%,轮胎寿命提高了40%,累计运输了超过15亿t的物料,车辆和系统在安全性、生产力、环境耐受性和系统灵活性方面经受了考验。

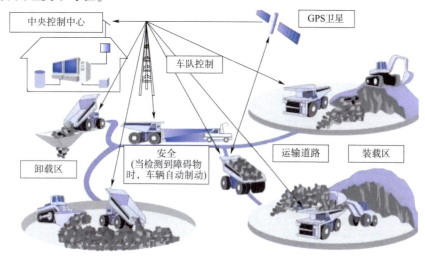

图5-3　日本小松的AHS系统工作流程

英国力拓集团在西澳大利亚West Angela铁矿对日本小松无人操作运输系统(AHS)进行了运行试验,矿用货车由离矿区1500km的操作中心控制,取得了较好的效果,后从小松订购了150台无人操作自动化矿用货车用于矿料运输。力拓的信息化建设也一直处于行业的领先地位,为进一步提高业务效率和生产力,力拓于2008年启动"未来矿山"项目,通过数字化手段进行矿产资源勘探、开采、加工和运输的"未来矿山"项目实现了自动化钻孔、自动驾驶货车和自动驾驶火车等,并能在远程运营中心进行操控和管理,准确获取矿用货车运行方向和规划信息,自动采集装载与运输数据。

由此可见,国外的矿用无人驾驶技术起步较早,且智能化、自动化进展迅速,已经在多年前实现无人矿用货车的商业化落地,且形成了规模化管理应用,系统技术较为成熟。

5.1.2.2　我国矿用货车无人驾驶技术研究现状

我国矿用货车无人化采矿技术已经被科学技术部列为"十一五""863"计划首批启动专题的研究方向之一,且在于2020年2月由国家发展改革委等11部门联合印发的《智能汽车创新发展战略》中指出推进智能汽车创新发展,建设智能汽车强国的发展目标,并印发《关于加快煤矿智能化发展指导意见》,推进数字化、智能化无人采矿技术的发展步伐。目前国内从事矿用货车无人化系统研发的主要有踏歌智行、青岛慧拓、易驾智控、中车株洲、徐工集团等单位。

"踏歌智行"是一家全国率先提供矿区无人驾驶解决方案的公司，推出了端-边-云架构的智慧矿山整体系统规划，实现了由云端调度管理、车联网通信、车载智能终端组成的全套露天矿山运输无人驾驶解决方案。2018年8月，踏歌智行与北方股份进行战略合作，对重型MT3600自卸货车进行无人化改造升级，在白云鄂博矿区进行了我国第一辆在役改造的无人驾驶矿用货车运行试验。2018年9月，其与包钢集团、北方股份、北京航空航天大学、中国移动、华为合作签约，共同推进世界最大的稀土露天矿（我国重要的露天铁矿）——白云鄂博矿无人驾驶项目，实施"5G网络条件下无人驾驶及操作的智慧矿山技术的开发及应用"。2019年8月改造完成4台(3台北方股份172t和1台北方股份136t)矿用货车，并实现封闭区域稳定运行，如图5-4所示。目前踏歌智行已经实现"装、运、卸"全流程的无人驾驶模式16h连续编组作业，无人驾驶系统支持夜间作业模式，安全员可以阶段性下车。无人驾驶车辆编组规模由2019年的4车编组增长到7车编组，并具备了双编组作业条件，总无人驾驶车辆行驶里程近2.5万km。

图5-4　包钢白云鄂博铁矿4台无人驾驶矿用货车编组

青岛慧拓线控方案和基于C-V2X(Vehicle-to-X)的无人驾驶方案，可以适配多种车型，包括：同力、潍柴、徐工、航天重工、北方股份，并已在煤矿商业应用、在金矿、铜矿测试。青岛慧拓在大唐保利煤矿已完成8台无人驾驶矿用货车(5台同力65t、3台潍柴95t宽体自卸车)协同1台半自主挖机进行编组测试，与其他车辆混编运行，累计完成约15000km的运输作业里程。青岛慧拓在神宝实现了2台110t矿用货车无人驾驶试验场地测试，在江西铜业股份有限公司城门山铜矿实现了1台110t矿用货车无人驾驶现场测试，如图5-5所示。此外，在中国黄金集团乌山铜矿、准能黑岱沟露天矿等矿区均实现了在平整场地的单台无人驾驶矿用货车直行、转向、制动动作，并对装载动作进行了模拟。

2018年11月，易控智驾基于陕西同力的线控宽体车，做出了第一辆L4级无人驾驶矿用货车的原型车。2019年3月与鄂尔多斯市东胜区某矿场达成了合作协议，实现两辆无人驾驶矿用货车试运行，在作业区每日行驶10~20趟，最高时速30km/h。2020年4月，易控智驾与同力重工达成战略合作，在鄂尔多斯杭盖沟煤矿实现了"云智能平台+1台挖机+4台无人驾驶"编组运输车测试，并于6月新增了8台新车，如图5-6所示。

此外，徐工集团已实现2台无人驾驶矿用货车与1台有人驾驶矿用货车组成的混跑车队工业场地测试，在中金满洲里矿山实现了1台无人驾驶矿用货车协同1台半自主挖机进行编组测试；中车株洲联合徐工实现1台110t无人驾驶矿用货车协同1台半自主挖机工业场地测试，其线控方案适配徐工中车车型，但目前尚未在矿区进行测试。

综上所述，国内矿用货车无人化解决方案提供商主要采取和矿用货车主机厂商合作的模式，提供矿用货车自动驾驶运输解决方案和产品；无人化技术路线主要采用云端智能调度＋V2X＋单车智能模式,矿用货车采用线控驱动技术,借助激光雷达、毫米波雷达、视觉分析,以及 V2X 车联网等技术提升单车主动安全能力,基本已经实现高安全性的无人化作业操作。

图 5-5　大唐宝利煤矿无人驾驶宽体车

图 5-6　鄂尔多斯杭盖沟无人驾驶项目

5.1.3　矿用货车无人化现状总结及发展前景

与国外无人驾驶系统相比,当前国内矿区无人驾驶技术还处于系统研制试验和应用的起步阶段,但国内矿用货车无人驾驶技术有着广阔的发展前景。虽然矿用货车无人化运输技术已经实现单车作业控制和小批量编组运行,但车辆协同场景简单且数量少,仅依赖于车载传感器和车端算力,车辆的感知范围和决策控制能力受限,无法适应矿区群车规模化作业运行性质以及道路多坡、多弯道及狭长路段的恶劣环境,无人化运输安全保障和作业效率水平仍有待提高。

在国家政策扶持下,各矿用货车无人驾驶技术企业商应积极打造合作共赢的发展模式。突破矿用货车单车智能发展瓶颈,结合路侧全域感知及敏捷计算优势、云端调度决策和管理优势,发展"车-路-云"一体化的矿用货车无人化群体协同作业技术,提高矿用货车运输作业安全保障和作业效率,推动智慧矿山向着数字化、智能化、集成化、模块化、网络化的方向发展。

5.2　矿区无人驾驶单车系统方案

矿区参与运输作业的车辆主要包括用于装—运—卸作业任务的大型矿用货车和用于挖掘矿料的铲车、推土机等辅助作业车辆,因此矿区无人驾驶单车系统方案主要分为矿用货车无人驾驶系统和辅助车辆智能系统两种。

5.2.1　矿用货车无人驾驶系统

矿用货车无人驾驶系统作为车载端接收平台端系统下发的统一调度任务分配、调度指令,按照规划路径控制车辆执行,在矿用货车运输作业过程中,实时上传车辆感知及控制信息。

5.2.1.1　无人驾驶矿用货车车载终端系统框架

无人驾驶矿用货车车载端系统包括与底盘线控的控制接口层、硬件框架层、软件框架层,最终可实现环境感知、导航定位、决策规划与车辆控制,以及V2X通信预警功能,系统框架如图5-7所示。

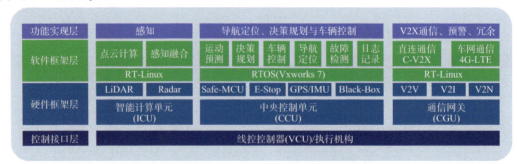

图5-7 无人驾驶矿用货车车载端系统系统框架

LiDAR-激光雷达；Radar-毫米波雷达；Safe-MCU-安全冗余控制单元；E-Stop-紧急制动装置；Black-Box-黑盒子；V2V-Vehicle-to-Vehicle；V2I-Vehicle-to-Infrastructure；V2N-Vehicle-to-Network

5.2.1.2 矿用货车无人驾驶系统硬件设备集成

无人驾驶矿用货车车载端系统组成包括感知子系统、导航定位子系统、通信网关子系统、规划决策与控制子系统、急停控制子系统以及执行子系统,系统硬件构成如图5-8所示。

图5-8 系统硬件构成

为提高系统的可扩展性与适配性,各子系统控制模块集成于主机箱内,如图5-9所示(机箱预留有可扩展接口):

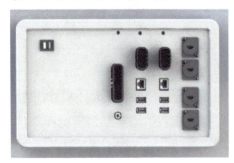

图5-9 主机箱

无人驾驶矿用货车车身安装的主要硬件设备介绍如下。

（1）车载控制器M-Box与V-Box。M-Box由ICU/CCU/Safe-MCU构成,主要实现感知融合、决策规划、故障诊断、V2X通信、安全冗余控制；其中V-Box由VCU（车辆线控单元）/PMU（电源管理单元）构成,主要实现矿用货车的线控控制以及PMU电源管理功能。

（2）人机交互界面HMI以及急停遥控手柄。

HMI 主要实现人机交互操作,急停遥控手柄主要实现对于车辆的启停控制与急停控制。

(3)传感器组。主要包括差分 GPS + IMU、毫米波雷达、激光雷达,在矿用货车上的布置如图 5-10 所示,包括前向感知方案和后向感知方案。其中,前向感知方案:采用 32 线激光雷达与 3 个毫米波雷达进行环境感知,并对 32 线激光雷达数据以及 3 个毫米波雷达融合后输出的数据进行融合,通过融合感知,解决激光雷达灰尘误检测问题,以及毫米波雷达数据漂移、道路颠簸误识别等问题;后向感知方案:采用单线激光雷达与 1 个毫米波雷达的配置方式,实现对于后向倒车过程中的排土安全挡墙的检测以及后向其他工程车辆的检测。

图 5-10　传感器安装布置

5.2.2　矿用货车无人驾驶系统功能

依托上述车载控制器、传感器组以及急停遥控等硬件设备,无人驾驶矿用货车车载端软件功能设计包括以下几个功能模块。

(1)车辆精确定位:采用差分 GPS/北斗、惯性导航和轮速采集模块的组合导航方案,实现厘米级精度的定位和速度测量。

(2)环境感知:通过点云计算、基于 Radar 和 Lidar 的感知融合方案,实现路面障碍物的检测(如落石、悬崖、深坑、车辆、行人等),以及可行驶区域探测。

(3)车身状态感知:通过多种车身传感器实时感知车辆运动状态,为驾驶决策提供输入。

(4)决策规划:自动驾驶控制算法基于当前任务要求,结合环境感知、V2X 通信和车身状态感知的输入,逐层进行行为规划和运动规划。

(5)车辆控制:针对多种型号的大型矿用货车、宽体自卸车等不同厂家、规格的车型特点,采用优化的基于预瞄和横向偏差控制算法实现横向控制;采用模糊 PID 算法实现纵向速度控制。

（6）驾驶执行：针对不同的车况，系统可采用驾驶机器人方案、线控方案（须对车辆进行线控化改造）和半线控半机器人复合方案，共3种途径执行车辆驾驶指令。

（7）人机共驾：通过模式开关实现无人驾驶和人工驾驶之间的切换，无人驾驶改造后的驾驶舱环境对人工驾驶不造成明显干扰。

（8）车载通信：包括V2N通信和V2V通信，其中V2N通信指无人驾驶矿用货车与智能路侧、云平台间的4G及5G通信，V2V通信指无人驾驶矿用货车通过C-V2X技术与其余矿用货车、辅助车辆和设备进行的直连通信。

（9）多重主动安全：包括运动预测及协同安全，运动预测是通过对车辆、行人等动态障碍物的运动探测及追踪，预测其运动轨迹和趋势，提前做出风险预判和规避决策；协同安全是车车之间通过V2V通信协议，实现车间位置和状态信息交互，并据此预判视距外的车辆碰撞风险。

5.2.3　矿用货车无人驾驶安全保障机制

5.2.3.1　矿用货车安全保障设备

在无人驾驶矿用货车运营调整范围内，应保证没有路面人员和其他车辆混入。无人驾驶系统拥有多套障碍物探测系统，包括毫米波雷达、激光雷达、摄像头，这些系统独立工作，能够保证对障碍物进行正确探测，然后驾驶机器人采用对应操作。

毫米波雷达的作用是探测车辆正前方相对规则的障碍物，尤其是前方的车辆，可以获取前车距离本车的相对距离、相对速度以及侧向相对距离。毫米波雷达通过CAN总线将识别到的障碍物信息发送给采集板，采集板对数据进行提取，将车辆行驶区域内最危险的目标提取出来，并发送给工控机，用于车辆的避障控制。毫米波雷达探测距离为5~180m，距离分辨率为0.7m。在时速为20km/h时，设置安全距离为10m，即检测到前方10m存在障碍物时，采取制动操作。并且，速度越快，安全距离越大，以保证车辆能够正常行驶，并防止与障碍物相撞。

激光雷达的作用是探测车辆前方180°范围内的所有障碍物，主要用来探测障碍物等不规则的障碍物，可以获得障碍物的距离、方位角，并最终用于车辆的避障控制，单线激光雷达的探测距离为50m，16线激光雷达的探测距离为100m。安全距离的设置方法同毫米波雷达类似，且速度越快，安全距离越大。

摄像头能够探测到车辆前方30m之内的障碍物，通过工控板，将识别到的障碍物数据发送到工控机，然后控制机器人采取相应操作。

激光雷达通过网口直接与工控机相连，毫米波雷达数据传输到采集板，经采集板处理后发送到工控机。两者不同的传输机制，能提高雷达探测的可靠性，保证车辆正常探测到障碍物。

除此之外，为了确保无人驾驶测试系统的安全，还设计了急停装置，测试人员可以通过急停手柄停止测试车辆：当测试车辆出现异常时，测试人员按下急停手柄上的按钮，则急停控制器控制急停电机转动，并踩下制动踏板，实现车辆急停。

5.2.3.2　无人驾驶系统故障诊断机制

控制系统还设计了故障自诊断机制，实现整个系统的安全保障，故障诊断的功能包括：

毫米波雷达故障诊断、激光雷达故障诊断、差分 GPS 故障诊断、采集板故障诊断、电机控制器故障诊断、工控机及急停控制器死机诊断。

(1) 毫米波雷达故障诊断。

毫米波雷达的故障诊断由采集板进行,在控制系统中,采集板对毫米波雷达的数据进行采集,通过对采集到的信号进行分析,可以实现毫米波雷达注册失败故障和信号丢失故障的诊断。采集板最终将故障诊断信息发送给工控机,由工控机控制车辆制动,直到故障解除或人工介入。

(2) 激光雷达故障诊断。

激光雷达的数据接口为以太网接口,由工控机直接采集激光雷达的数据,并进行故障诊断。工控机可以对激光雷达数据丢失的故障进行诊断。当诊断出故障时,工控机控制车辆制动,直到故障解除或人工介入。

(3) 差分 GPS 故障诊断。

采集板通过对差分 GPS 的数据进行采集和提取,以及对差分 GPS 进行故障诊断,由此可以对差分 GPS 数据丢失的故障以及差分状态丢失的故障进行诊断,并将故障状态发送给工控机,工控机控制车辆制动,直到故障解除或人工介入。

(4) 采集板故障诊断。

工控机采集采集板发来的数据,同时也对采集板进行故障诊断,由此可以诊断采集板数据丢失的故障。当工控机持续 5 个周期接收不到采集板的数据,则判断采集板出现故障,工控机控制车辆制动,直到故障解除或人工介入。

(5) 电机控制器故障诊断。

工控机通过运动控制卡对电机控制器进行控制,并驱动电机转动。工控机可以通过运动控制卡的反馈信息,对电机控制器进行故障诊断。当诊断出运动控制器存在故障时,工控机控制制动电机转动,使车辆制动,同时向急停控制器发送急停指令,急停电机也参与制动。该故障不能自动回复,只能人工介入,对故障修复后并重启系统才能恢复正常测试。

(6) 工控机及急停控制器死机诊断。

工控机是整个机器人控制系统的核心,一旦工控机死机,则机器人处于无控制的状态。为了避免这种情况带来的危害,在工控机和急停控制器之间建立了互相监测的机制。工控机以固定的周期向急停控制器发送一个字节的数据,急停控制器在接收到数据后,向工控机返回一个字节的数据。当一方无法接收到另一方发来的数据时,则认为对方出现死机故障,控制制动机构制动,使车辆制动。

(7) 车身故障监控。

车身状态通过 CAN 传输给机器人驾驶系统,机器人驾驶系统做出相应决策,确保安全。

5.3 露天矿区无人驾驶运输系统技术方案

5.3.1 无人驾驶运输系统总体解决方案

露天矿区无人驾驶运输技术总体解决方案包括"云、管、端"3 部分,如图 5-11 所示,其中

"云"指智慧矿山综合信息管理平台,包括智能运输安全监控系统、无人驾驶矿用货车生产执行系统、有人驾驶矿用货车主动防撞系统、大数据存储分析单元等可选模块;"管"指通过5G或4GLTE无线通信公网/专网进行V2N的通信网络及路侧基站设备;"端"指无人驾驶矿用货车车载端、电铲及推土机辅助车辆车载智能终端。3者的协同交互,能够实现智能网联、单车智能、通信交互、边缘计算、平台决策与服务功能,做到有人、无人车辆混合作业,助力露天矿智慧矿山的全面建设。

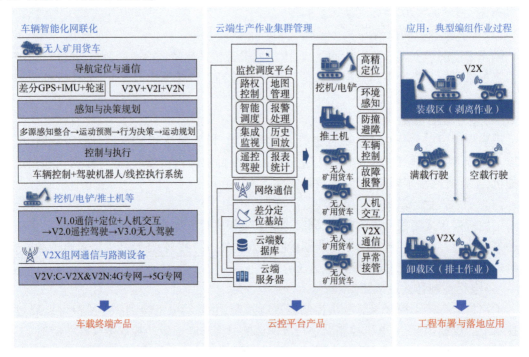

图 5-11　露天矿区运输无人驾驶系统架构

5.3.2　露天矿山 5G 技术网络方案

5.3.2.1　整体网络方案及选择依据

矿山网络业务包括安全监控、人员定位、调度系统、通风风压系统、矿井水文监测等,矿山生产区域封闭,对高安全性和高性能有较强的要求。因此,5G+智能矿山网络模式,可以满足矿企实现智能矿山的网络需求。如图 5-12 所示,对于露天矿山而言,主要需求是保障车与车、车与调度中心间实现大带宽、低延迟的实时网络通信,满足重型矿用货车精准停靠、自动装卸、停车避让、远程操控等作业任务的需求。

5.3.2.2　网络能力要求

露天矿山场景下,需采用 5G 独立组网(Standalone,SA)+边缘计算技术(Mobile Edge Computing,MEC)的组网方式,以满足多数矿山的网络需求。从目前应用对网络的需求来看,上行以视频信息采集传输为主,对带宽需求大(最高可达 200Mbps),下行以控制为主,对时延要求普遍高(10~20ms),部分应用(远程驾驶、远程操控)对可靠性要求极高(99.999%),5G 非独立组网(Non-Standalone,NSA)组网在带宽和时延方面仅能满足少量需求,只能用于初期部分业务的演示,国内各运营商均将 NSA 作为过渡组网方式、SA 作为目标组网方式,因此为满足全部需求优先选用 5G SA + MEC 的组网方式,仅在 SA 组网不具备条件的情况下选择 NSA 组网方式作为过渡。

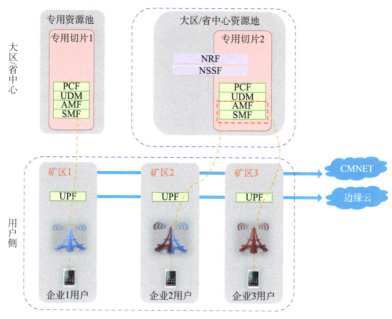

图 5-12　智能露天矿山 5G 网络组网图

5.3.2.3　露天矿山网络部署方案

露天矿山对网络主要需求来自自动驾驶、远程操控、信息采集等场景,对可靠性、带宽、时延的要求较高。如图 5-13 所示,在无线网方案中应充分考虑露天矿山的地貌特点。在传输网方案中,除考虑路由安全性外,对露天矿山而言,应考虑可移动基站的特性,采用新型无线接入网构架(C-RAN)方式组网。在核心网方案中,应同步考虑边缘计算。

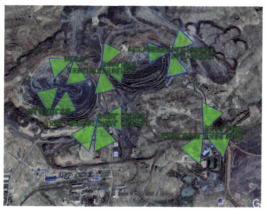

图 5-13　宏基站部署示意图

根据露天矿山的业务需求,主要对露天矿山生产作业区进行 5G 网络覆盖,满足矿区的网络需求,为无人驾驶等 5G 创新技术开发和应用合作提供基础网络。

露天矿山生产作业区选择室外基站进行无线网络覆盖,通常来说,露天矿山高度差大,因此应选用垂直维度覆盖性能最好的64TR设备作为主力站型开展覆盖。同时,由于矿山环境复杂,应视矿区规模酌情规划少量可移动基站(即基站建设在拖车上,便于移动),保障矿区网络覆盖。对矿区办公区等生产作业区以外的场景,可以同时兼顾行业应用和个人应用,结合现场网络环境,考虑通过宏站或室分解决网络覆盖。

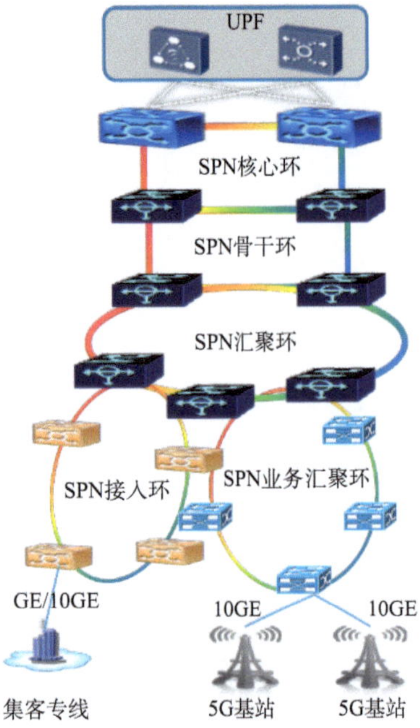

为保障露天矿山5G网络可靠地运行,采用由露天5G基站,通过C-RAN/D-RAN方式接入到SPN(切片分组网)设备,前传方案采用光缆/无源波分的形式。SPN设备与基站室内基带处理单元(Building Base band Unit,BBU)设备同机房部署,处理核心网用户面功能(User Plane Function,MEC/UPF)在露天矿山附近的机房内(最好由矿企提供边缘UPF机房),UPF接入大区/省中心5GC核心网,具体路由如图5-14所示。

为快速形成网络能力,布网初期可采用NSA方式组网进行业务演示,但要同步进行SA核心网建设,满足智能矿山实际应用需求。有条件的情况下,应尽量一步到位部署SA核心网,满足大部分业务的需求。具体方案如下。

(1) NSA/SA组网方案。

NSA/SA组网方案如图5-15所示。

图5-14 露天矿场景传输组网方案

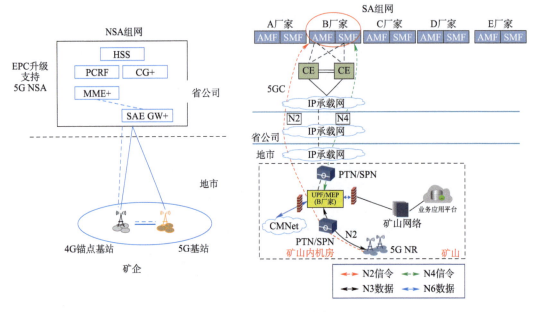

图5-15 NSA/SA组网方案

(2) UPF方案。

UPF方案如图5-16所示。在SA组网阶段,为满足矿企对数据安全的要求,实现数据流量本地卸载,将用户面设备UPF部署在矿区内。

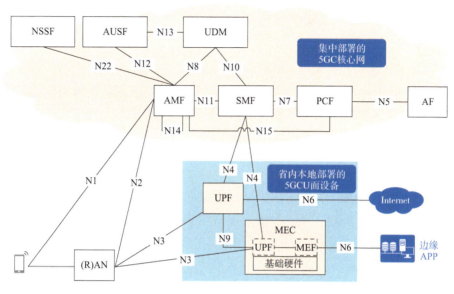

图 5-16 UPF 组网方案

(3) 边缘计算方案。

MEC 设备部署在矿方或运营商信息化机房。GNB(Global Networked Business,全球的网络业务)与 AMF(Action Message Format)间的 N2 接口通过 PTN(Packet Transport Network)/SPN + IP 承载网承载。GNB 与边缘 UPF 的 N3 接口通过 PTN/SPN 承载。要求与边缘 UPF 对接的 PTN/SPN 提供 3 层能力。SMF 与边缘 UPF 间的 N4 接口采用直连方式,通过 PTN/SPN + IP 承载网互通。

边缘 UPF 通过 IP 承载网网管(CE)与网元管理系统(EMS)进行通信。网管接口通过 PTN/SPN + IP 承载网承载。如果接入终端需要访问 Internet,经部署在地市的 2B 锚点 UPF 访问大网。边缘计算组网方案如图 5-17 所示。

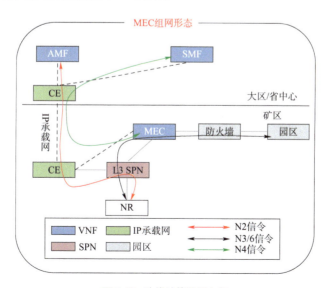

图 5-17 边缘计算组网方案

5.3.3 露天矿无人驾驶云智能平台

露天矿无人驾驶云智能平台采用了全球卫星定位技术、计算机及网络技术、无线数字通信技术、矿山系统工程及优化理论、地理信息系统技术、电子技术等技术理论，对传统的人工调度系统及管理体制进行改造，建立集用户交互、应用系统、云端数据存储及实时计算以及网络接入等功能为一体的运营平台，基于通信专网与无人矿用货车、电铲挖机等智能设备实时通信。平台系统总体部署示意图如图 5-18 所示。

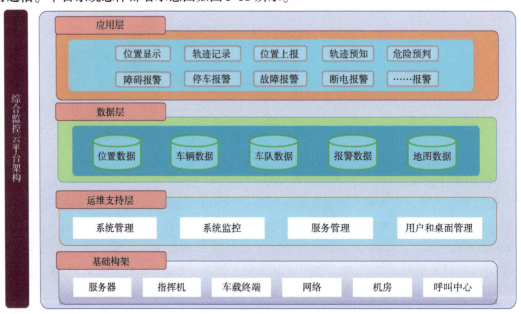

图 5-18　云智能平台架构示意图

作为整个系统集群化运作的大脑，露天矿无人驾驶监控指挥管理平台主要实现作业任务下发、全局路径规划、车辆实时调度、作业任务统计、故障报警、集成监视、地图管理等功能。实现远程在线对整个无人驾驶体系的无人技术矿用货车、安装主动防碰撞系统的矿用货车进行监控及调度管理，有效提高车辆运行效率、降低车辆采购量、降低矿山运行成本、降低车辆维护工作量及费用。

平台端车队编组及监控管理示意图如图 5-19、图 5-20 所示。

图 5-19　平台端车队编组管理示意图

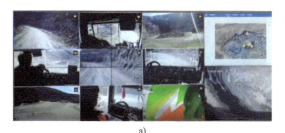

a)

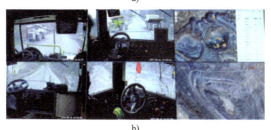

b)

图 5-20 平台端监控管理示意图

5.3.4 露天矿无人驾驶运输关键技术

5.3.4.1 非结构化道路路面检测与融合感知技术

考虑到矿区光线、扬尘等环境问题,采用激光雷达与毫米波雷达传感器主动融合的障碍物深度学习方案,设计不同场景下的主动融合策略,实现矿用货车、小轿车、行人、矿石、悬崖、山坡等多目标的识别跟踪,如图 5-21a)所示;针对非结构化道路,基于聚类算法对激光雷达点云数据进行道路边缘点提取,通过路沿高度特征分析提取道路边缘高度,最终拟合关键数据点以获取道路边界,如图 5-21b)所示。通过上述道路检测及融合感知技术,有效解决了矿区扬尘条件下单传感器误识别、盲区障碍物检测及道路可行驶区域检测问题。

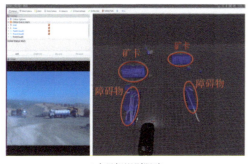

a)多目标识别跟踪

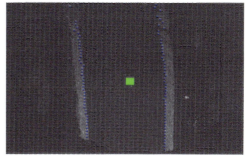

b)道路可行驶区域提取

图 5-21 道路可行驶区域检测与障碍物识别

5.3.4.2 特种车无人驾驶轨迹跟踪与精准停靠控制技术

由于矿区运输使用的是大载量的大型车辆,重载货车上坡和重载货车下坡等控制与常规车辆不同,需要针对大型矿用货车建立相应的车辆动力学模型,并在上下坡、弯道路段考虑侧倾翻稳定性条件,通过预瞄跟踪实现无人矿用货车的轨迹跟踪控制,如图 5-22a)所示;此外,结合停靠方位角、停靠位置及安全间距的约束条件,基于最优控制算法及实时修正手段,实现无人矿用货车在装载区域的精准倒车入位和在卸载区域的精准停靠,如图 5-22b)所示。

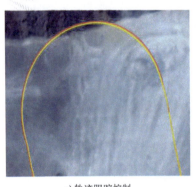 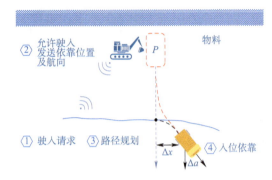

a) 轨迹跟踪控制　　　　　　　　　　　　b) 精准停靠控制技术

图 5-22　无人驾驶轨迹跟踪控制、倒车入位、精准停靠示意图

5.3.4.3　基于 V2X 的车路协同控制技术

(1) 装载协同。

电铲车载终端设备(包括人机交互 HMI 终端,差分 GPS 定位,V2V/V2N 通信模块及天线)实现自身定位,基于定位位置生成要求矿用货车停靠的位置和航向,并将其通过 V2V 通信发送给行驶入装载区准备停靠的矿用货车,矿用货车以此信息进行动态路径规划,并进行精准停靠,装载作业完毕后,电铲驾驶员通过 HMI 发出"装载完毕,允许驶离命令",矿用货车接收到命令后驶离装载区。

(2) 卸载协同。

推土机车载终端设备(包括人机交互 HMI 终端,差分 GPS 定位,V2V/V2N 通信模块及天线)实现自身定位,基于定位位置,在修筑挡墙过程中生成排土作业线轨迹,并以此生成要求矿用货车排土停靠的位置和航向,并将其通过 V2V 通信发送给行驶入排土区准备排土的矿用货车,矿用货车以此信息进行动态路径规划,并进行精准停靠,排土作业完毕后,矿用货车直接驶离排土场。

此外,运用 V2X 通信技术,设计优化控制算法,还可实现狭长路段会车避撞协同控制以及路口处基于路权分配的优先通行控制,如图 5-23 所示。

a) 矿用货车电铲协同　　　　　　　　　　b) 卸载指挥协同

c) 会车避撞协同　　　　　　　　　　　　d) 路口路权协同

图 5-23　基于 V2X 的车路协同控制

(3)无人运输编组作业智能调度技术。

通过搭建车铲循环计量模型,并基于效率最优与机器学习,建立车铲智能分组算法模型,形成矿车—挖机—铲车自动编组与协同作业方案,形成露天矿整体调度模式,实现计划调度、临时调度和紧急调度的多模式并行与无缝智能切换,如图 5-24 所示。

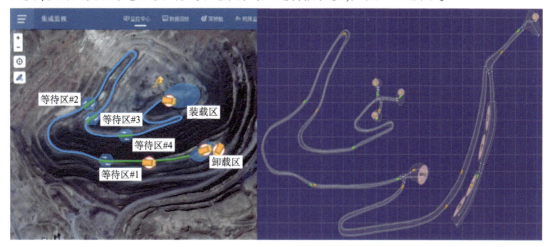

图 5-24　无人运输编组作业智能调度技术

(4)基于大数据的无人运输能耗与效率优化。

通过大数据信息采集、处理及分析技术,获取最优路径调度及车辆编组协同作业方案,并根据历史信息进行策略实时优化更新,确保无人运输高效运行;记录行车能耗并不断优化车辆控制策略,达到根据不同道路属性,对车辆进行最优控制的效果,实现行车的高经济型,增加车辆使用寿命。

5.4　露天矿区无人驾驶运输系统示范应用案例

为落实露天矿无人驾驶运输系统关键技术应用,本书主要介绍 3 个典型矿区环境下的无人驾驶运输示范应用案例,包括包钢白云鄂博金属矿、国家电投南霍林河露天煤矿、鄂尔多斯市永顺煤矿。

5.4.1　金属矿无人运输示范应用

为解决目前的痛点现状,包钢白云鄂博金属矿引入本书中的无人驾驶运输技术,如图 5-25 所示,通过使用无人驾驶控制装备,对其公司现有的 MT3300 车型和 MT1501 车型矿用货车进行改装,构建了适用于大型矿区运输的无人驾驶交通运输系统。2019 年实现了东矿区 4 台大型矿用货车无人运输改造与 2 台电铲编组运营,且于 2020 年实现主矿的 17 台矿用货车运营,在国际上率先实现了大型矿区在用矿用货车无人驾驶运输系统应用。

示范应用中,系统实现了矿车挖机装载协同、单行路段车车协同避让、无信号交叉口车车协同避撞、矿车铲车卸载协同等功能,在 -30℃ 等恶劣环境下系统运行稳定,在整个矿区作业流程装载、行车、会车、卸载中实现了全天候装—运—卸多场景智能融合控制作业。

经过系统运行后的测算,得出当前车辆整体效率较传统车辆运输提升了 20% 以上的结论,单车节约运营成本 50 万元/年。解决了矿山运输强度大、成本高、效率低、重大事故频发与职业病频发等问题,其打造了露天铁矿无人驾驶运输的样板工程。

5.4.2 露天煤矿无人运输示范应用

本书无人驾驶运输系统在内蒙古通辽市霍林河南露天煤矿得以示范应用,如图 5-26 所示,路车融合感知系统及智能驾驶装备技术被用于矿内超大型矿用货车无人驾驶改造项目,引入了 215 台主动防撞系统,并首次在两个月内实现了 2 台百 t 级中型吨位矿用货车无人驾驶改造并投产应用,如图 5-26 所示,为年产量 2000 万 t 级大型露天矿在役矿用货车快速改造提供了工程样本。

图 5-25 包钢白云鄂博无人驾驶矿用货车

图 5-26 国家电投南露天煤矿的 2 台无人驾驶矿用货车

5.4.3 煤矿土石方无人运输示范应用

本书中的露天矿无人驾驶运输系统在内蒙古鄂尔多斯市永顺煤矿进行了示范应用,如图 5-27 所示,签署了 200 台宽体自卸车在煤矿的应用合同,改造并完成了 4 台在用宽体自卸车无人驾驶,如图 5-27 所示,实现了多台挖机群组与多编队宽体自卸车的装载协同、车辆在复杂变路宽矿区道路的路权协同、车队编队通过小转弯半径道路的协同等功能。

通过为期半年的运行,实现作业效率提升 50%,运输作业零事故,解决了中小型露天煤矿宽体自卸车队运行效率低、危险系数高、受驾驶员变动影响因素大、事故频发的难题,打造了中小型露天煤矿无人运输系统样板工程。

图 5-27

图 5-27　中环协力永顺煤矿的 4 台无人驾驶宽体车

第 6 章
港口物流无人驾驶货车应用

6.1 无人驾驶货车发展背景

6.1.1 无人驾驶货车概述

无人驾驶汽车的研究最早可以追溯到 20 世纪初,但第一辆真正意义上的无人驾驶汽车则是在 20 世纪 80 年代出现。卡内基梅隆大学的 NavLab 研究团队在 1995 年完成了从匹兹堡到圣地亚哥的无人驾驶概念验证,从此也打开了无人驾驶技术发展的新篇章,NavLab 1 无人驾驶车辆如图 6-1 所示。

随着科技的进步,无人驾驶技术得到了迅猛的发展。Google、Tesla、百度等高科技公司投入大量资源进行无人驾驶技术的研究和开发,加快了相关核心技术的迭代速度,使得无人驾驶技术得到了飞跃式发展。随后,通用、大众、上汽等车企也纷纷进入了无人驾驶技术领域,促使无人驾驶技术呈现出巨大的活力。

图 6-1　NavLab 1 无人驾驶车辆

无人驾驶技术的逐渐成熟促使货运行业发生变革,物流行业已经发展成为国内的重要支柱型产业,但由于人员成本、运输成本和安全风险的不断增加,传统物流行业的转型面临重大挑战。统计数据显示,2009—2018 年,人力成本每年的增长幅度在 10% 左右。到 2020 年,人力成本增长速度超过了 80%,而运输成本则会占据总成本的一半以上。成本、效率和安全成为物流行业待解决的难题。

与此同时,无人驾驶汽车技术的不断更新也带动了无人驾驶货车技术的发展。虽然无人驾驶货车和无人驾驶汽车使用了许多相同的技术来实现无人驾驶,但并不意味着它们的发展是同步的。它们的相似之处很容易让我们忽略它们之间的差异。相较于家用汽车而言，货车自身的尺寸及整备质量为其实现无人驾驶技术带来了巨大的挑战。货车的巨大质量和庞大车身使其制动时间和距离更长，并且紧急避障能力也相对较弱。除此之外，货车的使用环境也制约着无人驾驶技术的应用。例如矿用货车，这类货车经常在环境恶劣、设施简陋的地区作业，这对无人驾驶系统的环境适应性和可靠耐久性都提出了更高的要求，也让无人技术的落地面临挑战。

6.1.2 国外无人驾驶货车发展现状

作为最早投身于无人驾驶技术开发的互联网公司之一，谷歌在无人驾驶货车领域取得了重要的突破。2016年谷歌成立了Waymo自动驾驶公司，随后推出了L4级别的Waymo via无人驾驶货车。通过激光雷达、车载摄像头、高精度GPS和radar等传感器，实现了货车在实际道路上的转弯、制动、变道等一系列常规操作。Waymo Via已成功在得克萨斯州、加利福尼亚州和亚利桑那州开展道路试验。Waymo Via的出现可以最大限度地提高运输效率和交货速度，并以其不间断工作和灵活调配的特性保障货物安全、准时到达目的地。这一革新可以大大降低货运公司的运营成本，提升服务效率。谷歌Waymo via如图6-2所示。

新兴电动汽车制造商特斯拉在无人驾驶领域的研究也较为深入，其自主研发的辅助驾驶技术也在各个车型中成功应用，同时其也是目前量产车型中最接近无人驾驶的汽车。与此同时，特斯拉也推出了自己的无人驾驶货车Semi-Truck。该车搭载了特斯拉升级版的Autopilot，具备了车道保持、自动制动和车道偏离警告等功能，为公路运输中的货车提供无人驾驶技术，在一定程度上提高了驾驶环境舒适和安全性。特斯拉Semi-truck如图6-3所示。

图6-2　谷歌Waymo via

图6-3　特斯拉Semi-truck

在0～60MPH（Mile Per Hour, mile/h）加速时间方面，特斯拉（Semi-truck）仅仅需要5s，传统货车需要15s，如图6-4所示；在爬坡速度方面，其达65MPH，传统货车达45MPH。

在最坏的情况下，特斯拉的货车每英里运行成本也比传统货车节约17%，如图6-5所示。

沃尔沃和戴姆勒也发布了各自的无人驾驶货车。沃尔沃推出了全新概念的Vera（维拉）无人驾驶货车，该车型主要针对特定物流场景开发设计，例如港口、仓库区等。Vera可以在特定场景实现无人驾驶，并对可能出现的各类突发情况作出及时反应。戴姆勒则是与Torc Robotics共同开发L4级别的无人驾驶货车，并在加州的高速公路上进行测试。沃尔沃Vera如图6-6所示，戴姆勒无人驾驶货车测试如图6-7所示。

 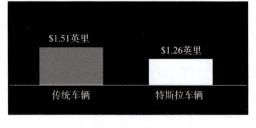

图 6-4　加速时间对比　　　　　　　　图 6-5　成本对比

图 6-6　沃尔沃 Vera　　　　　　　　图 6-7　戴姆勒无人驾驶货车测试

6.1.3　我国无人驾驶货车发展现状

相较于国外无人驾驶货车技术的发展,我国无人驾驶货车技术的开发相对较晚,但发展速度惊人。福田戴姆勒的欧曼 EST – A 已达到 L3 水平,其采用的多传感器融合方案,实现多车互联,在行驶过程中可以完成转弯、制动、变道等指令。其先进的电动底盘技术和深厚的商用车制造背景,为无人驾驶技术的发展提供了良好的基础。福田戴姆勒欧曼 EST – A 如图 6-8 所示。

中国重汽也是我国较早投身于无人驾驶技术的商用车企业。2020 年初,中国重汽完成了天津港 25 台无人驾驶集装箱货车的试运营,完成了安全行驶、精准停靠、智能避障等功能,实现了港口集装箱转运的无人化,在无人驾驶货车商业化运营上取得了重大突破。中国重汽 L4 级无人驾驶货车如图 6-9 所示。

图 6-8　福田戴姆勒欧曼 EST-A　　　　　图 6-9　中国重汽 L4 级无人驾驶货车

依托上汽集团的强大研发能力,上汽红岩研发出了 5G + L4 的智能重型货车。其通过多传感器感知融合、北斗导航、5G-V2X 车载互联等技术,实现了精准制动、与港口机械的自动化交互、自动跟车等功能,并成功在洋山港完成部署,帮助洋山港实现智能化、无人化和信息化的建设。上汽红岩"智能重型货车"如图6-10所示。

随着无人驾驶技术的逐渐成熟,货运物流行业也迎来了飞跃式发展。港口作为物流系统相对集中的应用场景,也进入了无人化时代。智慧港口的提出,更是将云计算、大数据、5G、物联网等新一代信息技术与港口物流运输深度融合,实现装卸、运输、检验等环节自规划、自感知、自决策、自运行,从而提高港口的通行效率和运行质量。通过对整个

图6-10 上汽红岩"智能重型货车"

物流系统的智能化升级,打造出绿色、环保、高效的智慧港口。在港口作业区,《港口治安管理规定》提出无证件的人员、车辆不得进入港区,非港区工作人员进入港区应进行登记,港口作业区半封闭的场景在一定程度上降低了无人驾驶货车技术的落地应用难度。

6.2 港口物流无人驾驶货车系统方案

6.2.1 无人物流系统方案概述

港口使用无人驾驶货车进行物流运输,能大量减少港口内驾驶员数量,降低人工成本和相关管理费用等。由于港口环境半封闭、运输路线固定、内部道路交通条件单一,且具有车速较低的特点,这进一步降低了港口无人驾驶货车无人驾驶系统功能实现及规模化应用的难度。

现阶段港口从货船到堆场的无人物流主要有几种模式,如无人跨运车模式,自动导引车(Automated Guided Vehicle,AGV)模式,智慧型导引运输车(Intelligent Guided Vehicle,IGV)模式以及无人集装箱货车模式,如图6-11所示。其中,无人跨运车在外国较流行,主要用于欧美澳市场,其高度有限,通常只能满足1~3个集装箱高度的堆放,而我国集装箱码头普遍堆场密集,为保证空间利用效率,通常会堆放4~5层集装箱;AGV方案中磁钉导航技术对金属较敏感,港口码头的建设需要将常规钢筋全部替换为玻璃纤维;IGV将无人驾驶技术和传感器集成在AGV上,其对底盘要求较高;随着无人集装箱货车方案技术的发展,其传感器及线控底盘的成本也将逐渐下降,降低成本的空间较大。无人跨运车如图6-12所示,自动导引车如图6-13所示。

目前两种方案如下。

(1) AGV加地面埋设磁钉方案。该方案需要配置专用的磁导传感器,并且通过铺设大量磁钉来为AGV的自动行驶提供连续的导航信息,所以需要对码头地面等基础设施进行大规模改造,这种方案难以在传统和人机混合的码头实现运行,另外因其定制化程度较高且产量少等原因,售价往往高达数百万元以上。

(2) 无人集装箱货车方案。较为新兴的是使用无人驾驶电动货车,采用电动车辆的方式更能响应和促进我国绿色智慧物流创新发展,车辆可以在无人驾驶的状态下出入港口中的

码头和堆场，直接将集装箱送至指定位置，该过程不仅缩短了运输环节，且所需成本较低。另外，无人驾驶电动货车结构复杂性较低、更换设备及配件方便、可购买渠道较多，且维护修理与传统人工驾驶车辆基本一致，因此日常维护费用也相对较低。其不仅能适应港区大范围作业，并且还能驶出港区，满足更多的运输需求。

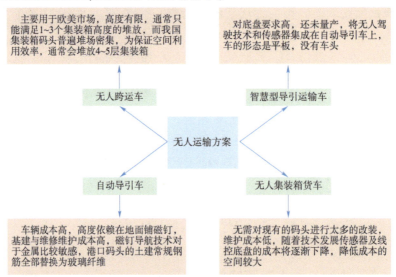

图6-11 无人运输方案

图6-12 无人跨运车

图6-13 自动导引车

表6-1为自动导引车与无人驾驶集装箱货车方案在技术成熟度、车辆成本、基础设施要求、运营和维护几个方面的对比。

自动导引车（AGV）与无人驾驶集装箱货车对比　　　　　　　　表6-1

对比指标	AGV	无人驾驶集装箱货车
技术成熟度	磁钉导航技术始于20世纪50年代，目前非常成熟，已经广泛应用于生产制造、仓储、物流等场景	L4级无人驾驶技术处于测试运营阶段，近年技术发展较快，有望在港口、园区、仓储等封闭场景率先实现商业化应用
车辆成本	基于特殊的平台设计制造，产量少，单车制造成本350万~400万元/台，售价高达500万~800万元/台	车辆+智能化改装+部署成本120万~180万元/台；随着无人驾驶技术成熟和大规模应用，成本有较大下探空间

续上表

对比指标	AGV	无人驾驶集装箱货车
基础设施要求	对港口地基的土建基础要求非常高,且需要在运行区域铺设数万枚磁钉,投入非常大;后期可能出现地基沉降等问题;只适用于新建自动化码头,不适用于老码头自动化改造	对基础设施无特殊要求,适用于老码头自动化改造和新建自动化码头;可以适当加装如摄像头、智能红绿灯、智能路侧单元,协同车辆进行感知和决策规划
运营和维护	轨迹固定,很难更换;全封闭、中央集权式管理,维护、维修成本高;目前带举升功能的L-AGV和带转运平台AGV-Mate的AGV在运行时多一个机械机构,系统可靠性降低	分布式管理系统,单车出现问题不会影响整体系统运行,维护成本相对较低

无人驾驶集装箱货车方案是发展趋势,普遍采用SAE自动驾驶分级标准下的L4级别,即无人驾驶货车可以完成所有驾驶操作,无需驾驶员接管和干预。港口无人驾驶货车的无人驾驶系统与其他类型车辆的无人驾驶系统相似,主要包含环境感知、决策规划、执行控制几个方面功能,在港口物流无人驾驶货车系统中,需要往返于码头和附近物流站的货车,负责港口到仓库的货物往返,或者是港口对港口的短驳运输。根据无人驾驶货车方案,利用港口环境的高精度地图和车辆定位模块对运输车辆进行定位,同时无人驾驶货车需要与岸桥实现精确定位等,使其与岸桥能够完成集装箱交接,根据码头作业工况要求,一般无人驾驶货车需要将自身与岸桥之间的定位精度控制在3cm内,以保证岸桥顺利完成抓放集装箱作业;对于大型车辆的横向与纵向控制要求也较高,横向控制方面,港口的车道宽度为3m,比一般车道(3.50~3.75m)窄,而无人驾驶车辆的车宽一般约为2.5m,即车辆在道路中两侧剩余的宽度仅为0.25m,较为狭窄;在纵向控制上,无人驾驶车辆驻车装载集装箱时,与集装箱的吻合度通常需要控制在厘米级以内。

以下介绍几种企业及公司研究的港口物流无人驾驶货车系统。

6.2.2 港口无人驾驶车辆系统方案案例

6.2.2.1 主线科技无人驾驶电动货车系统

由李德毅院士领军,天津港集团公司、中国重汽集团公司和天津主线科技公司携手打造的全球首台无人驾驶电动货车在天津港开启试运营,如图6-14所示,该电动货车为L4级无人驾驶电动货车,其系统在软件算法层面实现了对多源感知、多源定位及智能决策规划系统的融合,并在车端安装了北斗定位系统和车规量产的激光雷达、毫米波雷达、视觉相机与车载智能驾驶终端平台等设备,同时使用多项人工智能技术,植入多种安全保护策略,可在夜间、大雾、雨雪等天气和现场人员、车辆、作业设备交叉作业的复杂情况下,保持良好作业状态,以满足港口24h全天候生产运行。在无驾驶员的情况下,无人驾驶货车可完成道路行驶、精确停车、集装箱

图6-14 无人驾驶电动货车

装卸、障碍物响应等指定动作,实现集装箱从岸边到堆场的全程无人驾驶水平运输。

主线科技进行了大量无人集装箱货车实地测试及运营,该过程积累了海量作业数据,其通过"数据采集—回流—分析—优化—验证"形成迭代闭环,驱动车载无人驾驶系统和内部无人驾驶算法不断升级和优化。同时,可基于这些海量数据进行智能化车队运维管理,以提高港口物流枢纽的全局作业效率。

6.2.2.2 飞步科技无人驾驶系统

飞步科技通过融合车端智能驾驶、路端智能感知及云端智能调度,实现货运运输。在无人驾驶技术上,提出层次化多传感器融合技术,在保证识别精度的前提下,对设备损坏、环境干扰等情况有更高冗余,弥补现有传感器融合方案的不足,并研发车辆定位、控制、规划等技术,保证系统稳定和数据安全。无人驾驶系统中的云端智能调度平台,实现有人驾驶与无人驾驶的混合调度,平台具有供需匹配、运力调度、路径规划功能,以进行无人驾驶车辆行驶指派与行驶路线优化。此外,飞步科技构建了车路云一体化协同作业平台,这一平台支持毫秒级响应以及厘米级控制精度,支持车货匹配大量计算需求。

无人驾驶系统中,需考虑混线和非混线作业,集装箱货车在自动化程度高、没有其他传统车辆参与的场景下作业受干扰较小,但在混线环境里进行自动作业,对技术的要求会有较大提升。飞步科技针提升了混线情况下的无人驾驶系统技术,与宁波舟山港推出混线工况下的L4级无人驾驶集装箱货车方案,如图6-15所示,与传统人工驾驶集装箱货车、龙门吊、桥吊等设备及捆扎工等人员共同作业。

图6-15 无人驾驶集装箱货车车队

同时其在无人驾驶系统中考虑了对位作业情况,在桥吊下进行集装箱装卸时,集装箱货车的对位精度要求一般在5cm内。但是在七级大风下,吊具的偏移会超过0.5m,晃动幅度超过1m。因此基于对吊具的实时精确检测和动力学分析,建立精准的车辆动力学模型,无人驾驶系统可轻松完成恶劣气候条件下的精准对位作业,为全天候作业提供了解决方案。

6.2.2.3 中科云杉无人驾驶系统

中科云杉研发无人驾驶集装箱货车"云杉号",车辆构成仅为"车头+传感器",采用自研无人驾驶系统,系统中以自主研发的77GHz调相连续波毫米波雷达为主力传感器,并且融合云杉4D成像毫米波雷达、北斗定位系统、AI图像识别、云杉车路协同系统、云杉智能路标系统等多传感器融合感知方案。

应用该无人驾驶系统，无人驾驶集装箱货车无需人为控制，通过多传感器融合感知，可以自主分析车辆周边的复杂环境、港口中高度动态变化的交通场景，并作出相应反应。同时，无人驾驶系统中拥有高精度定位与多重安全冗余技术，可实现自动避障、自动跟车等功能。车辆实物图如图6-16所示，仿真图如图6-17所示。

图6-16　中科云杉无人驾驶集装箱货车实物图

图6-17　中科云杉无人驾驶集装箱货车仿真图

中科云杉也同比亚迪展开合作，比亚迪作为全球新能源汽车引领者，拥有雄厚的技术研发和创新实力，掌握着电池、电机、电控等新能源车核心技术。在港口区域实行车辆无人驾驶，需要车辆本身与技术平台良好的"适配性"等诸多因素，选择纯电动牵引车，搭载比亚迪自主研发的领先铁电池、高性能电机集成桥、多合一电控系统等新能源汽车核心科技，可成熟应用于港口物流场景，实现与港口内的智能作业系统进行高效与精准对接。

6.2.2.4　上汽集团智能重型货车

由上汽5G智能重型货车提供技术和解决方案的"全球首次5G + AI智能化港区作业"已在上海市洋山港成功落地。上汽集团研发的5G智能重型货车搭载了其自主研发的智能驾驶控制系统，能够采集、分析大数据，实现持续性地自主学习及升级，借助智能驾驶电控底盘，能够自动控制车辆行驶。该智能重型货车包含了多项尖端技术，包括激光雷达、机器视觉、高精地图、5G-V2X车联通信等。在港区特定场景下实现了L4级无人驾驶、厘米级定位、精确停车与自动化港机设备交互以及队列行驶等。上汽集团重型货车运行如图6-18所示。

基于自主研发的视觉感知系统、激光雷达系统、毫米波雷达系统以及卫星和惯性导航组合系统，无人驾驶重型货车具备多维度、多方位的感知能力，感知范围为前后各约250m、左右各约80m，在该范围内能够对行人、车辆、其他障碍物等进行精确识别。

图 6-18　上汽集团智能重型货车运行

在其无人驾驶系统软硬件方面,上汽利用车规级智能驾驶域控制器 iECU 和 5G-V2X 网联域控制器 iBox,自主开发电控底盘的集成和控制技术、清洁能源底盘以及完整信息网络安全技术。基于 5G 和 V2X 技术,能够在 20ms 内建立车队间的实时交互通信,确保自动跟车、车道保持、绕道换行、紧急制动等无人驾驶队列行驶功能的即时实现,在作业测试中,得出结果如下。

(1)有效缩短了车车间距,队列行驶车车间距为 15m。

(2)倒车入库平均时间小于 70s,作业效率超过人工驾驶的集装箱货车。

(3)箱区智能重型货车与轮胎吊和轨道吊误差达到 ±3cm,高于行业要求。

6.3　港口物流无人运输系统的技术解决方案

6.3.1　港口物流无人运输系统解决方案概述

在港口物流无人运输系统的技术解决方案中,多数为无人驾驶车队行驶,简单思路为建立港口无人驾驶管理系统,其能够实现港口中根据无人驾驶货车状态进行作业任务的统筹安排,并下发准确的作业指令至无人驾驶货车,使其完成运输,实现对所有无人货车进行整体指派调度控制,可通过 4G/5G 网络进行无线通信实现管理系统与无人驾驶运输货车的数据交互,系统结构如图 6-19 所示。

具体地讲,港口物流无人驾驶货车系统具体可分为作为服务端的无人驾驶货车管理系统和改装的无人驾驶货车。管理系统主要用于监控、管理和指派无人驾驶货车,如图 6-20 所示。在改装无人驾驶货车方面,主要为安装激光雷达、毫米波雷达、视觉传感器、定位模块等,并安装车载无人驾驶系统。车载无人驾驶系统用于对各种传感器数据和其他设备数据进行处理以及与其他智能软硬件设备进行通信交互,控制货车实现无人驾驶物流运输。感知传感器主要用于感知港区内各种工况下的港机、其他设备和障碍物等,车载无人驾驶系统根据任务信息,行驶到目的地点。

目前港口无人驾驶运输系统发展趋势如下。

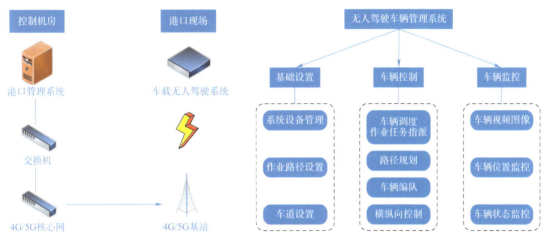

图 6-19　系统结构图　　　　　图 6-20　管理系统结构图

(1) 网络通信 5G 化。

港口自动驾驶对通信连接有低时延的要求,自动化码头的作业设备通信系统要满足控制指令、多路视频图像等信息的高可靠传输,因此 5G 技术将在港口无人驾驶运输系统中被大规模运用。

(2) 无人驾驶电动化。

目前无人驾驶港口运输车辆多采用电力驱动,其能推动绿色物流发展,且能为无人驾驶系统直接提供电源,比燃油车的效率更高。

(3) 车辆队列行驶与车路协同。

港口环境比较封闭,但是场景较多,无人驾驶货车需要与其他无人驾驶车辆、港口智能设备等进行交互,因此在无人驾驶运输系统中控制车辆编队行驶和车路协同十分重要。

当然,还需要许多智能软硬件设备在港口中进行部署,才能够实现港口物流无人驾驶运输系统。

例如,随着 V2X 与 5G 技术的不断发展,主线科技利用 V2X 与 5G 技术,使无人集装箱货车路协同感知能力不断加强,可实现无人驾驶车辆与港区各设备系统的通信交互。同时建立云端系统,采用云端计算和远程监控服务,实现系统的实时优化、智能调度管控和远程遥控驾驶,为无人集装箱货车的安全运营提供了多维安全保障。

飞步科技在港口物流无人驾驶运输系统技术解决方案中,同样开发了云智能平台,当港口无人驾驶货车为车队形式时,可对集装箱货车队展开调度管理,将码头操作系统(Terminal Operation System,TOS)、集装箱货车、桥吊、龙门吊等作业设备的多源数据进行整合,进行数据处理及计算分析,实现无人驾驶车辆的动态路径最优规划。

中科云杉在无人驾驶运输系统中,加入云杉 TCS 车路协同态势感知系统、云杉智能路标系统等。通过 TMC 云杉车队管理系统,可实现对港口 TOS 下发指令的实时分解和执行,高效精准完成港区无人运输作业,在确保无人集装箱货车外部系统安全性的前提下,全面覆盖单车智能、车路协同、后台调度等环节,其设计的智能港口水平运输整体方案如图 6-21 所示。

图 6-21 中科云杉智慧港口水平运输整体方案设计图

6.3.2 港口物流无人驾驶运输系统技术解决方案案例

6.3.2.1 图森未来技术解决方案

图森未来目前已实现通过无人驾驶系统对接港机系统及港务系统的无人码头集装箱转运车队解决方案,并进行了由干线运输到区域内运输的无人驾驶测试应用。该解决方案提

图 6-22 图森未来无人集装箱货车运行

供车辆运营调度系统,与港口的 TOS 无缝对接,便于进行无人驾驶运输的运营管理。无人驾驶集装箱货车获得管理系统作业指派调度任务后,在码头进行任意两点间的岸吊、轮胎吊、正面吊、堆高机自动收送箱功能。港口中所有无人驾驶集装箱货车通过车载网络实时与码头的控制中心保持通信连接及数据交互,并反馈车身实时状态、驾驶环境状况以及任务执行情况。无人集装箱货车运行图如图 6-22 所示。

图森未来基于干线物流无人驾驶技术,实现港区低速自动驾驶。从技术上而言,图森未来的技术方案具备车辆感知、决策规划能力,并且目前还涵盖了港口内地图建立及定位技术。在传感器方面,为了应对不同天气情况并基于定位考虑,该技术方案使用了摄像头、毫米波雷达与两个 16 线的激光雷达,并集成了定制化的感知算法,使得车辆能够适应夜间弱光环境和雨雪环境,可全天候执行港口无人驾驶运输任务。

6.3.2.2 华为港口智能体技术解决方案

华为与天津港公司签署了战略合作协议,提出了华为港口智能体技术解决方案,华为主要提供无人驾驶车辆的车载计算平台移动数据中心(Mobile Data Center,MDC)软硬件及工具链、融合感知、智能网联通信 5G/V2X 模组、云控平台等产品,华为港口智能体架构如图 6-23 所示,主要包括智慧应用、智能中枢、智能联接、智能交互 4 个部分。

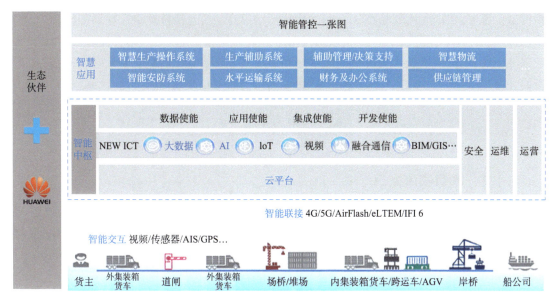

图 6-23　华为港口智能体

AIS-信息服务平台；AirFlash-无线存储器；eLTEM-宽带接入；NEW ICT-新信息通信技术；AI-人工智能；IoT-物联网；BIM-建筑信息建模；GIS-地理信息系统

（1）智慧应用。

港口的核心生产系统，包括智能 TOS、生产辅助系统、水平运输系统、物流管理系统等，通过智慧化的应用，可解决港口业务系统的智慧化。

（2）智慧中枢。

智慧中枢是最核心的部分，包括人工智能、数据分析、智能视频、无人驾驶等模块，作为整个港口的运营和决策中心，可为智慧应用的运行提供决策支撑。

（3）智能联接。

作为智慧港口的神经，可将智慧港口的人、车、船、物、货等与虚拟世界进行联接，通过 5G、Wi-Fi6、微波等通信技术，实现港口的全联接。

（4）智能交互。

包括港口的视频、传感器、GPS、雷达等感知和交互设备，可实时收集全港的数据信息，并进行数据交互。

天津港规划了岸桥工作计划、泊位分配、单船智能配载、智能堆场计划等场景。这些规划结合了港口的初始限制条件，采用人工智能技术，通过现有配载员的经验数据和仿真系统，实现港口智能调度。

6.3.2.3　港口 5G 与高精度定位

港口物流无人运输系统需要传感定位技术精确获取港口码头集装箱运输车、岸桥、场桥、堆高机等设备位置信息，同时结合港口内部环境高精度地图，实现码头作业设备的精准位置可视化展示与动态跟踪。

中国移动的 5G 技术已经在多个港口使用，包括上海洋山港、宁波舟山港、青岛港、厦门远海码头、深圳妈湾港、武汉阳逻国际港等。中国移动在港区部署一套高精度定位系统，为全港区提供精准位置信息的采集处理能力。港口内无人驾驶集装箱货车基于 5G 网络和高精度定位服务,依据无人驾驶算法,自主识别周边道路环境,进行自动路径规划行驶。

基于5G与高精度定位技术,中国移动与中远海运港口、东风商用车合作开发了无人驾驶集装箱货车,提供了毫米级通信和厘米级高精度定位服务,可全天候全天时运行,在技术方面,港口无人集装箱货车可实现定位精度≤5cm,一次定位准确率在90%以上。

6.4 港口物流无人运输系统的典型应用场景

6.4.1 港口物流概况

我国是世界第一大出口国和第二大进口国。港口是进出口贸易的主要场所。我国目前已经建成世界级港口群且港口规模居世界第一。2020年,全球港口货物和集装箱吞吐量前十名中,我国港口分别占据80%和70%,见表6-2和表6-3,表6-3中,TEU是Twenty-Foot Equivalent Unit的简称,称为标准箱。

2020年全球前十货物吞吐量港口情况　　　　表6-2

排名	港口	国家	货物吞吐量(万t)
1	宁波舟山港	中国	117240
2	上海港	中国	71140
3	唐山港	中国	70260
4	广州港	中国	61239
5	青岛港	中国	60459
6	新加坡港	新加坡	59074
7	苏州港	中国	55408
8	黑德兰港	澳大利亚	54705
9	天津港	中国	50290
10	日照港	中国	49615

2020年全球前十集装箱吞吐量港口情况　　　　表6-3

排名	港口	国家	集装箱吞吐量(万TEU)
1	上海港	中国	4350
2	新加坡港	新加坡	3687
3	宁波舟山港	中国	2873
4	深圳港	中国	2655
5	广州港	中国	2319
6	青岛港	中国	2200
7	釜山港	韩国	2181
8	天津港	中国	1836
9	香港港	中国	1796
10	长滩港	美国	1733

港口规模的不断扩大以及货物和集装箱吞吐量的持续增加,使港口的货运物流持续高负荷运作。大型港口的物流车辆和作业机械需要连续工作,大量的驾驶员和操作员需要轮班工作。这种情况对港口的人力和物力提出了极高的要求,既要保证人员安全、精确地执行每一项工作,又要确保车辆和其他机械高效、稳定的运行,这对港口的生产提出了挑战。随着无人驾驶运输系统的不断更新和完善,港口常见场景的运输和装卸实现智能化、无人化,这一改变大大地提高了港口生产的安全性、准确性和高效性。

6.4.2 港口物流无人运输系统典型应用场景

港口作为陆地与海洋的交通枢纽,其主要功能为装卸、储存、整理和转运货物。港口物流区域内的车辆和设施繁杂,运输车辆需要与各辅助设备相互配合来完成货物的运输。港口物流无人运输系统的应用场景主要有以下几种。

6.4.2.1 装卸载区智能作业场景

无人驾驶货车在装载区和卸载区之间往返运输是港口无人运输中最常见的场景之一。港口的物流运输多为集装箱运输,其运作效率主要取决于港口的运输设备和港口的整体布置。目前港口船舶泊位上的集装箱装卸设备主要为岸桥,堆场的装卸设备主要为场桥。在无人运输管理系统的调度下,物流货车与岸桥、场桥通过 4G/5G 网络进行信息交互。无人驾驶货车根据作业任务和路径规划,行驶至装载区域,与岸桥进行通信并停靠至指定区域,装载完成后驶离装载区。物流货车根据已规划好的路径将集装箱运至卸载区域,与场桥相互配合完成卸载任务。港口集装箱运输流程如图 6-24 所示。

图 6-24　港口集装箱运输流程

6.4.2.2 无人运输场景

传统港口的货车由人来驾驶,存在危险性高、工作强度大、人员不稳定等缺点,在一定程度上影响港口运输的效率。因此,无人驾驶货车在提升港口运输效率和安全方面起着重要的作用,同时无人驾驶技术在货车上的应用是港口无人运输系统的重要组成部分。

无人驾驶货车沿路网行驶和协同作业过程中,基于高精地图和高精定位的数据支撑,根据从控制中心接收调度作业任务和执行任务的目的地,进行动态路径规划。车辆按照规划的路径,自动进行道路行驶,并在道路行驶过程中,通过 4G/5G 网络通信实时向无人驾驶平台上传车辆位置、速度、报警、状态等关键运行数据,平台根据车辆上报的位置,对车辆的运行进行实时监控和行驶权管控。运输场景下的数据通信示意图如图 6-25 所示。

车辆行驶过程中,无人驾驶车载系统综合环境感知信息,V2V 预警信息及高精地图、路权信息,自动进行横向、纵向控制,保持匀速稳态行驶,保证货车行驶安全。如遇到路障或特殊情况,可结合自身及周围环境做出避障绕行、遇障制动、减速跟车等响应。

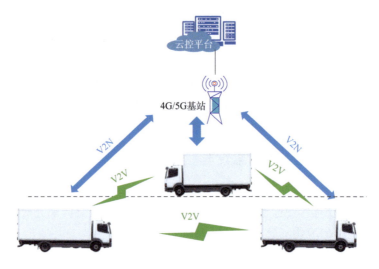

图 6-25 运输场景下的数据通信示意图

6.4.2.3 配套设施场景

港口除了运输、装载和卸载的设备外,还有很多其他的辅助设施,如加油站、充电站等。当无人运输作业智能管理系统下发给货车加油或更换电池的指令后,货车通过路径规划和环境感知系统自动行驶至加油站或充电站。加油站或充电站准备就绪后,通过信息互联发送进站指令,货车接收指令并停靠在指定位置进行加油或充/换电。指令完成后,货车驶离加油站或充/换电站。货车与加油站的通信如图 6-26 所示。

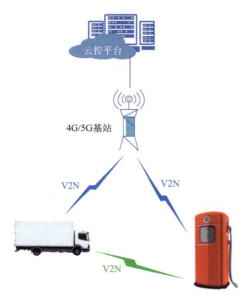

图 6-26 货车与加油站的通信示意图

6.4.2.4 远程应急接管场景

在无人驾驶货车完成各项任务过程中,如果无人驾驶系统发生意外故障或者运行场景超出无人驾驶系统可自主处理的范围时,货车会向云端上报信息并申请应急接管,平台接收到申请后,通过人工形式,借助远程遥控驾驶舱对货车进行远程遥控,帮助货车脱困或者行驶至安全位置等候维修。

在远程遥控过程中,遥控驾驶舱通过 5G 网络与车载控制器通信,获得车辆内外的高清视频和声音信息,并依靠 5G 网络低延时特性,将遥控驾驶舱的控制信号下发到车端,对车辆进行远程控制,如图 6-27 所示。

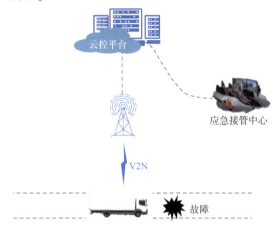

图 6-27 远程应急接管场景数据通信示意图

6.4.2.5 人工智能识别和视频实时监控场景

港口除了一些作业机械外,还有一部分现场调度和应急处置人员,以及港口保障设备,包括运营车辆、巡检机器等。为了能够高效、安全地管理和运营这些元素,同时能够更好地配合无人运输系统,智慧港口引入了 AI 识别技术和视频监控技术,如图 6-28 所示。

a) 人员智能监控　　　　　b) 集装箱监控与识别　　　　c) 无人机/机器人巡检

图 6-28 人工智能识别和视频监控

通过 AI 识别技术可以使吊车精确地识别集装箱的身份识别码,从而对货物进行精确分类和整理。同时,可以通过人脸识别和车牌号码识别技术准确管理港口作业区人员和车辆。在港区存放的货物需要定期进行巡检,此时可以使用无人机和机器人进行智能巡检,通过 5G 网络将巡检过程高清视频画面传到控制中心,并由控制中心对视频内容进行分析,完成巡检。

随着 5G + 智慧港口建设的拓展和相关技术的落地,港口将进行智能化、无人化、信息化的发展。

第 7 章
自动驾驶技术商业化未来发展趋势

7.1 自动驾驶技术的发展设想与目标

7.1.1 自动驾驶发展设想

如图 7-1 所示,根据构成要素与功能的不同,自动驾驶系统划分为感知层、决策层、执行层三大层级。其中感知层主要负责车内信息以及车身周边环境信息的采集处理,一般通过各类传感器来完成,代表性传感器设备为摄像头和雷达等。决策层依靠感知层获取的信息进行决策判断,确定工作模型,制定控制策略,并将决策结果传递至执行层,此任务一般由芯片完成。执行层主要针对决策层输出结果作出动作操作,替代人类对车辆进行控制,代表性产品为转向制动、自动泊车等。

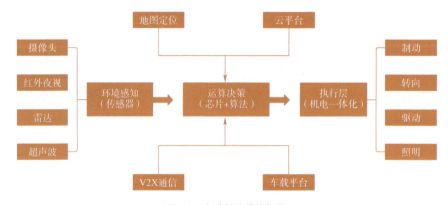

图 7-1 自动驾驶系统架构

在自动驾驶技术分级中,L2 和 L3 是重要的分水岭,L2 及以下的自动驾驶技术仍然是辅助驾驶技术,尽管可以一定程度上解放双手,但是环境感知、车辆接管仍然需要人类来完成,即由人来观察驾驶环境,并且在紧急情况下直接接管车辆。而在 L3 级中,环境感知的工作将交由机器来完成,车主可以不用再关注路况,从而实现了双眼解放。而 L4、L5 则带来自动驾驶的终极驾驶体验,在规定使用范围内,车主可以完全实现双手脱离转向盘以及注意力的解放,被释放了手、脚、眼和注意力的人类,将能真正摆脱驾驶的羁绊,享受自由的移动生活。

相比车舱智能,车体智能(自动驾驶)发展仍处于产业落地早期阶段,L4、L5 高级别自动驾驶距离大规模商业化落地仍需时间,此外相关法律法规、政策推进等相关约束条件也较多。Frost 和 Sullivan 预测 2030 年的自动驾驶(私家车)市场规模将达到 600 亿美金,如图 7-2

所示,其中 2020 年被认为行业快速增长的元年,L4 级自动驾驶车将在相当长时间内扮演重要角色,而 L5 级自动驾驶车市场将有望从 2026 年逐步开始落地。

图 7-2　自动驾驶规模预测

7.1.2　自动驾驶目标

自动驾驶技术颠覆性变革的主要对象,分别体现在关键技术、生活出行、产业生态等几方面。

在关键技术方面,无人驾驶道路交通系统将引发包括制造业、交通运输业、微电子业、地图产业、IT 产业在内的多个行业中关键技术的巨大颠覆,主要有以下几方面。

(1) 自动驾驶技术直接包含的传感器、微处理器、基础软件、应用软件、节能与新能源车辆系统等产品平台和智能制造体系变革中产生的颠覆性技术。

(2) 自动驾驶技术紧密耦合的人工智能、大数据、互联网、云计算、移动通信、信息安全等工程科技变革中产生的颠覆性技术。

(3) 与自动驾驶技术特殊关联的智慧道路、智慧城市、智慧能源、智慧出行等基础设施变革中产生的颠覆性技术。

在生活出行方面,自动驾驶系统将为共享出行提供重要支撑,促进建设"轻拥有、重使用"的节约型智慧城市,推动社会公平、解决老龄化社会问题,主要有以下几方面。

(1) 共享出行调动了社会闲置资源,既提高了城市居民的出行效率,又减少了资源浪费,受到年轻消费者的追捧。无人驾驶道路交通系统将形成轻拥有、重使用的消费理念。同时,无人驾驶技术将取代驾驶员,减少人力成本,大幅降低共享出行成本。共享出行模式将显著提高车辆利用率,保证智慧城市的出行需求得到满足,提升出行便捷性和舒适性,从而改变人们的出行模式。

(2) 老年人、残疾人因驾车安全问题,通常被限制驾车出行的权利,带来极大的出行困难。在无人驾驶道路交通系统发展中,推动社会公平、解决老龄化社会问题是其重要的发展目标。无人驾驶道路交通系统将有效解决老年人、残疾人等的出行问题,使各类人群具有更公平的出行权利。

在产业生态方面,自动驾驶技术将对汽车相关产业及其生态链带来重大颠覆性变革,主要有以下几方面。

（1）随着技术的发展，无人驾驶汽车将逐渐构成汽车产品的全新内涵，使用人群和利用模式将发生变革，汽车产品形态及相关产业形态也将由此被颠覆。

（2）新的无人驾驶道路交通系统相关产品需要以智能制造体系为支撑，因此将带动制造体系将向智能化全面升级。这一升级指向低成本的大规模定制化生产，将以智能工厂为核心，集成智能设计、智能物流和智能服务等于一体，使满足每位消费者的个性化需求成为可能。

（3）汽车产业的创新内涵有了极大扩展，不仅仅是技术和产品，还更加关注用户体验、商业模式和应用场景。

（4）产业生态正在重塑，可移动的互联互通将带来产业的转型升级和价值链的重大转移，包括金融保险、甚至法律等相关生态也将发生剧变。

7.2 自动驾驶技术面临的挑战

自动驾驶发展至今取得了长足的进步，但仍有很多尚未攻破的难点与挑战。下面列举了一些自动驾驶大范围落地应用可能遇到的挑战。

7.2.1 自动驾驶发展环境

7.2.1.1 自动驾驶存在法律雷区

目前的交通基础设施建设与自动驾驶车辆发展缺少协调和统筹，道路本身的智能化建设推动力度亟待加强。交通设施、交通标志的设置及维护，与自动驾驶的需求存在较大差距。另外，LTE-V2X测试认证体系仍不完善，商业模式仍不清晰，路侧基础设施覆盖度不足。

尽管国内现有的交通法规与相关的车辆技术法规存在内容上的重叠，但当自动驾驶车辆发生事故时，责任的认定仍有待确认。如果依照现行《道路安全法》《道路交通安全法实施条例》规定，驾驶员手离开转向盘的驾驶情形属于"其他妨碍安全行车的行为"。

部分省份相继出台了与自动驾驶车辆相关的规定，然而，各省制定的法规往往互相有冲突，遗留了以下问题。

（1）相较于技术，法规显得相对滞后。

（2）法规未清楚定义"驾驶员"所承担的责任及角色。

（3）车联网安全风险危害及后果的责任承担不明确。

（4）车辆投保责任承担不明确。

7.2.1.2 车联网安全引发用户的持续关注

互联车辆及电子架构存储的用户信息往往会引起黑客们的网络攻击。同理，其他车载系统的联网设备同样也存在遭受网络攻击的风险。因此，近年来自动驾驶车辆的网络安全防护成为技术人员及工程师们的一大技术难题。

7.2.2 自动驾驶技术能力

7.2.2.1 在全天候条件下的安全行驶能力

暴雨及暴雪天气将对激光雷达系统的查探能力产生影响。尽管业界和学界正致力于打造多款传感器冗余感知技术,期望能在恶劣天气下,通过冗余感知来进行行人、障碍物及前方驶来车辆的精准探测。然而,距离完全克服这些挑战,还有很多技术需要突破。

7.2.2.2 拥有人类驾驶员驾驶直觉的能力

虽然可利用机器学习算法,教会无人驾驶车辆驾驶操作,但教会车辆进行符合人伦价值观的驾驶操作需要耗费大量的时间进行编程及路测。尽管自动驾驶车辆配置了大量的传感器及处理器,但在感测及应对常规驾驶情景中的状况时,依然存在一定的问题,尤其是遇到突发事件或未遇见过的驾驶情景时,这一问题表现更为明显。

7.2.2.3 传感器识别能力

目前传感器技术还处在高速迭代阶段,产品成熟度不高,只有极少数零部件企业能提供车规级量产产品,但存在误识别率、漏检率高等问题;另外,多数企业自动驾驶样车上使用32线或64线机械旋转式激光雷达,成本高且不满足车规级要求。

7.2.2.4 高精度地图定位能力

在高精度地图方面,该技术缺少统一的标准,形态仍处于探索中。另外,我国道路复杂,棘突更新升级也在探索中。

在高精度定位方面,目前覆盖全国、能够提供分米级绝对定位精度的差分网络还在建设中,只有少数企业参与。另一方面,基于高清地图及传感器的高精度匹配定位技术(Simultaneous Localization And Mapping,SLAM)在行业内尚处于研发阶段,且其定位精度还达不到全工况厘米级的定位要求。

7.2.2.5 城市复杂道路自动驾驶能力

城市道路错综复杂,且有大量自行车、电动车;穿行马路的行人;高速公路上静止的检修车等,如图7-3所示。

图7-3 城市道路错综复杂

这些高度依赖经验、没有固定规则的场景,在自动驾驶领域被称为复杂问题,与其对应的则是常规问题。举例来说,当本车变道到一半的时候,突然有他车挤进本车车道,驾驶员会如何处理?是继续变道?还是退回原车道?或者保持在原位置减速?这就是复杂问题。

为了应对上述面临的挑战,自动驾驶技术亟需在技术方面进行深层探索创新,充分利用高新技术突破孤立发展瓶颈,以提高车辆在真实社会运行环境下的适应能力。

参 考 文 献

［1］ BERTOZZI M,BROGGI A,FASCIOLI A. Vision-Based Intelligent Vehicles：State of the Art and Perspectives［J］. Robotics & Autonomous Systems,2000,32(1)：1-16.

［2］ PENG T,LIU X,FANG R,et al. Lane-change path planning and control method for self-driving articulated trucks［J］. Journal of Intelligent and Connected Vehicles,2020,3(2)：49-66.

［3］ 汪沛,孙羽. 无人驾驶技术在港口中的应用[J]. 港口科技,2020,171(05)：4-7＋22.

［4］ 刘岸泽. 港口物流:无人集卡展风采[J]. 智能网联汽车,2021(05)：42-44.

［5］ 华为技术有限公司. 5G智慧港口白皮书[R]. 深圳:华为技术有限公司,2019.

［6］ 中国报告网. 2018年我国自动驾驶汽车行业市场趋势分析 未来将成为新车销售主流［EB/OL］. (2018-12-24)［2022-3-30］. http://free. chinabaogaocom/qiche/201812/12243Y2352018. html.

［7］ 2018-2024年中国互联网＋无人驾驶行业市场监测分析与发展趋势预测报告[EB/OL]. (2018-01-10)［2022-3-30］. http://www. chyxx. com/industry/201801/ 602131. html.

［8］ 李志国. 我国无人驾驶矿用自卸车发展现状和未来展望[J]. 铜业工程,2019(02)：1-5＋11.

［9］ 科技讯. 小松无人驾驶矿用货车彻底无人没有驾驶室[EB/OL]. (2016-09-28)［2022-01-13］. http://www. kejixun. com/article/160928/229784. shtml.

［10］ 郝永亮. 中国非公路矿用汽车产业发展战略研究[D]. 呼和浩特:内蒙古大学,2013.

［11］ 李宏刚,王云鹏,廖亚萍,等. 无人驾驶矿用运输车辆感知及控制方法[J]. 北京航空航天大学学报,2019,45(11)：2335-2344.

［12］ 张宇航. 无人驾驶汽车的起源、现状及展望[J]. 电子技术与软件工程,2017,19：109-110.

［13］ 马硕. 无人驾驶汽车应用与发展现状分析[J]. 汽车与驾驶维修(维修版),2017(4)：142-143.

［14］ 沈振宇. 中车株洲所云平台运营之路初探索[J]. 中国管理信息化,2019,22(23)：48-50.

［15］ TechSugar媒体. 一文读懂自动驾驶技术现状与挑战[EB/OL]. (2019-09-27)［2022-05-04］. https://baijiahao. baidu. com/s？id＝1645791946252688710＆wfr＝spider&for＝pc.